渎心者

苏晓 —— 著

文汇出版社

图书在版编目(CIP)数据

渎心者/苏晓著.——上海：文汇出版社，2019.9
ISBN 978-7-5496-2969-5

Ⅰ.①渎… Ⅱ.①苏… Ⅲ.①长篇小说－中国－当代
Ⅳ.①I247.5

中国版本图书馆 CIP 数据核字（2019）第 182876 号

渎心者

著　　者／苏　晓
责任编辑／徐曙蕾
封面装帧／人马设计·储平
策划监制／牧神文化
特约编辑／何　瑞　王辉城

出版发行／文汇出版社
　　　　　上海市威海路755号
　　　　　（邮政编码200041）
印刷装订／上海盛通时代印刷有限公司
版　　次／2019年9月第1版
印　　次／2019年9月第1次印刷
开　　本／890×1240　1/32
字　　数／310千字
印　　张／9.125

ISBN 978-7-5496-2969-5
定　　价／45.00元

卷首语

在所有的动物中,只有人类是最残忍的,它们是唯一将快乐建立在制造痛苦之上的动物。

——马克·吐温

目 录

楔子　鱼的恐惧　001

第一章　一尸两命　003

第二章　三道抓痕　013

第三章　致命邮件　024

第四章　畏罪自杀　031

第五章　激情犯罪　039

第六章　黑桃2　048

第七章　一线生机　056

第八章　李代桃僵　068

第九章　初次画像　082

第十章　攻击理论　090

第十一章　血染雁栖湖　101

第十二章　军令状　111

第十三章　角斗场　124

第十四章　被吞噬的鱼饵　131

第十五章　就地击毙　141

第十六章　杀人灭口　153

第十七章　神奇催眠　169

第十八章　重返现场　179

第十九章　第一受害人　186

第二十章　生还者　202

第二十一章　导火索　218

第二十二章　兵不血刃　235

第二十三章　供认不讳　245

第二十四章　母子姐弟　262

第二十五章　沉睡的记忆　274

第二十六章　尾声　281

楔子　鱼的恐惧

海曲市，六月，黑云压城城欲摧。

不时划过的闪电，为墨一样的夜空带来短暂的光明，短暂的光明后一切又陷入了黑暗，紧接着便是沉闷的雷声。

一个男人坐在桌前，眼神直直地盯着桌上的鱼缸，几尾圆滚滚的珍珠金鱼安逸地游动着，身上的鳞片在灯光反射下显得愈发缤纷艳丽。

男人慢慢将脸凑到鱼缸前，几尾金鱼似是受到了惊吓，不安地在水中来回游动，想要找一个地方躲藏。一尾身体浑圆的金鱼似乎感觉到了迫在眉睫的危险，它快速上浮，尾巴一摆，身体一纵跃出水面，瞬间又跌回水中。男人似乎很满意自己对金鱼造成的恐慌。他看向那尾金鱼的眼神中满是贪婪，像是一个饥饿已久的人看到了香喷喷的面包。

"很好，就是你了！"他喃喃地说了一句，伸手到鱼缸里，迅速将那尾金鱼抓在手中，另一只手熟练地拔出插在桌角海绵上的钢针。针体在灯光下闪着寒光，锋利的针尖缓缓地挨近那尾还在垂死挣扎的金鱼。离开了水的金鱼，嘴徒劳地一张一合，微凸的眼睛里满是绝望和恐慌。

钢针并没有刺进金鱼的身体，男人突然失去了兴致，手一抬，金鱼以一个抛物线的姿势重新落回到鱼缸中，有几滴飞溅起的水珠落到了男人的脸上，男人抬起手想擦拭脸上的水珠，这个下意识的动作却让他的目光重新聚焦在自己的手上。那双手手背青筋突出，指关节红肿，虽然算不上好看，却也结实有力。

他把这双手上下左右看了几遍，然后把手放到鼻端嗅了嗅，紧接着身体微微一颤，整个人开始不受控制地颤抖起来，跟着呼吸也变得急促而沉重，苍白的脸因兴奋而变得潮红，眼睛出神地望向窗外的某个地方，迷离而沉醉。他似乎看到大量黏稠的暗红色液体正从女子身下不断涌出，闻到了那种既让他恐惧又让他兴奋的腥甜味。耳边女子似真非真的痛苦的呻吟声更加刺激了他，让他紧张的情绪更加兴奋。男人发出了更加沉重而急促的喘息声，绷紧的身体像一张拉满了弦的弓，轻轻一碰就会应声而断。这种高亢的情绪持续了十几秒，兴奋达到了顶点后急转直下，随着一阵抽搐，他身子一软瘫在椅子上。两只眼睛失神地望向远方，带着一种既满足又失落，又似乎意犹未尽的复杂情绪，让人难以捉摸他心中的感受。

默然良久，男人从抽屉里拿出一个画本和一支笔，凭着记忆在绘画本上一笔一笔地勾勒起来，他画得那么投入，整个人都沉浸在一片虚无之中。

外面又是一道明亮的闪电划窗而过，随之，隆隆的雷声响彻耳畔，人们不由得在心里叹道："海曲的雨季到了！"

第一章　一尸两命

七月，一直阴雨的天气，终于在几天前放晴，天立时便酷热难当，一点也没有以往海滨城市的清凉。海曲市公安局刑警队的宿舍里，阳光从窗帘的缝隙中透进来，随着时间的流逝，在屋内沿一定的路线运动，最后停留在周昊宇的脸上。

他抬起手挡在眼前，眼睛微微睁开一条缝，之后又闭着眼在枕头边摸索着，摸了半晌也摸了个空，不得不睁开眼睛，从床上坐起来。

手表放在床头的柜子上，手机也放在柜子上充电。时间显示是上午九点多了。他头痛欲裂，脑袋里昏昏沉沉，胃也火烧火燎得难受。"这是怎么回事？"他努力回想着。过了半晌，他才依稀记起昨晚发生的事。

昨天晚上巡警大队队长于峰约了周昊宇一起吃饭。周昊宇去了才知道是于峰的生日，于峰的家人都在外地，所以他只叫了几个要好的朋友一起庆祝。庆祝就少不了喝酒，于峰在局里是有名的千杯不醉，平时遵守纪律不曾尽兴，遇到休息日他自是放开了喝。结果，周昊宇被于峰灌醉了，连怎么回来的都不知道。

周昊宇在床上坐了片刻，自己身上的衣服已经换成了睡衣，房间被收拾得整整齐齐，空调的温度正适宜。他想给自己倒杯水喝，抬头便看到在桌子上放着一只保温桶，里面是还冒着热气的粥。

周昊宇简单洗漱了一下，一大碗热粥吃下去，肠胃舒服了很多，也有了些精神。他在屋里转了一圈，活动了一下身体，想着今天休息，便想去体能训练馆活动活动筋骨。

他换了一身衣服出门，出门便看见楼道里挂着自己昨天换下的衣服和床单，原先扔在盆里的袜子、T袖等也都已经洗干净晾在一起。

这时隔壁屋里蹿出一个瘦高的年轻人，速度太快，差点就跟周昊宇发生"交通事故"。周昊宇身形一晃躲过他，一伸手拽住了，嘴里打趣道："肖楠，你尾巴着火了？这么冷不丁地蹿出来，就不怕撞到人？"

肖楠急急火火地说："周队，你起来了，今天休息怎么还不多睡会儿？"

周昊宇问道："昨天晚上我怎么回来的？"

肖楠笑道："还不是我把你扛回来的，昨天晚上你咋喝成那样，真是少见。"

"碰着于大队,我能活着回来就不错了。肖楠,你可是个模范新好男人啊,上得厅堂、入得厨房,还洗得衣裳啊。"周昊宇指着楼道里挂着的自己的衣物夸奖道。

"我哪有那么细致,活都是晓妍干的。你是没看见她是咋捏着鼻子帮你收拾的。"

"我弄成那样,你怎么能让她来收拾,她毕竟是个女孩子,在我屋里进进出出的多不方便。"

"昨天晚上,你吐得车里、身上、床上、地下满屋子都是,我身上都没能幸免,我一个人根本搞不定。我们打扫了好一阵子才收拾干净。要不是晓妍给你屋里喷了点香水,只怕你的屋子今天都进不去人。一大早,晓妍就给你煮粥去了,你喝了没有?"

周昊宇什么都不记得了,他一脸的尴尬:"以后再有这样的事,不要叫晓妍了。"他刚说到这里电话便响了,他接听完马上道:"九夷区长春路景泰街秋枫巷发生命案,马上通知痕检和法医出现场。"

"真是罪犯不休星期天啊!"肖楠嘟囔了一句,还是快步跟上来。

景泰街秋枫巷在九夷区长春路的西端,这一片原来是城中村,随着城市不断扩张和开发建设,便由原先的城郊逐渐成为城市的一部分。尽管被划为城市,但这里的房屋建筑仍以带院落的旧式民居为主。这些年,年轻一代搬到了城市的繁华处,很多房间便空了下来。

这里地理位置不错,容积率低,市规划局一直想把这一片开发出来,可开发商与本地居民没有达成补偿协议,这事也就暂时搁置了。所以这里还是早些年的老街老路,不甚宽敞,一辆小轿车可以通行,假如有人在此停车或错车,交通便立时瘫痪。

不过长春路风景宜人,路边栽种着许多枫树作为行道树。秋日霜后,道路两侧的枫叶得了霜露,艳红如血,煞是好看,秋枫巷更是由此而得名。巷道的地面用青石板铺成,经过前几天雨水的冲洗,青石板上非常干净。这一片的道路像树叶上的脉络一样纵横交错,不熟悉路径的人很容易走进了岔路,或是走入死胡同。

刑警队的车也只能停在巷口,幸有辖区的民警带路,一行人拐了几个弯后看到一大群人堵在巷子里,不用问,那里肯定就是发现尸体的地方了。

民警挑起警戒线,周昊宇等人进入现场。尸体是在一个独门小院里被发现的。院门是两扇对开的木门,在大门的左边墙上插着一根竹竿,竹竿上夹着纸幡，地面尚有散乱的纸灰和未燃尽的纸钱。

周昊宇透过大门的门洞向院内看去，地上躺着一个女人，一个便装男子蹲在尸体旁边，他的背影正好挡住了女人的半个身子。周昊宇的眉毛蹙了起来，他指向那个男子，不满地问道："谁让你们放人进去的？不知道要保护现场吗？"

一旁的民警有点尴尬地答道："我们到的时候，现场早就被破坏了，医院的急救车刚走。我们到了之后才隔离了现场，里面那个人是我们所长。"

院内的男子听到他们的对话，慢慢站起身走出来。男子年纪和身材都跟周昊宇差不多，只是在气质上多了几分历经世事的沧桑。

周昊宇看到他先是微微一怔，脸上随即露出一抹笑意，忙伸出手去招呼道："华哥，原来是你呀！好久不见。"

男子看到他并不意外，他朝周昊宇淡淡一笑，抬手看了看腕表："周大队，你的效率还是那么高。"

周昊宇伸出的手僵在半空，对于男子疏离的态度，周昊宇有点尴尬，他缩回手，脸上的表情也恢复了同男子一样的态度："那还请华所长给我介绍一下情况。"

"是副所长。"华林生不软不硬地更正了周昊宇对他的称呼，那个"副"字特意加重了语气，生怕人听不明白一样。说完他用鼻子深深地吸了吸，一脸诧异地道："我都不知道，现在可以在工作时间喝酒了吗？"

华林生说得没错，原本今天是周昊宇轮休，因为有案子才出现场的，但这样带着一身酒味来现场也是欠妥。周昊宇不能反驳，不由得更是感到难堪。

一直跟在周昊宇身边的肖楠也奇怪，自己的队长人缘一向不错，不管对方职位高低，队长都谦和有礼，很少有人这样故意跟他过不去。这个所长是谁？跟队长有什么过节？但这人的话也在理，事关警纪，肖楠无法反驳，便挺身向前，盯着华林生道："刑警队没有人会违反纪律在工作时间喝酒，是我不小心把酒精洒到身上了。"说完装模作样地四下扫视了一番："真奇怪，今天督察处的人怎么跑到现场来维持秩序了？"

肖楠轻轻一句话便将这件事揽到了自己身上，同时对华林生作出了反击，潜台词便是："你就是一个派出所的所长，还是副的，别把自己当督察，维持个秩序就行了，警风警纪的事还轮不到你管。"

华林生深深地看了肖楠两眼，嘿嘿一笑，答非所问地叹道："有权就是好啊！"话中之意不言自明，有了权力，即使违反了纪律，也会有人自愿出头顶下。

听华林生这么说，周昊宇的脸上变了颜色，刚要说什么，一个秀雅的女警突然插了进来，冲华林生道："我当是谁，原来是本地的首席治安长官。怎么，老朋友见面，你只顾着跟他叙旧，假装看不到我，是吧？"

女警的笑语殷殷稍微缓和了方才剑拔弩张的气氛，华林生丢下周昊宇，转向那名女警："刑警队的领导来了，我哪敢装看不见呢，这不是很久没见了，难得跟周大队长调侃两句。怎么，刑警队待久了，你王晓妍说话也变得这么犀利。"

王晓妍见华林生肯接自己给的台阶，便也笑道："你还是老样子，一点都没变。今天到了你的地头，我们还得仰仗你这一方诸侯呢！"

华林生不由得笑道："你王晓妍都说话了，我敢不从命？有什么需要我帮忙的尽管开口，我决不推辞。"他话里话外还是紧紧扣着一个意思，我要帮的是你王晓妍，不是刑警队，更不是他周昊宇。

王晓妍也不较真："我们先谈工作后叙交情，华所，给我们介绍下情况呗。"

华林生向门前的民警道："小孙，你向刑警大队的周大队长介绍一下情况。"又向王晓妍说道："有空到我那去喝茶，有你喜欢的绿雪芽。"

王晓妍爽朗地笑道："好，咱们先公后私，我要开始工作了。"

长春路派出所民警小孙向周昊宇道："我们今天九点二十三分接到指令，景泰街秋枫巷五十一号院内发现一具女尸，四分钟后我们到达现场。报案人是秋枫巷的居民钟向前，六十五岁，就住在巷子里面。"随即递上报案的笔录，指着站在旁边的一个男子道："他就是报案人。"

周昊宇向四周扫视了一圈，问道："都有什么人进过现场？"

民警小孙道："他们报案比较迟，报案人、死者的父亲、围观的群众、医生等都进过现场，我们赶到时现场已经被破坏了。"

"死者父亲呢？"

"老爷子受了刺激，被急救车拉走了，已经通知了死者的哥哥，应该很快就到。"

周昊宇很无奈，直到现在居民们保护案发现场的意识还不强，很多有价值的线索都已经被破坏了，为侦破工作增加了不必要的难度。

既然不再是原始现场，周昊宇见勘查现场的警员已经开始工作了，就开始仔细询问案件的情况。

"发现死者的第一个人并不是报案人，而是住在巷子深处的庄庆彬，也就是死者的父亲。报案人住在案发现场小院的隔壁，他在家里听到叫声，就出来看看，发现案发小院的大门敞着，一个女人躺在一摊血渍中，庄庆彬抱着女人的头。报案人认出庄庆彬抱着的正是他的女儿庄小美。这时听见庄父哭号声赶来的还有巷子里的其他住户。报案人看到庄小美身下全是血，脖子上一道暗紫色的勒痕，而庄庆彬整个人像傻了一样，眼神直勾勾的，嘴里反反复复只念叨着一句话：'小美，你这是怎么了？小美，你告诉爸爸'，对众人视而不见，问而不答。报案人这才打了110和120。急救车与辖区民警先后到达，医生说庄小美已死去多时，只能留给警方处理，随后将庄庆彬带回了医院治疗。大体情况就是这样。"

周昊宇点点头，对一名警员吩咐道："你去医院看看死者父亲的情况，如果可以，给他做一份详细的笔录。"

"周队，你来一下。"这时法医陆显亮在院内喊道。十几天前，刑警队原来的主检法医叶鸿被紧急抽调到省里参加一个专案组，九夷分局的法医陆显亮就被临时借调过来，暂代了叶鸿在刑警队的工作。

周昊宇闻声进了院子，院内的地面用红砖铺就，表面有点坑洼不平，几处又用新的红砖修补过，地面到处散落的纸灰、纸钱与地面的泥土混在一起，显得凌乱不堪。在距离院门口四五米的东侧，一具女尸平躺在地上，波浪长发堆在脑后，苍白的脖颈上一道紫色印子触目惊心。她身穿一件粉色的连衣裙，裙子腰部以下的部分被血浸透，血渍已经呈诡异的暗红色。陆显亮掀起死者的裙角，周昊宇只看了一眼便将裙角放下。

"畜生！"见惯血腥的周昊宇也忍不住骂出声来，剑眉倒竖，拳头攥得"咯咯"响，仿佛在极力压制着内心激烈的情绪，可就算是这样，他也无法立刻从刚才那一眼的震撼里回过神来：庄小美的血迹已经凝固成一小摊血痂，在血痂的源头，死者的两腿中间有一个还连着脐带、已经成形、满身血污的胎儿。

陆显亮道："死者脖颈处有暗紫色的勒痕，眼结膜有点状出血，初步看很像是勒死的，但是死者也曾大量失血，身上几处致死伤并存，直接致死原因要等回去做了详细的尸检才能确定。"

周昊宇问道："能判断造成勒痕的物体吗？"

"这——"这个问题似是让陆显亮难以回答，"勒沟宽约二厘米，勒沟旁边有皮肤破损，破损处有生活反应①，由此可推测出凶手用的是带状物。"

周昊宇向四周的痕检员问道："有没有在现场发现二厘米宽的带状物？"得到的答案却是否定的。

---

① 生活反应：指暴力作用于生活机体时，在损伤局部及全身出现的防卫反应。法医根据生活反应可确定受伤时人是否还活着，有时还可借以推断损伤后存活的时间。

陆显亮这才明白周昊宇的意思，他是想知道作案工具是凶手带来的还是就地取材，案发后凶器被带走还是被抛弃在现场周围，这对警方判断凶手是临时起意还是有预谋犯案、发现地是第一现场还是抛尸现场非常重要。

陆显亮道："死者脚上穿着丝袜，脚后跟有蹬踢磨损痕迹，血迹全部集中在死者身下，呈浸染状，尸体周围未见滴溅状血迹，从这一点，可见勒颈伤在前，出血是在她失去反抗能力被固定在这个地上后发生的，没有被移动过的痕迹。这样看来，这里应该是第一案发现场。勒颈使用的带状凶器不管是就地取材还是带来的，都被凶手刻意带走处理了。"

刚说到这里，王晓妍在大门口向他招手，周昊宇走过去，王晓妍指了指地面说道："你看，这有一行拖拽痕迹。"果然，地面上有两道浅浅的、时断时续的痕迹。接着王晓妍又道："你看，这两道是不太坚硬的东西摩擦地面而形成。"

周昊宇沿着痕迹一直走到了大门边，再往外痕迹就被脚印和其他的印迹破坏了。这两道痕迹在地面几乎浅不可见，两道印痕时断时续，几处被凌乱的脚印所掩盖，若不细心勘查，很容易忽略掉。

周昊宇抬起死者的两脚看了看，死者脚上有丝袜，丝袜外面套着拖鞋，丝袜的后跟已经被磨得脱了丝，这个痕迹与两道拖痕互相印证。王晓妍说道："我怀疑死者是被凶手从街上拖到院子里的。"

周昊宇"嗯"了一声，算是对王晓妍说法的肯定，但是他又觉得哪里不对，一时又说不上来。思索片刻也不得要领，他只得暂时放下这种疑惑，向陆显亮问道："死亡时间呢？"

"从尸斑和尸僵来判断，死亡时间在十三四个小时之前，应该是昨天晚上九点至十一点之间。从出血量来看，死者死后分娩的可能性较小，而因暴力侵害造成流产的可能性较大，但还是得解剖后才能确定。死者的指甲里有东西。"陆显亮托着死者的右手，助手将一根棉签递给他，陆显亮摇头道，"里面可能有皮屑及微量的血渍，已经干住了，回去再取。死者可能与凶手有过肢体接触并抓伤过凶手。"言毕他将一只物证袋套在死者手上，并用皮筋扎了起来，以免证据被污染。这个发现倒是让周昊宇为之一振，这也算是凶手留下的直接证据了。

周昊宇站起身，扫视了一遍院内，院子的北面有四间正房，东侧有一间配房，门都虚掩着并未上锁。东墙南角种着一架黄瓜、豆角和一排大葱，虽然有些时候没人打理了，可经过前天一场大雨的灌溉，已有些疯长的趋势。蔬菜边上种着的一排鸡冠花和凤仙花已经由盛而衰，除了顶头还有开着的花冠,下面已经结出了种子。院子的西南角有一个厕所。

周昊宇向报案人问道:"你是第一个发现死者的,那时候她就是现在这样吗?"

"她就这么躺着,我没动过她。"报案人说起来仍是心有余悸。

王晓妍问道:"怎么了?有什么不对吗?"

"没什么,我就是觉得有点怪怪的,也说不上来是什么。还有没有其他的东西?"

王晓妍摇摇头道:"没有了,死者不是就住在巷子里嘛,离家这么近,什么不带也正常。"

两人正在说着话,只听外面的民警喊道:"周队长,受害人的哥哥庄志远来了。"周昊宇招手将庄志远叫了进来,从一进小院起,来人的目光便集中在正被装进殓尸袋的死者身上。"这是谁?是小美吗?"庄志远脸上并没有太多悲伤的表情。

周昊宇向来人问道:"据巷子里的居民指认,受害人叫庄小美,你——"周昊宇话刚说到这里就被打断了,庄志远听到"庄小美"这几个字后突然不顾警察的阻拦扑上前去,仅看了一眼死者的脸,便一下瘫坐在地上。他扶着殓尸袋的手急遽地颤抖,喃喃地说:"小美,你这是怎么了?你醒醒,你告诉哥哥到底发生了什么事?"

民警上前想将他拉开,他却紧紧地扯着殓尸袋:"不要带走她,不要带走我妹妹——"他哭喊着,对企图带走庄小美的法医和警员又推又搡,像是他们要带走他最珍贵的东西一般。

看到这个情景,见惯了生离死别的刑警们也不由得心有戚戚。周昊宇蹲下身去,把手按在了庄志远的肩膀上,安慰道:"庄先生,你放心,我们一定会还你妹妹一个公道!"

"我不要什么公道,我只要我妹妹活过来,我只要她活着——"庄志远哭喊着扑倒在妹妹身上,"小美,你醒醒,醒醒啊,你别离开哥哥——"周昊宇虽是独子,却也被这样的兄妹情深打动,不过最后还是硬下心肠,让两个警员架走了情绪激动的庄志远。法医这才将殓尸袋拉上抬走了。

庄志远用力地挣扎着,两名警员几乎控制不住他,周昊宇正面看着他,说:"死者已矣,生者能为她做的就是查明真相,将害她的人绳之以法!我们一定做到!一定!"庄志远愣住了,几秒后,无力地靠在两名警员身上大声地哭泣。

两个警员扶他坐到了一边,过了好一会儿,他慢慢地压低了哭声,又喝了点水,这才逐渐安静下来。

"庄志远,我知道你刚失去亲人,心里非常难过,不过,我还是希望你能给我们说说你妹妹的情况。"

庄志远毕竟是一个成年男人,虽然难过,却也知道再怎么伤心也于事无补,他极力控制着自己的情绪:"警官,能不能告诉我,我妹妹是怎么死的?"

"据我们初步判断是他杀。"周昊宇刚说完这几个字,庄志远的脸就涨得通红,额上青筋暴突,怒吼道:"是哪个混蛋干的?为什么要杀我妹妹和我外甥?畜生!我一定要亲手宰了他!"

周昊宇安慰道:"庄先生,我知道你现在很气愤,但是如果你能给我们提供些线索,就可以帮助我们尽快抓到杀害你妹妹的凶手。"

庄志远稍稍平复了一下情绪,抹了一把脸上的泪水,这才讲述了庄小美的情况。

受害人庄小美是他唯一的妹妹,今年二十六岁,是华东贸易公司的出纳,之前一直与父母同住在这条巷子里。今年五一结婚后,就搬到了港城区海神路的明星小区十一号楼一九〇二室与丈夫平建军同住。

平建军是海曲市裕华酒业集团主管销售业务的经理。二人从相识到结婚半年多的时间,因为是奉子成婚,婚期定得非常急,所以庄志远在这之前也没见过这个妹夫,对妹夫平建军也并不了解。

庄小美的父亲是工厂退休职工,母亲是家庭妇女,三天前去了简宁的姨妈家。而庄志远自己在海曲港工作,是港口的调度员,昨天上了一夜的夜班,上午在家里睡觉时,接到了以前的邻居老钟叔的电话,说自己妹妹出事了,便急急忙忙赶来了。

在来之前他打电话给妹夫平建军,平建军却关机了。对此庄志远一脸的恼怒:"平时都不会关机,现在出事了,他关的哪门子机?"这个情况引起了周昊宇的注意,申童明白队长的想法,便向庄志远要了平建军的手机号码:"周队,只要他开机,我就锁定他的位置。"

当周昊宇问到庄小美最近有没有与人结怨时,庄志远表示,庄小美是一个性格比较安静随和的女孩,平时也只是跟几个要好的闺蜜出去逛逛街、买买东西,除了公司就是家,没有过多的社交活动,跟人结怨的可能性不大。

周昊宇向庄志远问道:"你母亲呢?告诉她了吗?"

庄志远摇摇头说道:"她去我大姨家了,刚去了三天,我还不知道详细情况,没敢告诉她。再说我爸进了医院,我真怕她再有个好歹,这一家子就完了。"

周昊宇理解他的心情，不由得点了点头："先缓一缓，再告诉老人家，别再出什么意外了。"庄志远默然地点了点头。这时，他的电话响了，他看了一眼，马上向周昊宇道："是我妹夫平建军打来的。"

周昊宇按下了免提和录音，电话刚接通，庄志远的泪水便溢满眼眶，他压着哭腔说道："你怎么才开机，你在哪呢？"

电话那头传来一个男子的声音："我在家呢，大哥，你打我电话有事吗？"

"你咋不开机？小美……"说到"小美"两个字，庄志远再次哽咽。

电话那头的男子像是吃了一惊，问道："小美她怎么了？"

"小美她被人害死了。你快过来看看吧。"

"不可能，这怎么可能，她昨天晚上还好好的。大哥，你别开玩笑。"

周昊宇接过电话道："平先生，我是海曲市公安局刑警队的周昊宇，很遗憾，你的妻子庄小美遇害了，请你马上到市公安局刑警队，我们有些事情要向你了解。"

电话那头的平建军愣了一下，又很快应道："好。"

电话挂断，周昊宇向庄志远安慰了几句，便催促庄志远快去医院照料父亲。庄志远擦了擦眼泪便离开了。

而那个让周昊宇觉得异常的地方又浮现在脑海里。他叫来了报案人，又调出警员拍摄的第一现场的录像，把镜头定格在受害人躺在地上的画面，问道："你最初看到的样子与这有什么不一样吗？"

报案人又把那个画面看了一遍："就是这样，没有什么不一样的。"

"麻烦你再仔细想想，细节对我们很重要。"

报案人有点不知所措地看着周昊宇，周昊宇又说道："我来问，你仔细地回想，告诉我你最初看到的样子就行。"

报案人点了点头。

"你详细回忆一下你看到死者时的状态，庄小美是平躺还是侧躺？头发是盖在脸上还是堆在脸后？手放在什么地方？脚上穿没穿鞋子？身边还有没有其他的东西？诸如此类的细节。"

报案人像是找到了记忆里细若游丝的方向，边回忆边说道："我进来时，老庄头就这样抱着她的头，她平躺着，脖子上有道紫色的印子，她的两只手就耷拉在身体的两边，脚上穿着鞋，要不是她脖子上那条紫色的印子和那一大摊血，我还以为她睡着了。"

报案人的回忆为周昊宇刚才的疑惑提供了线索："那她身边还有没有其他

的东西？比如说手提包、塑料袋之类的东西。"

报案人恍然道："对了，有一个小手提包，应该是布的，跟她的裙子是一个颜色，就放在她左手边的地上。奇怪，照片上怎么没有了？"

这是一个新的线索。周昊宇又向报案人问道："在急救车和警察来之前，有什么人进过这个小院？你仔细回想一下，给我一个名单。"

这让报案人有点为难了，当时他的大脑就已经乱了，哪有心思去记有谁来过，无奈道："也就是巷子里的邻居，要详细到人，还真说不好，让我好好想想。"

报案人快七十岁了，在场的其他警员对周大队长的问题多少有些疑虑。报案人停顿了很久，最后掰着手指报出了十三个人的名字，有男有女，都是住在巷子里的居民或是租客。

周昊宇看了看还围在外面看热闹的人群，又请报案人帮忙指出名单里的人。十三个人中有九个还留在警戒线外。吴向东和苗靖分别带人去寻找名单上其他四人了。

很快，吴向东和苗靖拎回来一个男人，是巷子里的租客。

"周队，只是个小虾。我们找到他，还没开始问话他就开始发抖，没问几句就交代了，在现场看见受害人的包，趁乱顺手牵羊顺走了。他已经将受害人的电话卡拔出来扔进马桶冲走了，其他的东西都在，这是包。"苗靖说着，将一个粉色的布艺手包当着周昊宇的面打开，把里面的东西一样一样取了出来：一个钱包，包里有死者的身份证、银行卡、一部手机、一串钥匙、一包纸巾以及三百多元现金。

"排除了劫财的可能。"苗靖说道。周昊宇并不意外，根据刚才报案人对原始现场的描述，加上死者手指上的钻戒尚在，所有特征并不符合劫财的特征。"申童，你查一下受害人死亡前都与哪些人有过联系，看看有没有什么线索。"

现场外面已经聚集了很多看热闹的人，有不少围观的人用手机、相机在拍摄，还有扛着摄像机的记者，也不知道新闻媒体的嗅觉怎么会这么灵，这边刚一接警，那边的记者已蜂拥而至。

周昊宇留下痕检人员继续勘查现场，自己则带着刚抓到的人回了刑警队。

第二章　三道抓痕

周昊宇早上只喝了一碗粥，从现场回来他已是饥肠辘辘。他啃着面包和火腿去了信息组。

申童查了庄小美的通话记录，从昨天晚上五点以后，庄小美的电话便再也没有打进或打出过。

周昊宇一边往嘴里塞面包，一边将几个现场画面定格下来仔细观察。申童在一旁促狭地笑道："周队，边看这些血淋淋的镜头边吃东西，是不是特别能增进食欲？"

周昊宇不禁莞尔，忍不住笑骂道："臭小子，我哪有这种变态嗜好！别贫了，干活吧。"

两人正说着话，门外响起脚步声，一个文质彬彬、身着警服的男子出现在申童办公室的门口，周昊宇认得他是宣传科的宣传干事墨语。还未等周昊宇开口，墨语先开口道："周队长，可找到你了！"

周昊宇抬起头，嘴里含糊不清地道："找我有事？"

"今天是不是有案子？"

"是，是命案。"

"那太好了！"墨语兴奋地拍了下巴掌，激动之情溢于言表。

周昊宇和申童停下了手中的动作，用一种怪异的眼神看着他，气氛冷了好几度。申童反应过来，调侃道："墨语，你也没发烧啊，怎么说起胡话来了？"

墨语马上解释道："别误会，我可不是拿生命当儿戏。这不是嘛，今年省里的十大优秀刑警评选快要开始了，咱们局有两个候选人，其中一个就是周队，所以局长交给我一个任务，就是写一篇关于周队的大案侦破纪实，好为他的当选造下势，正好现在有个案子，我想跟踪案件的侦办过程，取得第一手材料。"

"刑警又不是娱乐明星，不需要这样的宣传。要是我们的曝光率太高，谁都认识我这张脸，以后的活还怎么干？绝对不行！"周昊宇断然拒绝了。

"可是，这是局长的意思，难道你还想违抗命令吗？"以前，墨语就曾想宣传一下周昊宇，都被他拒绝了，这次也一样。墨语只好抬出了局长，他不信周昊宇连局长的面子都不给。

申童也乘机在一边敲鼓道:"是啊周队,你一直要我们服从命令,现在正是你给我们做榜样的时候。"

"就会凑热闹。我看就让才子写你好了。"周昊宇轻轻一脚就将皮球踢给了申童。

申童吐吐舌头,不敢接话。周昊宇将最后一口面包塞进嘴里,随手拿起桌子上的水杯往嘴里灌了口水,听到身后有人推门进来,扭头一看,却是局长康维生。

突然出现的人让周昊宇一分心,喝进嘴里的水呛进了气管,俯下身子剧烈地咳嗽起来。申童忙上来帮他捶背,周昊宇好一会儿才止住咳声。

"看见我也不至于紧张成这样吧?"康维生的话像是在开玩笑,但那严肃的表情又不像。一时之间,申童和墨语不知道该怎么接话。

周昊宇在康维生面前并不像他俩一样拘谨,苦笑道:"您一来准是催问案情进展的,我能不紧张嘛!"

康维生瞥了他一眼,道:"网上已经有了关于这起命案的新闻,说得有鼻子有眼。你去网上看看,影响极为恶劣。很快报纸上也会刊登案情,真让人头疼。"

周昊宇不用看也知道记者会如何来写,夸张的标题、添枝加叶的情节、充分发挥想象的现场描写、天马行空的评论,再加上依靠博点击量赚钱的自媒体断章取义的杜撰……反正新闻实事求是的精神早就被抛到爪哇国了。

周昊宇郑重地答应道:"是!"

康维生说:"有线索了吗?需不需要立即组建专案组?"

"我们先等解剖结果出来,看看需不需要建专案组吧。"周昊宇应道。

往常命案都会组建专案组,周昊宇这么说,显然是案子不难破,也可能已经有了线索,康维生对此还是比较满意的。"这样性质恶劣的案件,如果不及时侦破,上头一定会明令督办,你也抓紧时间。有什么进展随时向我汇报,必要时组建专案组,调集多警种协同作战。记住,不要让愤怒的情绪左右你的判断,时刻保持冷静的头脑和客观分析是一个刑警必备的素质。"

"局长,我刚才跟周队长说好了,想跟踪他这个案子,写一篇大案纪实,这样不仅有助于这次省里十大优秀刑警的评选,还可以提升咱们局在公安队伍中的声望。"墨语不失时机地道。

"嗯,这次派你在刑警队蹲点,不只是要你动动笔、写写文章,更重要的是,作为一名人民警察,你要学的东西多着呢!这是难得的机会,好好把握!"康维生撂下这么一句话,转身走了。

"周队，你看我没骗你吧，这是局长交给我的任务，要是完不成我可没法交差，你总不忍心让我年终考评的时候落个不合格的评语吧？"说到最后，墨语一副可怜兮兮的样子，让周昊宇也不忍再拒绝。

"既然是局长的意思，那就这样吧，但有一条，我们刑警队规矩比较多，你得保证遵守。"

墨语笑道："我也是警校毕业的，纪律嘛，我懂，你说什么我都执行就是了。在刑警队的办公室给我安张桌子吧，我想全程跟踪。"

"没问题，回头我让人给你准备。申童，先给墨语弄一张办公室的门禁卡。"周昊宇一边说一边盯着电脑屏幕的画面。墨语也拉张椅子坐在他旁边，一块儿看起了庄小美案的监控视频。

两个半小时后，平建军来到刑警队。他大约三十岁，身高一米八左右，戴眼镜，相貌周正，眼白上有血丝，略显疲态，一件长袖T恤扎在休闲裤里，似乎是洗过澡不久，身上还带着淡淡的香皂味。

平建军在法医室里看到了身体已经冰冷的妻子，便泣不成声。他颤抖着手想摸摸那张他熟悉的脸，却又像是怕弄醒了熟睡的她一般缩了回来。离开法医室后，他一屁股坐在门外的椅子上，双手懊悔地捶打着自己的脑袋，反复念叨着："小美，我不该留你一个人在家里，要是我早一点回来就不会发生这样的事了，都怨我啊……"

周昊宇安慰着眼前这个刚失去妻儿的男人："平先生，我完全理解你的心情，只是我们还需要你尽可能地提供线索，有助于我们尽快侦破案件。"

平建军木然地点头。周昊宇叫来了王晓妍后，转头向平建军说道："我们需要提取你的生物学样本。"

平建军变了脸色，问道："你这是什么意思？我可是受害人的家属！"

周昊宇解释道："正因为你是受害人的丈夫，属于近亲属，所以我们需要进行相关检材的比对，请你配合。"

平建军露出将信将疑的神色，许是因为警方要求，最后勉强配合了。

周昊宇又道："咱们换个地方谈。"说罢，便让吴向东带平建军去了询问室，王晓妍露出疑惑的神色，周昊宇道："用提取到的DNA与死者指甲里残留的皮屑和血渍做个比对。"

说完，周昊宇不紧不慢地进了询问室。还未等周昊宇说话，平建军倒先开口问道："警官，小美是怎么死的？谁害死了她？为什么要杀死她？"

"这也是我们想知道的。正好有些问题需要向你了解。昨天晚上九点至十一点,你在什么地方?在干什么?"

"当时我在泰平市出差。"

"说得具体点,在什么地方?跟谁在一起?"

"我在泰平市,九点多的时候我在宾馆休息。"

"是哪家宾馆?有没有人能证明?"

"我出差在外,天天住宾馆,记不清宾馆的名字了。"

"你可以看看发票,发票上一定会有宾馆的名字的。"

"我没要发票,也不记得名字了,反正是很普通的那种。"

"你是主管销售的业务经理,因公出差,没有发票怎么报销?"周昊宇问到这里,平建军张了张嘴,一时难以回答。周昊宇不再继续这个问题,而是立时问道:"昨天晚上你还在泰平市,你怎么知道你妻子昨晚还好好的?"

平建军愣了一下,还没从刚才那个问题中回过神来。周昊宇提醒道:"今天在你与庄志远的通话中,你说庄小美昨天晚上还好好的。"

平建军这才想起自己说过这句话,解释道:"昨天晚上我给她打过电话,那时她还好好的。"

"你打电话的时候是什么时间?"周昊宇追问道。

"好像是八点多吧,具体什么时间我记不清了。"

"今天接到你电话的时候你说你在家,那你什么时候从泰平市回来的?"

"我是今天上午十一点多才到家,昨天晚上手机忘了充电,回来插上电源后才发现有小美大哥打来的电话,就马上给他回了。"

周昊宇话锋一转又问道:"你这次出差去了多长时间?都去了哪些地方?"

平建军缓了片刻才道:"我这次出去大约两周吧,都是在省内的几个城市,简宁、云都、泰平。现在快到季末了,我是公司主管销售的经理,巡查一下子公司的销售情况。"

周昊宇又换了个话题:"说说你的妻子吧,什么都行,性格、爱好什么的。"

平建军露出不解和为难的神色,但很快又变回了能言善道的他:"小美这个人比较文静,脾气也不错,说到爱好,喜欢逛逛街,买买衣服,吃穿都比较讲究,别的也就没什么了。"

"你们认识多久了?感情怎么样?"

"我们是去年冬天认识的,今年五一节结的婚。我们结婚才三个多月,还在蜜月期,我很疼她,她也体贴我。"

在平建军的口中,庄小美是一个文静、体贴、有品位的好妻子,二人新婚燕尔，正在情浓之时，总之感情方面无可挑剔。

突然，周昊宇话锋一转："你胳膊上的伤是怎么弄的？"

平建军一时没反应过来，吃惊地看了看周昊宇："伤？什么伤？"

"你胳膊上的伤啊，难道你要告诉我这么热的天，你穿个长袖不是为了掩盖胳膊上的伤？"周昊宇一副一切了然于胸的样子。

平建军一时语塞。他知道只要拉开自己的袖管，一切就都瞒不住了。他右手按在了自己的左臂上，故作轻松地说："是我不小心划的。"

"在什么时间、什么地方，用什么东西划的？"周昊宇紧紧追问。

"这跟你们有关系吗？我真不明白，为什么抓着这个问题不放？你们不去抓杀害我妻子的凶手，逮着我在这里问东问西，一会查DNA，一会查指纹，你们想干什么？我是受害人的家属，不是罪犯！"平建军脸涨得通红，他忽然站起身来，声音也不由得提高了几个分贝。

"如果跟我们没关系，你这么激动干什么？"周昊宇不软不硬地回道，"这些伤是不是跟你妻子的死有关？"

"你这话什么意思？"

"我的意思你非常明白。既使你不说，我也知道这几道伤痕是怎么来的。是被你妻子庄小美抓的吧。"周昊宇向吴向东示意，吴向东立马上前将平建军左边的衣袖拉起。果然在平建军左臂的外侧有三道抓痕，周昊宇又说道："我们在你妻子的指甲里发现了一个人的皮肤组织，我们怀疑她在死前与凶手有过短暂的搏斗或是反抗，她曾抓伤过凶手。只要我们检验一下你伤口上的凝血因子，就能知道这些伤口形成的时间，再验一下DNA就知道你妻子死之前抓伤的人是不是你了。"

平建军眼球转动，思忖着周昊宇是在诈自己还是真有这种技术。可周昊宇并不给他思考的时间，快速追问道："平建军，昨天从下午五点开始，你的妻子就没有打出或接到过任何电话，你却说昨天晚上八点多给她打过电话，这明显是在说谎；我们通知你庄小美出事了，正常情况下，作为丈夫的你会在第一时间赶过来，而你还有心情洗澡换衣服后才来刑警队，这根本不是恩爱夫妻应该有的表现。"周昊宇身体靠向椅背，姿势放松下来，不紧不慢地问："说说吧，这到底是怎么回事？"

平建军听见这话，像是失去了支撑的藤萝，立时矮了下去，蠕动了几下嘴唇才说："是，我的胳膊是小美抓的，昨天晚上她要出门时差点滑倒，我去扶她，她的指甲扫过我的胳膊，就抓伤了我。"

"这么说你昨天晚上就到了家，刚才为什么不说实话？"

"我昨天晚上回的家，小美就遇害了，刚才不说也是怕你们怀疑她的死跟我有关。"

周昊宇说道："说说昨天晚上你到家后发生了什么事情，不要再有隐瞒和谎言，这样对你有好处。"

平建军缓缓说道："其实我是昨天晚上九点半左右到的家，到家的时候小美刚好要出去，她说很长时间没回娘家了，跟她妈妈约好晚上回娘家，走的时候大约是十点，具体时间我记不清了。"

"既然知道你昨天晚上回来，她怎么会选那个时候回娘家呢？第二天就是周末，不能第二天跟你一起回吗？"

平建军不敢抬头看他："我比原计划提前了两天回来，想给她一个惊喜，所以没有告诉她我昨晚回来。"

周昊宇突然问道："既然你回来了，天又那么晚了，为什么不陪她一起回去？"

平建军缩着身子道："我一路开车，回来已经很累了，所以没跟她一起回去。"

周昊宇皱眉道："可庄小美的哥哥说，你岳母在三天前去了简宁的姨妈家，至今未归，怎么会跟你的妻子有约？"

平建军一愣，愕然了片刻才道："小美是那么告诉我的，也许是她没说实话吧。"

"你妻子离开家后，你在干什么？"

"我在家洗了洗就睡了，可能是一路开车累了吧，一直睡到今天中午，打开手机才看到小美大哥的电话，后来的事情你们都知道了。"

"昨天晚上庄小美走后，你出去过没有？"

平建军摇摇头："没有。我一直在家。"

"有谁能证明？"

平建军摇了摇头："小美没在家，没有人能证明。"周昊宇不再往下问，而是说道："平建军，鉴于你刚才的表现，我们要留下你协助调查。"周昊宇向吴向东道："老吴，你带他去办手续。"

"你们凭什么拘留我？我不是罪犯！"平建军大声说道。

"不是拘留，是请你留在这里协助调查。鉴于你在庄小美的死亡时间段不能提供不在场证据，且庄小美指甲里留有她死亡前抓伤疑犯的生物证据，而在你的手臂上发现了与之相匹配的抓痕，所以我们有理由怀疑你与庄小美被害一案有关。根据《公安机关办理刑事案件程序规定》需要扣留你四十八小时协助调查。你要是想起什么需要补充的，可以随时让警员告诉我。"

平建军跟着吴向东去办手续后，墨语问道："周队，你相信他说的是真的吗？"

"不是我相不相信的问题，而是他的话需要时间来核实。"周昊宇答道。一个方案在他的脑海中形成，他马上召集重案组的成员开会，将收集到的信息进行汇总分析。

采集到的痕迹正在分析比对中，都没有有价值的线索。案发地周围线索的收集也没有提供有用的信息。

法医还未对尸体进行解剖，不过，初步检验的结果已经出来了。

"死者颈部的勒沟宽二厘米，上面有细小编织状的纹路，勒沟旁边有皮肤破损，凶手用的东西是带状物，有点像绑东西用的绑扎带。"陆显亮放下一张现场的照片，又拿起另一张说道，"死者双臂没有抵抗伤，也没有约束痕迹，右手食指、中指和无名指指甲里有皮肤组织，有可能是死前抓伤过凶手或是别的什么人，DNA 的比对工作正在进行中，结果还没出来。初步尸检的时候发现受害人腹部有明显的暴力击打痕迹，而在受害人身体的其他部位没有发现同样的伤痕。受害人腹中的胎儿已有五个月，是个女孩，发育良好。胎儿是死者腹部遭到袭击造成的流产还是死后分娩、直接致死原因这些都要等解剖后才能确定。目前我能给出的线索就这么多。"

汇总了这些信息，加上刚才对平建军的询问，周昊宇对接下来的工作进行了部署。

法医要尽快完成尸检工作，为案件的定性提供支持，并且要尽快完成平建军 DNA 与庄小美指甲里遗留皮肤组织的比对，同时进行的还有平建军与庄小美流产胎儿亲子关系的鉴定。

周昊宇已经申请了搜查令，痕检组等搜查令一到马上对平建军的家进行搜查；摸排组由吴向东负责走访平建军小区的邻居，核实平建军的口供，在案发地周围进行走访，看看有没有目击者或有没有其他可能；信息组追踪庄小美离家后的行车轨迹和平建军在案发时间段的行踪，以验证平建军证词的真实性。

听到周昊宇这样的布置，同他一起审讯的吴向东有些不解："周队，我感觉你直接把目标锁定在了平建军身上，难道只是因为他手臂上有抓痕吗？是不是还有什么我们没注意到的细节？"

"不只是那些抓痕，我对他的怀疑集中在两点上：一，他的口供乍一听起来似乎合情合理，但细想起来就会发现，他全程只提了妻子庄小美，显得二人夫妻情深,却对孩子只字未提,你们不觉得奇怪吗?"周昊宇转头问吴向东,"老吴,你已经做父亲了,最能体会一个做父亲的心。你说说,作为一个将为人父的男人,他的表现合乎常理吗?"

"还真是。"吴向东听他这么说,恍然道,"作为一个男人,孩子是自己血脉的延续,当然和老婆一样重要,没有不提孩子的道理。上午那个做舅舅的还咬牙切齿地说要打死那个害死他妹妹和外甥的凶手,而这个做父亲的竟然全程忽略孩子的存在,的确有问题。"同样做了父亲的陆显亮也点点头,表示认同。

"二,案发现场,受害人呈现出来的状态令人起疑。"周昊宇说到这里,大家都专注地听他接下来的话,"据报案人说,他看到受害人时,受害人平躺在地上,面容安详,两手垂在身体两侧,脚上穿着鞋,手包就放在左手边,就像是睡着了一样。我又问了几个进入过院子里的人,他们证实了这个说法。你们不觉得这个现场透露着诡异吗?"

首先接过他的话的是王晓妍:"没错,我当时发现了受害人被凶手拖进院子里的痕迹,并且她脚上的丝袜也被磨得脱了丝,这样被拖拽进去,拖鞋不可能好好地穿在脚上。当时我就觉得哪里不对,可就是没有抓到要点。"

"受害人脚上的拖鞋是谁给她穿上的呢?这样的现场说明了什么?"周昊宇说到这里,抬头看着众人。肖楠说道:"一般暴力犯罪的现场都会比较凌乱,即使没有与凶手搏斗的痕迹,受害人也会有反抗挣扎的过程。庄小美案的现场只能是事后被凶手清理过,受害人姿势被凶手刻意调整过。"

"没错,清理现场可以视为反侦查手段。但是,受害人所呈现出来的姿势就耐人寻味了。"周昊宇端起面前的杯子,冰凉的液体将一股清凉传到了全身,"咱们以前遇到过被勒致死的受害人,他们牙关紧咬,双目突出,双手因为用力阻止绳圈的勒紧而呈现鹰爪状,直到尸体僵硬后依然是那样一种狰狞的姿态。可你看这次的受害人,她面容安详,衣裙整齐,双手很自然地垂在身体两侧,脚上的拖鞋穿得很整齐。这说明了受害人在死后被凶手刻意整理过。一般情况下,凶手做完案后的第一反应是逃离现场,免得被别人发现。这个案件中,凶手为什么要花费时间这么做呢?"周昊宇忽然卖了个关子,希望有同事接着说。

没有人回答,周昊宇只能接着说道:"这种附加的行为决不是凶手一时心血来潮,而是意味着——要么凶手与死者有某种情感联系,出于愧疚的心理,不想让死者死得那么难看;要么就是出于对自己心理的需要。勒颈在前,钝器击打在后,不管受害人的致死原因是窒息还是失血性休克,勒颈都可以视作是控制方式,而钝器伤才是主要的攻击方式;女人的腹部是性敏感区的一部分,对死者腹部的攻击,可以看作是凶手的情绪宣泄,也可以看作是出于性的需求。而受害人不同于平常女性的地方,就是她的腹中有一个已经成形的胎儿,这种对受害人身体特定区域的攻击,是出于对受害人本身的攻击呢,还是出于对她腹中胎儿的攻击呢?所以我让法医加做了一项检验,那就是平建军与受害人腹中孩子亲子关系的检验。"

"原来如此!"陆显亮这才明白周昊宇加做亲子关系的原因,话语里充满了对周昊宇的钦佩。

"这只是我初步的判断,最终结果如何还要看证据的指向和平建军证词的真实性。大家还有什么补充或是不同的意见吗?"众人还在回味他刚才的话,一时之间没人再接话。"既然没有不同的意见,就按刚才布置的任务开始工作。"

大家都有了工作任务,分头去准备。肖楠神神秘秘地跟上来,拉着王晓妍问道:"一直没腾出空来问你,今天在现场的那个所长是谁?看你跟他还挺熟的。"

王晓妍道:"他叫华林生,是长春路派出所的副所长,你问他干什么?"

"他是不是跟周队有什么过节?怎么对我们和对你完全是两个态度?"肖楠好奇地问。

"这件事跟你没关系,别瞎打听。"

"这中间肯定有什么事,还弄得这么神秘。要不我去问周队?"肖楠盯着王晓妍的脸,试探地问道。

王晓妍把脸一沉,说:"我说了,这里面没你的事,你要是想惹周队不痛快就去问他,被骂了别怪我没提醒你。"

她越是这样说,肖楠越是好奇,看着肖楠想问又不能问的表情,王晓妍瞪了他一眼道:"别跟那些人一样八卦,该让你知道的自然会告诉你,不告诉你的你不该知道,不知道咱们的纪律吗?"

"有那么严重嘛,一说话就上纲上线,连纪律都搬出来了,好奇不是咱们刑警的本性嘛。你现在说话的语气、动作怎么越来越像周队了,特别是向我瞪眼睛的样子。"肖楠嘟囔道。

任务布置下去了,与时间赛跑的战斗正式打响。

侦破工作争分夺秒,不断有情况汇总上来。

摸排组通过对平建军邻居的走访得知:那天晚上,邻居听到了平建军家里传出了吵架声，究竟为什么吵就不得而知了。然而，对于案发地段的走访却没什么进展，那里住的大部分都是上了年纪的人，没有夜生活的习惯，案发时间段有的已经休息，就算没休息的也待在家里，没有人听到异常的动静，更没有目击者。

而侦控组的发现可以从侧面印证摸排组得到的关于受害人与平建军吵架的信息。从平建军所在小区的监控录像中得知，受害人庄小美是在事发当晚九点二十分回到家的。平建军的车三分钟后驶进了小区。

九点五十八分，庄小美手里提着一个手包一路小跑地出了小区，平建军紧随其后。庄小美在大门前上了一辆出租车，平建军看到出租车开走后，返回楼下，开着自己的车也出了小区，之后便不在小区监控的拍摄范围内了。

要确认他们的行踪并不难。海曲市的天网系统已经非常完善，各个大路口都装有监控探头。要查庄小美离家后的行车轨迹也不难，每一辆出租车上都装有 GPS 定位仪。所以，没费多少工夫，刑警队就以明星小区正门为出发地，以长春路景泰街秋枫巷为终点，查出了案发时间段庄小美所乘坐的出租车。

据红叶出租公司的司机说，他是在明星小区正门外拉上庄小美的。当时的时间是十点零六分。乘客上车后只说了目的地是景泰街秋枫巷，然后就一直拿着纸巾抹泪，他还好心地劝慰了几句，不过乘客一直没说过话，只是一味地默默流泪。到巷子口的时候，乘客擦干了眼泪，给了他三十块钱，连找零都没要就失魂落魄地走了。

根据出租司机提供的行车路线，申童调取了沿途天网系统的视频资料，凡是出租车经过的地方，在后面都有平建军所驾驶车辆的影子。两辆车一前一后出现在沿途的天网监控系统中，通过离秋枫巷口还有一百米的一个监控探头后，两辆车的影子从监控中消失了。三分钟后，出租车出现在景泰街下一个路口的监控视频中，但平建军的车却没有继续出现在后面。

申童查看了附近几个出口的画面，都没有见到平建军的车驶过。大约半小时后，申童才从行程的最后一个监控视频中发现了平建军的车。一路追踪下来，他的车原路返回到了他所居住的明星小区，之后便再也没有出去过。

平建军的车经过景泰东路口的时间是十点二十一分四十七秒，可是之后并没有通过景泰路的西路口，从景泰东路口到西路口之间这段路共有一千一百五十米，这段路之间共有三个路口，南边是长春路、北边是秋枫巷和紫薇路。在长春路与景泰路、紫薇路和景泰路的交会处设有电子监控摄像头，这两个路口都没有它驶过的记录。它第二次出现景泰街东路口监控探头里的时间是十点四十八分五十二秒，之后便原路返回了家。

这二十七分钟里他在干什么呢？秋枫巷那一片车辆很难通行，属于监控盲区，无法通过监控视频得知平建军的行动。如果有预谋的话，二十七分钟完全可以完成杀人的全过程。

痕检组的发现就更可喜了，王晓妍在平建军家客厅沙发底下发现了一小块玻璃，像是手机显示屏的碎片，紧接着她在垃圾筒里找到了一部手机。手机已被摔坏，无法开机。于是她带回来交给了申童，让他帮忙恢复手机内存卡里的数据及文件。

很快，申童修复了手机内存卡，恢复了一部分被删除的数据。他在众多的信息里面筛选出了一些照片，从这些照片的内容和存入的时间来看，应该与案件有关。

照片有十几张，看背景像是在医院的走道里，那是死者与一个三十几岁的男子在医院妇产科门诊的照片。有两人并排坐在椅子上的，有男子扶着死者的，还有两人一起看病例的。这极有可能就是平建军与庄小美吵架的原因，也极有可能是平建军对庄小美动杀机的导火索。

从拍摄角度和成像质量来看，照片是用手机偷拍到的。周昊宇对这一发现非常兴奋。他让申童确认男人的身份。

紧张的工作过后，法医的结果终于出来了——庄小美的直接致死原因是机械性窒息，勒颈是直接导致庄小美死亡的原因，钝器暴力击打是胎儿娩出的原因。无性侵，钝器伤痕的边缘不清晰，形状不规则，陆显亮判断是被人身体的某些部位，如拳头、肘部或膝盖等所伤。

DNA 的鉴定结果证实庄小美指甲里的皮肤组织就是平建军的。不过，平建军说是庄小美在离家之前抓伤了他，他的皮肤组织出现在庄小美的指甲里也就不能作为一个突破口了。以现在的刑侦技术，虽然能通过凝血因子数量推断受伤时间，但本案里两者间隔时间太近，无法推翻平建军的供述，更何况推断受伤时间的方法并不能作为指证一个人的直接证据。平建军与庄小美腹中孩子的亲子关系的鉴定还在进行中。

平建军对庄小美离家原因的掩饰，倒是可以作为一个突破口。周昊宇正准备行动，却有警员找来，说平建军要见周昊宇，有情况要报告。

第三章　致命邮件

此时的平建军,身上的衣服被他揉搓得有些皱,头发蓬乱,双眼布满血丝,神情委顿。

周昊宇向吴向东示意,吴向东便问:"平建军,对于你前天的口供还有要补充的吗?"吴向东从警多年,知道在讯问过程中采用怎样的策略能让嫌疑人露出更多的破绽,所以他刚才用了非常缓和的语气。

平建军的嘴唇哆嗦了两下,停顿了片刻,终于开口道:"我说谎了。"说罢又低下了头,将十指插入头发中,脸上浮现出痛苦的表情。

吴向东平静地问:"在什么地方说了谎?"

平建军用手抹了一把脸,道:"前天晚上我九点多到家,回到家我就和小美吵了一架,她生气要回娘家,我拦着不让,她在推开我的时候抓了我一把,就摔门走了。"说罢他抬起胳膊,指着胳膊上那三道明显的抓痕道:"这就是她当时抓的。"

"你们为什么吵架?"吴向东问道。

平建军叹了口气,道:"都是些鸡毛蒜皮的小事,说出来都怕人笑话。"

吴向东饶有兴味地看着他,平建军似是无奈:"她怨我经常出差在外,陪她的时间太少,连她怀孕了也不能多抽时间陪她。可我的工作就是这样,也是没办法的事。我母亲知道她怀孕了,很想过来照顾她,可她又不愿意和老人一起住,我母亲很不高兴,为了这事我们曾经争吵过。本来在我出差前她又为这事不高兴了,所以我比原定的时间提前两天回来,就是怕她埋怨。本来我回来已经很累了,她又为这事叨叨,我就忍不住和她吵了几句,谁知她吵几句就要回娘家,我一气之下也就没送她。"

吴向东并不揭破他,只是接着问道:"后来呢?"

"后来,后来我就跟着她出了门。"这句话平建军说得很小声,之后声音渐大,"我开始很生气,不想管她,可毕竟她是我老婆,我还是不放心她一个人晚上出门,我就追出去想拦住她,可她根本不听我说,还是上了一辆出租车。我也没办法,就开车跟在后面,直到她回了娘家,我才原路返回自己家。"

"你是看着她到娘家的吗?"

"哦,不是。我看她进了巷子,想着前面没几步路就到了,就没进去。可没想到就在这一段出了事。真后悔，我不该跟她吵架，更不该让她大晚上一个人回去。"平建军说到这里，眼中的泪水又下来了，声音也哽咽了。

吴向东递了张纸巾给他，问道："你接着就回家了？"

平建军接过纸巾，擦了擦眼泪，答道："哦，没有，我把车停在了巷口，当时我的脑子特别乱，就在车里抽了很多烟，后来气消了也想过到岳母家里接她一起回家，可又怕在那里吵起来，大家都不好看，就想着冷静冷静也好，等她气消了再过来接她，所以自己就回家了。"

"你确定自己没进巷子？"

"没有，我真没进巷子。"平建军信誓旦旦道。

"你确定你这次说的都是实话？这是刑警队的审讯室，你要对你说的每一个字负责！"一直坐在旁边不发一言的周昊宇说道。

平建军被他瞪得心里发毛，但还是挺了挺胸膛说："警官，我说的都是真话。夫妻之间吵架很正常，吵几句就杀人，那这个世间有几对夫妻能过得下去。你们不能拿这个就怀疑我杀妻吧！"

周昊宇不屑地"哼"了一声，随手翻开桌上的文件夹，把几张照片递到平建军面前。平建军看到，脸色越来越难看，手微微颤抖，道："这些照片怎么会在你们这里？我——"

"你不是都已经删除了吗？你是想说这个吧。"周昊宇用手拎起一个透明的证物袋，里面装着一部被摔坏的手机，"手机是在你家垃圾筒里发现的，我们的技术人员恢复了内存卡里的文件。在被删除的文件里，我们发现了这些照片，照片显示存入的时间就是案发当天，这你怎么解释？"

"这不可能，这怎么可能？"平建军喃喃地说。

"只要我们想查，没有查不到的东西，你太小瞧我们的专业能力了。"

"小美不是我杀的，我没有杀她，你们别冤枉我！"平建军差点从椅子上跳起来，额头上青筋暴突，脸因激动而涨得通红。

"我们从来不会冤枉一个好人。既然你是冤枉的，为什么还要一而再、再而三地说谎，说谎就证明你心里有鬼。"吴向东字字铿锵。

"我真的没进巷子，我真的只在车里抽烟，小美真的不是我杀的，我没做过。几张照片也不能成为杀害小美的证据吧。"平建军情绪非常激动，急忙解释。

这时，陆显亮敲门进来："结果出来了。"他将一份法医学的鉴定报告放在吴向东和周昊宇的面前。吴向东直接翻到最后的结论部分，然后将报告推向了周昊宇。

吴向东走到平建军面前,将结论指给他看:"你看看我们法医在下面写的是什么。"

平建军接过报告,手抖得厉害,最后报告从他手中滑落到地板上。吴向东弯腰捡起,道:"刚才你还提到动机,现在呢?"

平建军拳头捏得咯咯直响,咬牙切齿地说:"原来这是真的,是真的!哈哈,我——"他看到对面警官炯炯的目光,突然意识到了自己的疯狂正中警察下怀,马上闭上了嘴。

吴向东厉声说道:"到了这个时候,抵赖顽抗是没有用的!作案动机、作案时间都有了,天眼也清清楚楚地记录了你出现在了案发地段。你还有什么要说的吗?"

平建军的大脑飞速运转着,忽然道:"我知道这是谁干的了,一定是他。你们说我杀死小美是因为她肚子里的孩子,可有一个人比我更怕这个孩子的存在!他有妻有子,孩子的存在会影响到他的家庭,他的声誉!他更有动机这么做。"

"谁?"吴向东问。

"廖中华,就是照片上的那个男人。他是小美公司的领导,小美一直跟他一起工作。"平建军恨恨地说。

吴向东把法医鉴定报告拿起来用力地晃了晃,大声反问:"还以为你真的想好了才找我们,没想到你不是编故事,而是在转移我们的视线!据你所说,你妻子并不知道你那天晚上会回家,回家后你们吵架,你妻子一气之下回娘家,这些都是不可预知的,你说的这个人怎么会事先知道这些,等在庄小美回家的路上呢?我们查了案发时间段的监控录像,你的车确实在案发时间出现在了案发地段,根据当时的路程路况以及你的行车速度测算,你有二十七分钟的时间不知所终,其间你都干了什么?!"

平建军难以辩驳,口中只得反复说道:"我真的没有杀人。我是冤枉的。我是冤枉的。"

吴向东大为光火,说道:"平建军,别考验我们的耐心,也别怀疑我们的专业能力!"

周昊宇制止了吴向东,和缓地问:"听你的意思,你妻子腹中的孩子是她和照片上这个男人的,你有什么证据吗?是什么时候知道的?"

平建军抬头回答:"你们法医的 DNA 鉴定不是证据吗?这还不够吗?"

周昊宇追问:"这之前你是怎么知道的,有什么证据能证明吗?"

平建军一愣,答道:"这照片不是证据吗?没收到照片前我怎么也想不到小美会背叛我。"

周昊宇找到了平建军词语中一闪而过的细节，问道："收到，意思是这照片是有人给你的，是谁给你的呢？"

"是有人通过电子邮件发给我的。"

"谁？什么时候。"

"就在出事的前一天，那个邮箱账号我从来没见过，不知道是谁发来的。"

"邮件还在吗？"

"在，邮件我没有删除。"

"你最好不要再说谎了，我们会核实的。"周昊宇见审讯进展得差不多了，扔下这句话。

吴向东闻言，便将刑事拘留书拍在桌上："平建军，鉴于你有作案动机和作案时间以及我们在死者指缝里发现了你的 DNA 生物样本，我们有理由怀疑庄小美之死与你有关。根据《公安机关办理刑事案件有关程序规定》，我们有权将你刑事拘留，请在这上面签字。"

平建军瘫坐在椅子上，自顾自地念叨："我没杀人，我是冤枉的，你们不能拘留我。"

吴向东也并不勉强他，只在刑事拘留通知书上注明了嫌疑人拒签后，便让警员把他带到了看守所。

根据平建军的口供，申童去调查用邮箱发照片给平建军的人，而周昊宇决定去找廖中华。

廖中华三十九岁，家住海曲市港城区临海路五十七号，是华东贸易公司的财务部经理，庄小美的直属上司。

周昊宇和王晓妍找到廖中华时，廖中华的心情也是五味杂陈的。案发后，因为庄小美没来上班也没请假，手机也联系不上，廖中华便向人事部门要了庄小美登记的紧急联系人电话。电话打到了庄志远那里，廖中华才得知庄小美出事了。

在周昊宇问到两人的关系时，廖中华说："就是普通同事，没有超越同事以外的关系。"周昊宇把照片丢在廖中华眼前，廖中华意外之余，只得解释缘由：

上周二，他们部门的会计请假，于是他就跟庄小美一起去银行办业务。业务办完后，在回去的路上，庄小美突然说肚子痛，于是他就开车送她去了附近的医院，庄小美进了妇产科检查，他就在外面等。庄小美出来后，出于对同事的关心，他询问了她的身体状况，庄小美就把检查结果给他看，之后两人就一起回了公司。

而在案发当晚，女儿过生日，廖中华邀请了女儿的几个同学到家里玩。正逢周六，孩子们玩得都很嗨，直到十一点多才散场，他一晚上都不曾离开，参加他女儿生日会的同学都能做证，他没有作案时间。

对警方提供DNA样本的要求，廖中华也大方地答应了。

一行无果，周昊宇回到刑警队，刚到楼梯口就听到里面乱哄哄的，几个警员正伸身向会客室张望。内勤的小丁正拉着一个六十岁左右的女人从会客室出来——那女人拼命挣扎着，边哭边骂道："你儿子这个畜生，他连自己的老婆孩子都杀，他还是人吗？他杀了我闺女，我恨不得杀了他给我闺女偿命！"

"你放屁，我儿子不会杀人，你凭什么骂他？你当你闺女就是个好东西？还没嫁人就大肚子，破烂货一个！"会客室里面传来另一个女人的声音。

女儿惨死且尸骨未寒却被人这样辱骂，被小丁搀扶的女人突然气馁，嘴唇哆嗦着道："我闺女大肚子还不是你儿子做的孽，她怀的也是你们平家的孽种！平建军，他就是个杀人犯，连自己的老婆孩子都忍心下手，绝不会有好下场，你们全家都不会有好下场！"

周昊宇走进会客室，乱作一团的哭声、叫骂声听得更真切了。庄妈妈已经坐在地上，拍着大腿大声哭号："小美，你怎么就这么走了，留下妈可怎么活啊？你在天上也睁眼看着，看着那个畜生吃枪子，看着他们一家断子绝孙！"这个老母亲哭得上气不接下气，几乎要晕过去的样子。

小丁看到了周昊宇，仿佛看到救星："哎呀周队，你可回来了。"

见周昊宇出现，警员们都舒了口气，齐刷刷地叫道："周队！"

"这是怎么回事？"周昊宇问道。警员刚要说话，庄妈妈立时从地上爬起来，盯着周昊宇叫道："你是他们的领导？周领导啊，我闺女才二十六岁啊，她死得冤呢，你们一定得把凶手枪毙了给她报仇啊。要不她死了都闭不了眼啊！"

话音未落，平建军的妈妈冲过来接口道："呸！枪不枪毙是法院说了算，不是公安局说了算，你不懂就别在这丢人现眼。"平母制住了庄妈妈，转头对周昊宇立刻换了一副委屈的表情，道："周队长啊，我儿子从小连杀鸡都不敢，他咋会杀人呢？一定是有人冤枉他，你们要是信了这个女人的话，六月也会下大雪呀!"

两位妈妈针锋相对,场面几乎失控。站在老伴身边的平父赶紧制止:"你别哭了,现在是法治社会,我们要相信法律,相信警察会抓到凶手,还我们儿子和媳妇一个公道。"这话是安慰平母,也是说给周昊宇他们听的。

周昊宇看平父还算理智,点点头道:"我们破案讲的是证据,是事实。请你们相信,法律是公平公正的,我们一定会还受害者一个公道的。"

周昊宇说得掷地有声,平父盯着周昊宇看了几眼,道:"周队长,我相信。"

庄志远也向周昊宇道:"周队长,我们也相信公安一定不会放过凶手,你们要为小美申冤报仇!"

周昊宇郑重道:"我向你们保证,决不会使一个好人含冤,也不会让一个坏人漏网!"

一名警员适时地道:"周队,我送他们回去吧!"在周昊宇再三保证尽快使凶手伏法后,庄家人才由警员送了出去。

接待室里只剩下了平家的人,平建军的父亲道:"周队长,接到你们的通知,我们刚从家里赶过来,到这才听吴队长说,我儿子被拘留了。这到底是怎么回事?他怎么可能杀他媳妇呢?"

周昊宇看了看吴向东,吴向东道:"拘留了平建军后,是我让申童通知他的家人,庄家也不知从哪听说我们拘留了平建军,他们是来催促我们尽快将凶手正法的。两家人在这里遇见了,什么解释都不听就打了起来。"

周昊宇道:"几天前,我们接到了报案说有人发现一具女尸,经过确认是你的儿媳庄小美。经过我们的现场勘查和调查所掌握的证据,你儿子有重大作案嫌疑,所以我们对他进行了刑事拘留。案件正在进一步调查当中,请你们耐心等待。"

"你们有什么证据说我儿子杀人?"平父问道。

"你儿子——"吴向东刚说了几个字,周昊宇拦住了他道:"据我们目前掌握的证据,平建军是最大的嫌疑人,证据我们暂时不能透露,至于最终结果如何还要看我们进一步的调查。"

平父知道也问不出什么来,便说道:"我能见见我儿子吗?"

"按规定,在拘留期间,你们不能探视。"

平父还想说什么,终究还是没说出口,他将几件换洗衣物请周昊宇转交给平建军,之后便扶着老伴走出了接待室。

几个警员在楼道里小声议论着。

"他的儿子是心肝宝贝,人家的女儿就不是心头肉了。人家的女儿都死了,她怎么还这样撒泼。"

"那家女儿死得真惨,还怀着孩子呢,只有禽兽才做得出来。"

"你还是警察呢,说话真是一点都不专业,不是禽兽,是变态,这是典型的心理变态作案!"

"对,是变态!是变态!呸呸呸,你这个乌鸦嘴,不要被你说中才好,要真是变态杀人就惨了,可能有更多无辜的女孩会被害。"

"那个变态已经被抓了,你不用担心还会出现下一个受害者。"

平氏夫妇走得很慢,这些话一字不落地钻进了他们的耳朵,平父转过头,恶狠狠地盯了他们几眼,目光里有阴冷的寒光,半晌才扶着平母出了公安局。

"周队,发邮件的人我找到了,也核实了她的证词,所有的记录都在这里。"申童将几份询问笔录放到他面前的桌上。

韩丽是庄小美的同学,也是平建军的朋友,庄小美是通过她认识平建军。韩丽一直对平建军有好感,而庄小美却不声不响地跟平建军好上了,并且很快就怀孕结婚。后来韩丽无意中在医院遇到了庄小美和廖中华一起去妇产科,所以就拍下了照片,然后邮件给了平建军。她这么做就是想看他后院起火,没想到却惹出了这么大的事。

"案发的时候韩丽有不在场证明,我已经核实过了,没有问题。"

经过 DNA 的检测,庄小美的孩子与平建军、廖中华都没有关系。这个结果虽然说明平建军有作案动机,但是孩子的亲生父亲是不是也有作案可能呢?如果他有家庭,那么孩子的存在必然会对他造成影响。这个神秘男人必然会出现在庄小美的联系人中,至少五个月前,二人一定有过交集,他也不可能是一个隐形的存在。

于是,周昊宇又让申童仔仔细细地把庄小美的通信工具、社交软件扒了一遍,把所有的联系人仔仔细细地筛了一遍,然而依旧没有找到这个可疑的存在。这让周昊宇有些不解了。就算只是一夜情缘,也不可能不留下丝毫的痕迹。更何况通过对庄小美的调查发现,她并不是一个私生活混乱的女子。五个月前她正与平建军热恋,不太可能和其他的男人交往。周昊宇决定再审平建军。

第四章　畏罪自杀

周昊宇让人把审讯室的空调调到二十度以下，他并不急于进去，而是一直在外面观察着平建军的一举一动。

没过两分钟，审讯室里的温度就降了下来，平建军将挽上去的袖子拉下，双臂环在胸前，身体不由自主地缩起来。

与前两次不同，平建军这次被固定在审讯椅上。他眼窝深陷，面容憔悴，眼睛里布满了血丝，头发也打了绺，显得油腻腻的，下巴上的胡茬如春草一般杂乱无序，衣服皱巴巴地套在身上。平建军早已耐不住审讯室的冷气，缩在椅子上微微地打着颤。

审讯室里沉寂压抑的气氛对每个走进来的审讯对象的心理都是一种考验。平建军在审讯室里被晾了半天，周昊宇和吴向东才走进来。

周昊宇没有急于问话，而是翻看起文件夹里那一摞厚厚的材料。

周昊宇知道己方已经占据了审讯的主动权。他慢慢合上文件夹，突然将它拍在了桌上，然后身体靠近向椅背，冷冷地盯着平建军。平建军被吓了一跳，不安地看了看二人，低下了头。

"平建军，看守所里够清静吧，想得怎么样了，准备好交代自己的问题了吗？"周昊宇问道。

"警官，我真的是冤枉的，我看到那些照片是很生气。但是仔细想想，小美不是那样的人，她跟我在一起的时候还是个姑娘，怎么可能这么快就背叛我呢？她一定不会的。那些照片又能算什么呢，想到这些我就不那么气了，我怎么会杀她呢！"平建军声音嘶哑，喉头嚅动，显然极力压制着自己激动的情绪。

"如果真像你说的，你在巷口待那么久，为什么巷子里过往的人都没有看到你？既然气消了，回家后干吗喝那么多酒？鬼鬼祟祟地跟踪了她半天，什么都没做就气消了？"

"谁遇到这样的事心情都不会好，又不能对别人说，只能喝点闷酒发泄一下，如果真是我做的，我早跑了，还能在家喝醉了等你们来抓？"平建军反问道。

周昊宇立时反驳道："你这么聪明的人怎么会想不到，只要你一跑，立即就坐实了畏罪潜逃的罪名，成为我们通缉的对象，就算你跑到天边也无处容身，还不如赌一把，说不准能绝处逢生。说说吧？"

平建军非常焦虑，想伸手去挠头，却因双手被固定在审讯椅上动弹不得。周昊宇站起身来，围着平建军走了一圈，然后半坐半靠在平建军面前的桌子上，两道锐利的目光俯视着平建军。

"平建军，在看守所住得还舒服吗？"周昊宇又一次提到了看守所。

平建军一愣，半张着嘴愣愣地看着周昊宇。周昊宇换了一种和缓的语调，就像是两个朋友在聊天一样："平建军，你也是一个受过高等教育的人，进看守所还是第一次吧！里面的人跟你一样又不一样。一样的是，你们都是犯了错的人；不一样的是，你们有的人是明明知道是错的，却依然选择去犯错；而有的人则是受了委屈一时糊涂而犯错，这两者之间是有本质区别的。"

刚才还是急风骤雨，现在却是和风徐徐，周昊宇态度转变之大让平建军一时难以适应。他愕然地看着周昊宇说不出话来。

周昊宇继续说道："以我们掌握的证据，就算你什么都不说，零口供我们也能将你送上法庭，顽抗是没有任何意义的。在这个审讯室里，任何奸猾顽劣、穷凶极恶的罪犯都不可能逃脱应有的责任。主动坦白自己的罪行，这对你有好处。"

平建军又要张口喊冤，周昊宇一摆手就把他的话压了回去。"别跟我喊冤，没用，我们只相信证据。也许你很清楚，杀人是要偿命的，没错，这是法律的公平原则。但是还有许多你是不知道的，蓄意谋杀和激情杀人有着本质的区别。当然，在量刑上也是有很大差别的。"周昊宇说到这里稍稍停顿，仔细观察着平建军的反应，见平建军的注意力被自己的话吸引，继续说道，"蓄意谋杀是有预谋的、以剥夺他人生命为目的的犯罪，属重罪，可判无期徒刑或死刑。而激情杀人就不一样了，它是嫌疑人在受到刺激的情况下，由于刺激而导致情绪和行为失控所引发的犯罪，这种刺激可能是由于受害人的过错而引发，对于这样的起因，受害人也要负部分责任。在这种情况下，嫌疑人所犯下的罪行就相对较轻。如果你能主动交代自己的罪行，我们会记录在卷宗里，证明你有坦白和悔罪的表现，法官会酌情考虑案件的性质，这样一般不会判得太重，在服刑期间积极改造，再有立功表现还可以减刑，你这么年轻，用不了多久就能重获自由。"

周昊宇这番话循循善诱，说得有理有据，听起来颇有诱惑力。平建军沉默了。周昊宇见他的话起到了一定作用，便继续道："经过我们的 DNA 检验，庄小美肚子里的孩子跟你没有血缘关系。作为一个男人，谁也无法容忍这种背叛，因为这事关一个男人的尊严。平建军，虽然你犯了错，又一直肯配合我们的工作，但我个人还是蛮同情你的。发生在你身上的悲剧，你的妻子要负上一部分责任。如果我们以激情杀人来定性你的案件，你的罪会相对较轻。但如果你拒不认罪，那也就表示你对你所犯下的罪行至今没有一个正确的认识，对受到你伤害的人也没有一点愧疚之心，对我们的调查和取证采取拒不合作的态度。种种迹象都表明，杀害妻子是你早有预谋的，并且有顽抗到底的决心，我们只能以预谋杀人的罪名起诉你，二者孰轻孰重你自己掂量。"

然而，平建军的表现并未如周昊宇所预期的那样，他脸上的表情仍是一副"要我怎么说你们才能相信"的焦虑表情，口中辩解道："我没有杀人，你不能冤枉我，小美真的不是我杀的！"这让周昊宇的心中产生了一丝异样。

周昊宇从桌子后面拎出一个方便袋："昨天我见到了你的父母，他们给你送来了换洗的衣服和一些钱，希望你在里面能得到照顾，能过得更好一些。当我看到你的父母时，我的心里非常不好受。你母亲花白了头发，你父亲马上就要退休，他们本该含饴弄孙，安享天伦之乐，可就因为你的一时冲动，便把这一切都毁了。你的母亲一直哭，说她只有你一个儿子，失去了你她活着也就没指望了。"

"啊——"平建军大吼一声，失声痛哭起来。这些话像最后一根稻草，压死了面前的这头骆驼。按照惯例，等平建军把情绪发泄过后，就会交代了。

周昊宇走到他身边："平建军，你如果主动认罪，就像刚才说的，在提交的案卷中，我们会以激情杀人来定性，这样你就不会被判死刑，你这么年轻，还有出来和父母团聚的一天，你的生死其实都在你的一念之间。"

平建军空洞的眼神中再也看不到半点生机，就像是灵魂从他的身体里面被抽离，剩下的只是一具没有灵魂的躯壳一般。周昊宇看审讯也无法继续下去，便让人把他带回去好好休息。

平建军的反应超出周昊宇的想象，他是因为无法脱罪而绝望，还是因为受冤枉而精神崩溃？这个案件的线索得来得那么顺理成章和平建军的异常反应让他产生了一丝不安。

正常的工作逻辑是根据手中的证据锁定目标，而这个案件却不同，自己第一眼见到平建军就觉得他不对劲，而之后的证据确实也证实了自己的判断。反思后，让他觉得不安的是，平建军的异常太显眼了，自己会不会一开始已经在潜意识里深种了某种他自己也不曾察觉的判断？就像是一个杀伐成千上万盘棋的棋手，落子那一瞬间的自然而为，这种其他行业追求的下意识反应可是刑侦上的大忌。一个经验丰富的刑警会对案件有灵敏的嗅觉，潜意识里的目的会引导搜证方向，这样就会不自觉地忽略掉一个甚至更多与自己潜意识里认定的目标相悖的线索。而一宗案件里，每一个细节都无比重要。目前掌握的所有线索和证据都指向平建军，但细细推敲又都不是无懈可击的铁证。想到这里，周昊宇不由一惊，自己太自信了。他决定从头再把线索好好过一遍——在自己手中决不能出现冤假错案。

周昊宇把桌上的卷宗仔仔细细地从头看了一遍，看到最后，表情渐渐严肃。他拿出笔记本，在上面记录下了一些疑点。看完后，他有选择地抽出了几张，表情凝重。

王晓妍推门进来："你看一下午了，都下班了，怎么还不去吃饭？"

周昊宇看看时间，果然，都已经下班了，便对王晓妍说道："晓妍，明天你跟我去一下庄小美的死亡现场。"

"你又发现了什么？"

"案子中还有些证据没有核实，有些疑点没有查清，就这样认定平建军是凶手太草率了，虽然一开始他确实有些地方撒了谎，身上也有疑点。"

听他这样说，王晓妍来了兴致："什么地方？说来听听。"

周昊宇抽出两张法医学鉴定报告递给王晓妍，一份是庄小美指甲缝里的DNA报告，一份是平建军胳膊上的伤痕鉴定。王晓妍看了，不解道："有什么问题吗？庄小美指甲里的血渍是平建军的，平建军胳膊上的伤痕也证明是抓伤，时间就在案发前后。这有什么问题吗？"

"你还记得庄小美指甲里的血渍在哪只手吗？"

王晓妍想了想，道："是右手。"

"她身上有抵抗伤吗？"

"法医说没有约束伤，也没有抵抗伤。"

周昊宇站到王晓妍的对面，他一边说一边比画道："这就是了，你看，采到血渍的是庄小美的右手，而平建军被抓伤的是左上臂，这就证明平建军被庄小美抓伤时是面对面的，与平建军交代的情况一致，我们可以相信这些伤是庄小美离开家之前抓伤他的说法。法医说死者双臂没有抵抗伤，也没有被约束过的痕迹。周围的邻居没有听到呼救声，也没有听到打斗声，受害人是从背后遇到突然袭击，而后被凶手拖进院子的可能性更大。如果她指甲里的血渍是抓伤凶手留下的，那么凶手的伤应该同样在右臂，多在右臂的手腕或小臂位置，而不是上臂。所以仅凭庄小美指甲里留着平建军的皮肤组织的证据，不能指证平建军就是凶手。"

王晓妍听完，走近周昊宇，背对着他。周昊宇明白，便将手做了一个用绳子勒住她的姿势。王晓妍左手放在脖子前面，做出拉住绳子以阻止收紧的姿势，右手反手向后抓去，可无论她怎么努力，右手也只能够到周昊宇右臂的前端而已。

"你说得对，在这一点上平建军没说谎，那个伤痕的确不是这样形成的。"王晓妍说到这里，话锋一转又道，"虽然如此，可也不能证明不是他作案，谁说这些伤痕就一定是在死者被勒住之后被抓的呢？也许就如平建军所说，他手臂上的伤就是在家里被庄小美抓伤的，而当他行凶杀人时，庄小美并没有抓到他呢！再说，他有作案动机，案发时间段又出现在凶案现场附近，时间也吻合，我们不能只听他的证词就解除了对他的怀疑。"

"这些都不是铁证，只是线索。如果拿不到他的认罪口供，疑罪从无，我们还是不能认定他就是凶手。何况我们有些地方还没弄清楚呢？"

一谈到案子，王晓妍似乎忘记了自己来是叫他去吃饭的："还有什么地方？"

"一、孩子的父亲是谁？他与这个案件有没有关系？二、凶器是什么？现在在哪里？三、如果我们把思路放开，有没有其他的可能性？"

王晓妍道："法医曾说过，凶器可能是带状物，宽大约两厘米，类似尼龙绑扎带的东西，这种东西易燃易毁，也许已经被凶手处理了。你说的第一点我也曾想过，只是所有的线索都指向了平建军，所以这个疑点也只是在我的脑海中一闪而过。你打算重新调查吗？"

"是，即使平建军认了罪，这些疑点搞不清楚，这个案子对我们来说也是不完整的。所有的现象都得有一个合理的解释，这才算是真正破了案。"

"你打算怎么做？"

"明天你跟我再去一趟现场，也许那里能给我们些线索。"周昊宇把目光投向窗外。天空中乌云密布，只有几丝残光努力地从云层的间隙透出来。"无论乌云多么浓密，总是不能长久地遮住阳光，哪怕是在这样阴雨频繁的雨季。"周昊宇喃喃道。

天还没亮，一阵手机铃声打断了周昊宇的好梦，他迷迷糊糊地接起了电话，电话那头传来一个中年男人急促的声音："周队长，你们关押在这边的平建军自杀了！"

周昊宇心里"咯噔"一下，立刻切换到了清醒的状态，声音不由提高几个分贝："你说什么？"

"我是看守所的老刘啊,你们送来关押的平建军,就是那个杀妻的犯罪嫌疑人,在今天凌晨自杀了。"老刘说道。

周昊宇立刻从床上坐了起来:"人怎么样?还活着吗?"

"正在医院抢救,头撞破了,流了好多血。"

"在哪个医院?我马上过去。"

"第一人民医院。"

周昊宇赶到医院的时候,老刘正在手术室门外的楼道里焦急地走来走去,他看到周昊宇,马上迎了上来:"周队长,你可来了。"

"到底是怎么回事?"

"你们送来的这个嫌疑人,情绪一直不稳定,所以我们对他格外留意。今天凌晨,他突然一头撞到墙上,头被撞破了,流了很多血,人也昏死过去。他同监室的人马上汇报了情况。我们立即就把他送来抢救了。你看,医生正在处理,也不知道能不能抢救回来。"在押人员自杀,如果抢救不过来,看守所是要承担相应的责任的。

嫌疑人在押时都会接受检查,随身物品都会由警方暂为保管,不得带入监舍,这也包括能危害到自己或他人人身安全的危险物品。谁也没料到平建军会用头去撞墙,这得下多大的决心求死才能做到。这也不能怪看守所管理不严。

老刘说道:"这个,平建军,自从被送进来以后就不怎么吃东西,只是喝点水,我们想着过几天适应了就好了,谁想到会出这样的事。"片刻之后,医生从手术室里出来,老刘抢上前去问道:"医生,人怎么样了?"

医生摘下口罩道:"严重脑震荡,流了些血,这倒不是最严重的。严重的是他身体非常虚弱,要想恢复健康得需要些日子。不过也是身体虚弱的缘故,他撞墙的力度并不是太大,要不可就难救了。"

周昊宇和老刘听到这里同时舒了口气。"医生,他什么时候能醒过来?"周昊宇问道。

"这个不好说,可能得需要一段时间,他身体非常虚弱,需要好好休息,补充营养。病人的生存意志不强,最好不要再刺激他。"医生嘱咐道。

平建军被护士从手术室里推了出来,只见他双目紧闭,面如白纸,头上裹着厚厚的纱布,依然处在昏迷中。

"周队长,这平建军以后怎么办?"老刘求助似的看着周昊宇。

周昊宇道:"人既然已经抢救过来了,这件事最好就不要将影响再扩大了,否则对我们都不利。"老刘点了点头,周昊宇继续道:"这几天他要留在医院休养,安全起见,你先把人交给我,等到可以问话时再作安排,你看怎么样?"

老刘还在犹豫,周昊宇知道他顾虑什么,便说道:"有什么责任我跟你一起承担。"

老刘如释重负地松了口气,点头答应了。周昊宇派出了刑警队的两名警员轮班对平建军进行看守。周昊宇还特别叮嘱看守的警员,一定要好好看护,不能再出意外。

对于平建军自杀的原因,除了审讯时给他造成的心理压力外,也不能排除其他的可能。周昊宇带上法医去了医院。

平建军的病房门前,两名身着制服的警员正在值守,平建军并未醒来,依然在昏迷之中。

周昊宇让法医将他全身检查了一遍,法医道:"他的胳膊和腿上都有些淤青,不过都是软组织损伤,并不严重,可能是同监舍的犯人弄的。不过,你也知道,如果真有人对他用私刑,这些人都是内行,有些内伤从外表是看不出来的,得做详细检查才行。"

看守所里关押的都不是什么良善之辈,新进去的总会吃些苦头,可他也不至于自杀啊,难道是畏惧招供后的制裁而自杀?或者,还是真的被冤枉了想不开而自杀?

二人还在病房内,外面传来吵闹声,警员大声道:"你们不能进去!"

周昊宇走出病房,只见值守的警员正拦着两个人,正是平建军的父母。他们试图强行进入病房探视儿子,遭到了值守警员的阻拦。"放我进去,我要看我儿子。"平母双手撕扯着值守的警员,大声嚷道。

见周昊宇从病房里面出来,平母挣脱警员的阻拦,扑上来左手抓着周昊宇的衣服,右手狠狠地扇了他一个响亮的耳光,语无伦次地哭道:"你们这帮天杀的警察,快放我儿子出来!他要是被你们逼死了,我就拿根绳子吊死在你们公安局的大门口,让所有人都知道是你们为了破案,随便抓个人顶罪,你们是不是还要杀人灭口啊?要是你们真想随便抓个人顶罪,不如把我抓进去,放我儿子出来,他没杀人。"

周昊宇脸上火辣辣的,衣服被老太太揪得皱巴巴的,上面又是眼泪又是鼻涕。最终,在两名警员和法医的帮助下,周昊宇才挣脱了平母的纠缠。平母仍旧不依不饶地坐在地上哭骂着。直到护士要赶他们出去,她的声音才渐渐低下来。

平母大闹不已，平父却始终没有说话，只站在一边冷冷地看着。周昊宇蹲下身子，想扶起坐在地上的平母。平母一把将他的手打到一边，骂道："别拉我！黄鼠狼给鸡拜年，你们这帮警察没一个好东西，你们全都不得好死！"

周昊宇对平氏夫妻道："我们对平建军拘留、审讯完全都是合法的，审讯的过程有全程的监控录像为证，他究竟为什么自杀，要等他醒过来后才能知道。他以后的安全由我来负责，请相信我！"

"别假模假式地装好人。就是因为相信你，我儿子才会自杀，肯定是你们想杀人灭口，呸！"平母抬头，一口唾沫吐在周昊宇的脸上。

她这一举动出乎在场所有人的意料之外，一名警员看到队长受到这样的侮辱，压制不住胸中的激愤，满脸怒火地指着平母道："你别太过分了！你这是袭警，刚才你那一巴掌，我们就有理由拘了你。"

"你们拘啊，有没有王法啦！你们是不是要把我们全家都逼死才算完。我也不活了，我要跟你拼了！"平母放下周昊宇，转而伸手去抓那名警员。

周昊宇接过另一个警员递来的纸巾抹去脸上的唾液，强忍心中的怒气，斩钉截铁道："案件我一定会查清楚，如果平建军不是凶手，我一定还他清白，如果他是凶手，我决不会放过他！"

一直没有说话的平父扶起坐在地上的平母，向她道："咱们走吧！咱们再想别的办法。"

平母倒是肯听老公的话，虽然看向病房的目光依然满是不舍，但在平父的劝解下，还是一步三回头地向外走去。

警员看到周昊宇脸上微微红肿的巴掌印，恨恨地说："连自己怀着孕的老婆都杀，他儿子就是个不折不扣的变态，还有脸在这儿大哭大叫！"

平氏夫妻还没走远，警员正为周昊宇不平，说话声音颇大，像故意要让对方听到。平父回过头来冷冷地盯着那名警员，眼神复杂，许久才回过头对妻子说："你放心，我一定会救儿子出来！"说罢，扶着老太太步履坚定地离开了。

平建军一直处在昏迷当中。据医生说，平建军的求生意志很弱，醒来需要更长的时间。这个突发事件，让局里对平建军的审讯暂停了，但证据的核实工作仍在紧张进行着。

第五章 激情犯罪

小院在庄小美出现前已经没人住了,加上又发生了命案,附近的人都觉得这院子晦气,唯恐避之不及,案发之后几乎没有人来过这里。

此时周昊宇正站在院子中央,左臂抱在身前,右手托在颌下,目光搜寻着院子里的每一个角落。王晓妍也不打扰他,一边在四下仔细搜查,一边等待着周昊宇不同于以往的发现。

院子的东南角,一丛蔬菜长得郁郁葱葱,只有黄瓜和豆角因无人管理,已经老在了架上。黄瓜架的外面种着两种花,看起来已经开了很长时间。

周昊宇似乎对这两排花卉产生了兴趣,蹲下身来盯着花看了又看。他指着其中一种道:"这是鸡冠花。"然后指着另一种问道:"晓妍,你知道这种花叫什么名字吗?"

"这种叫凤仙花,咱们这里的俗名叫指甲桃,是一种一年生草本植物。"

周昊宇"哦"了一声,低下头,将嘴凑近花株,对着一株鸡冠花轻轻吹了口气,然后侧头又对着一株凤仙花吹了口气,花株便轻轻摇晃,鸡冠花细小的种子随风起舞,飘落到地面上。

周昊宇眼前一亮,在附近的地面仔细寻找了片刻,捏起地面的土,用手指捻了几下,然后拍拍手快步走出大门,查看了一下巷子的地面。巷子的地面是用青石板铺成的,地面已经有些年头,石板的棱角都磨得光溜溜的,些许泥土因前些天雨水的冲刷汇聚在了石缝里。

王晓妍默不作声地看着周昊宇的一举一动,她似乎明白了周昊宇的目的,脸上露出了一丝笑意。

周昊宇又沉思了片刻,沿着巷子向大路的方向,挨家挨户地敲门,走进住户的院子里去查看。这些人家的院子里有很多种着各种各样的时令蔬菜,也有不少都种了花卉。都看过之后,他看着默默跟在身后的王晓妍,露出一个会心的笑容,王晓妍也还了他一个心领神会的笑容。

"你都看到了吧?"周昊宇问道。

"是,我知道该怎么做了,这就去取样。"

周昊宇长舒了口气,这就是一起工作多年的默契,不用多说什么就知道对方的所思所想。二人进了案发的小院,王晓妍用刷子在曾经庄小美陈尸的地面扫起了一小堆浮土,然后用铲子装进了证物袋里面。周昊宇看着她做这一切，自言自语道："从巷子口到这里，沿途的住户我们都看过了，有很多人家里种了花卉和蔬菜，有些人家种了与这个小院中同样的凤仙花，却没有人家种鸡冠花。我发现了一个有趣的现象，这些人家里，只要种了蔬菜的地方，总是同样种着凤仙花，晓妍，你说这是为什么？"

王晓妍是有名的大"百科全书"，所以周昊宇发现了有趣的现象，便向王晓妍询问，想知道二者之间是不是有什么必然的联系。王晓妍"咯咯"一笑道："不是种蔬菜的地方都有凤仙花，而是种黄瓜的地方大都种着凤仙花。听老人们讲，种有黄瓜的地方，如果土壤中浇了肥皂水，或用肥皂洗过的衣服碰到了黄瓜的叶子，黄瓜就会出现黄叶枯萎的现象，但如果在种有黄瓜的地方同时种植凤仙花，就会缓解这种现象。至于有没有用，符不符合科学原理，我没做过试验，也就不敢随便下结论了。"

"哦！"周昊宇又知道了一些知识，笑着对王晓妍道，"怪不得局里的同事都说你是一部大'百科全书'，果然名副其实！"

王晓妍道："你总是非常善于将一些杂乱的事物联系起来，并将其归纳出规律。这一点我很佩服。"

"我只是能归纳出一个规律，可是你能解释这种规律，看来我们俩是最佳搭档无疑了。"

王晓妍脸上绽出一个无比灿烂的笑容，整理了一下手中的证物袋，说道："最佳搭档，还有什么要取的吗？"

周昊宇电话铃声却在这时响起，是申童打来的，说平建军醒了。周昊宇看看已经渐渐变黑的天，对王晓妍道："接下来的工作，你知道该怎么做了吧？"

王晓妍道："是，我会找到平建军在案发那天晚上穿的鞋子，检验一下他鞋底上粘到的微量物质是否跟案发小院中的一致，从而判断他是否进过案发小院。"

周昊宇道："鸡冠花和凤仙花的种子都非常小，遇到风以后会被吹落在附近的地面，加上最近又下过雨，如果有人踩在上面，一定会粘到鞋底。这里的院墙比较高，最近的风并没有那么大，很难将种子吹出来。再者，巷子的地面是青石板铺成，排水性能良好，案发前几天一直在下雨，即使之前有种子被吹到街上，也已经被冲走了，没有吹走的也会随雨水流到了石板缝里，走过后也不会粘到鞋底。你取样仔细比对一下，如果他去过一定会留下痕迹。"

王晓妍"嗯"了一声，周昊宇又道："两种花都已经盛极而衰，我记得勘查现场那天就已经种子纷飞了。为了保险起见,你回去再检查一下那天勘查现场的人所穿的鞋子,看看能不能得到一致性。这事关一个人的清白与否,要仔细对待。"

"交给我你就放心吧。"王晓妍说道。

周昊宇把王晓妍送回了刑警队,自己就去了平建军所在的医院。

根据周昊宇的授意,一名警员守在门外,一名警员守在房内,以防平建军醒来后再做出自我伤害的事情。周昊宇到来时,申童正守在病房内。平建军侧躺在床上,一只手臂上挂着吊瓶,一只手被手铐铐在床的一边,眼睛失神地望着窗外,整个人毫无生气,对周昊宇的到来没有任何反应。如果不是还在微微起伏的胸脯,床上面躺的就可以说是一个死人了。

周昊宇拉了张椅子坐在平建军的面前,温声问道:"平建军,你现在感觉怎么样?好点了吗?"

平建军对他视而不见,周昊宇停顿了片刻,观察了一下平建军的反应,缓缓道:"平建军,可以说,你做了一个错误的选择,因为,如果你就这样死了,不论你是不是凶手,你都会被当作是畏罪自杀,你会替凶手背下杀人的罪名,而真正的凶手会在暗处笑你的懦弱,你的妻子也会死不瞑目。"

听到这些话,平建军眼珠微微转了转,微张的嘴唇紧紧抿了起来。他慢慢将头摆正,目光从窗外转移到了房间的天花板,喉头蠕动了几下。虽然平建军没有出声,但周昊宇知道他想说:"这不正是你们所希望的吗?"

"我们面对所有嫌疑人都会这么审理,并不会因为你而例外。"说到这里,周昊宇停住了,平建军听他话中另有所指,不由转过头看着他,眼眶中隐隐有泪光涌动。显然目光中有了探寻的意思。"就我们目前掌握的证据而言,你仍是最大的嫌疑人。"周昊宇继续说道。

平建军听到这里,一种被耍的感觉涌上心头。他咬紧了嘴唇,眼睛一闭,不再看周昊宇的脸。周昊宇接着道:"嫌疑人就是嫌疑人,没经过法院宣判都不是罪犯,仅仅是嫌疑人而已。"

似乎是周昊宇诚恳的话给了平建军希望,他重新睁开眼睛看着周昊宇。"平建军,你知道为什么男人的肩膀是他身体上最宽的部分吗?"这句看似不相关的话让平建军有些错愕,他本能地摇了摇头。

周昊宇声音不大,但字字铿锵:"因为它是用来承担的,承担起它应该承担的责任!什么是责任?往大了说是保家卫国,往家庭来说是护妻爱子,往个人来说,就是为自己做过的每一件事、说过的每一句话承担起相应的责任。

平建军,事情如果是你做的,就勇敢地站出来承担你应该承担的后果;如果不是你做的,就应该积极配合调查,还自己清白,还妻儿公道。不管受多大的委屈,也要坚定不移、百折不挠,这才是作为一个男人应该做出的选择,而不是像一个市井村妇一样,一哭二闹三上吊,做出自杀这么愚蠢的事情来。自杀是一种逃避,是一种懦弱无能的表现。你真的相信死就能表达清白吗?如果你真的死了,也只能落一个畏罪自杀的结局!是男人,就该勇敢地面对这一切!不管结局是什么,都要挺起胸脯,堂堂正正地面对!"

这些话直达心底,仿佛左胸深处的一个结正被解开,平建军再也抑制不住自己的情绪,泪水奔涌而出,哽咽道:"为什么要让我求生不得、求死不能?我没有伤害过任何人,为什么要这样对我?为什么?"说罢,他号啕大哭起来。

哭声惊动了外面的值班女医生。她走进来,不耐烦地对周昊宇道:"病人的病情刚稳定,情绪不能太激动,请你离开。"

周昊宇向医生解释道:"他没事,这是他的心结,压在心里就像个炸弹,永远有爆炸的危险。哭过了就释放了,只有解开这个心结,他才能好起来!"

"你是大夫,我是大夫?病人出了问题你负得起这个责任吗?"女医生不悦地回答。

周昊宇不再跟年轻的女医生争辩,向平建军道:"你好好休息,明天我再来看你。"说完转身就要离去。

"周队长,你别走!"平建军带着哭腔,顾不得手上带着针头,拉住了周昊宇的衣服。他长舒了口气,平复了一下自己的情绪,语带央求道:"我没事了,我有很重要的事要跟他说。"

女医生也不再说什么,转身离开了病房。

平建军用被角拭去泪水,又擦了擦汗水,方才他因为情绪激动,额头上渗出了许多小汗珠。周昊宇让人打开了他的手铐,平建军身体向上靠了靠,周昊宇帮他把枕头靠在身后,又亲自倒了一杯水递给他。

平建军没接水杯,而是紧紧握住了周昊宇的手,仿佛那是一根救命的稻草。"周队长,我没有杀小美,请你救救我!救救我!不然你们今天救活了我,明天我还是死路一条。"平建军的眼神里满是哀求。

周昊宇郑重道:"平建军,你要明白,并不是你自杀我们就会相信你是清白的。我从警九年,从普通的警员做到现在这个位置,处理过的命案数以百计,我敢说还没有一件是冤假错案,也没有一件是挂起来没有侦破的案件,这一点请你相信我。"

平建军忙不迭地点头:"我相信!我相信!"

"那好,你喝点水,平复一下情绪,把那天晚上发生的事情从头到尾、事无巨细地再说一遍。"申童忙将录音笔放在了二人之间。

平建军看了看站在旁边的申童,欲言又止。周昊宇明白他的意思,便道:"按规定,录取口供时,必须有两名或两名以上的警员在场,这其中如果涉及你的个人隐私,我们会适当地为你保密,你不必顾虑,尽管说就是。"他又转头向申童道:"今天的谈话,没有我的命令,不能告诉任何人。明白吗?"

"是!"申童立时站直了身子答道。

平建军喝了口水,深吸了两口气,这才开始讲述案发当晚发生的事情:

七月二十七日,也就是庄小美出事的那一天,是平建军出差的第十一天。当时他正在泰平市查看本季度的销售情况,大约是早上十点钟,手机提示收到一封邮件。最初他以为是垃圾邮件并没有在意,中午午休的时候又突然对这封陌生邮件产生了好奇,打开一看,账号陌生,信件既无开头也无落款,只说有份重要的文件,请他一定要看看。平建军这才下载了附件的压缩包。压缩包里是十几张照片,都是妻子庄小美和另一个男人的照片,地点是在医院的妇产科外。那个男人他认识,是庄小美同部门的同事。他和小美结婚时这男的还来喝过喜酒。照片的内容让他疑心两人早就珠胎暗结,当时就想打电话质问,但最后忍住了——他想,要是妻子真已经背叛自己了,一定会趁他出差跟那个男人幽会,所以他决定偷偷杀回去,拿到妻子出轨的证据。

从泰平市到海曲市,一百六十七公里,傍晚时分他就到了家。不过,他并没有回家,而是把车停在了小区的附近。那是一个坐在车里就能看到自己家窗户的地方。从傍晚一直到九点多,家里的灯一直没有亮,这表明,妻子压根没回家。

就在他快要失去耐心的时候,家里的灯亮了,他再也忍不住,冲进了家门。庄小美还没换下身上的衣服,看到一脸怒气冲进家门的丈夫,她万分诧异。当平建军调出存在手机里的那些照片,质问她是怎么回事时,她也恼了,一巴掌打飞了平建军手中的手机。手机就这样被摔坏了。庄小美说平建军不相信他,还找人调查她,简直是在侮辱她。二人大吵了一架,庄小美哭着要出门,平建军拉着她不许她走,嘴里还质问她是不是要去找那个男人,只怕连她肚子里的孩子都是那个男人的。庄小美听了这话更是恼怒,一边直斥责他不可理喻,一边极力想挣脱平建军的阻拦。女人自然没有男人力气大,庄小美在情绪激动的情况下,伸手抓伤了平建军的胳膊。平建军因痛而松手,庄小美趁机抓起玄关处的手包,摔门而去。

平建军很快反应过来,妻子肯定去找那个男人商量对策了。所以,他也跟了出去,不过还是晚了一步,庄小美已经上了一辆出租汽车。

平建军马上开车跟了上去。结果,出乎他意料的是,出租车是往庄小美娘家的方向行驶,等到了秋枫巷口的时候,庄小美下了车,一个人向巷子深处的娘家走去。看到这些,平建军的怒火熄了一半,再回想那些照片,也不是妻子背叛自己的确凿证据。这么一想,他心里虽然仍郁闷,但愤怒已经平复了一些,他曾想下车把庄小美接回家再好好问是怎么回事,后来又怕在外面吵起来被别人听到。家丑不可外扬,在这样的心理下,他把车停在巷子口的一边,在车里抽了很多烟。也不知道过了多长时间,平建军最后还是决定回家去,跟庄小美的事情,冷静后再谈。

因为心情烦闷,回家后,他喝了好多酒,醉了就睡下了,直到第二天中午才醒过来。

平建军的叙述跟警方掌握的线索相符,也算是合乎情理。庄小美死时穿的衣服不伦不类,当时周昊宇的分析是死者要么是刚进门换了鞋子,还没来得及换衣服,要么是换好了衣服准备出门,但突发情况下,还没来得及换鞋子就出了门。加上调查死者的邻居证实,确实曾听到二人吵架,印证了平建军在这些事情上没有说谎。

唯一说不清楚的是死者被害的这段时间,平建军就在案发现场附近。虽然他声称他一直在车里抽烟,技侦人员确实在车里发现了大量的烟蒂,但仍无法证明烟蒂就是他在那个时间抽的。

"韩丽跟你是什么关系?"周昊宇突然问道。

乍一听到这个名字,平建军愣了一下,之后才说道:"她跟我是朋友,怎么问起她来了,她跟这个案子有关系吗?"

"韩丽和庄小美认识吧?是普通朋友,还是有更深的感情呢?韩丽跟你呢?"

"韩丽和小美关系一般吧。我通过韩丽介绍认识了小美,跟她有了孩子,于是就结婚了。我跟韩丽当时只是互有好感,并没有到恋爱的程度,就是这样。"

看来只是韩丽单方面的爱慕。周昊宇沉思了片刻,又问道:"除了照片上的那个男人,你妻子还有没有其他的异性朋友,比较亲密的那种?"

平建军低头想了一下,最终还是摇了摇头:"小美她性格比较安静,社交活动也不多，活动空间除了家就是公司，偶尔跟朋友出去，也就几个平时比较要好的同学或朋友，好像也没有男性。不过，我们虽然结婚了，可交往的时间并不是很长，所以——"平建军也提供不出什么有价值的线索。平建军愣了片刻，又道："你们可以去找她平时要好的几个朋友问问，也许她们比我更了解她。"

申童记下了他提供的几个人名，平建军只知道姓名，并不知道联系方式。不过，只要是经常联系的好友，庄小美的手机里不会没有记录，想查到并不难。

周昊宇看了看摆在床前的鞋子问道："那天晚上你穿的哪双鞋子，是这双吗？"

平建军有点茫然，周昊宇又强调了一遍："你回家并跟踪你妻子的时候，穿的哪双鞋子？"

平建军看了看床边一双棕色的皮鞋道："就是这双，怎么了？"

"我们要拿回去化验一下，很快就给你送回来，你暂时先穿医院的拖鞋吧。好了，我们今天就谈到这吧，你好好休息。"周昊宇说完，让申童拿物证袋装起了平建军的鞋子，站起身来准备离去。

"周队长！"平建军忙拦住了周昊宇，"周队长，你相信我是无辜的了？我什么时候能回家？"

"就目前的情况，你仍是最大的嫌疑人，还得在看守所住几天。如果证实了你没有犯罪，我们自然会放你出去。"周昊宇道。

"你们还要送我回看守所？"提到看守所，平建军立刻坐直了身体，脸上露出难以抑制的恐慌。

这种表情让周昊宇心里一震，难道平建军不是因为申冤无门才自杀的？但他面上依然波澜不惊，说道："你在医院休养几天，还得回看守所。"

听见"看守所"三个字，平建军脸上的表情极为复杂："不！不！我不能回去！"

"为什么？"周昊宇马上追问道。

平建军的情绪异常激动，五官都扭曲地挤到了一起："如果你们救我是为了再把我送回那个鬼地方，还不如让我现在就死了好！"他一边说一边伸手去拔插在手背上的输液针管。

周昊宇先前就意识到了平建军的反常，可也料不到他会这么激动。平建军右手背上插着输液的针头，周昊宇忙伸手按住了他的左手，平建军又将右手举起，试图用嘴去咬手背上的针头。岂料，申童早已上前按住了他的右手。

"平建军,别做傻事,有什么不能解决的,一定要这样伤害自己的身体?"平建军不再回答,喉咙深处发出一种极力压抑的、无助的呜咽,比刚才的号啕大哭更让人觉得悲凉和绝望。周昊宇道:"平建军,如果你不对我讲实情,我就是想帮你也无从下手。"

平建军许久才止住哭泣,周昊宇又道:"告诉我,在看守所里发生了什么事情?"平建军眼里含泪看看周昊宇,又转头看向旁边的申童,随后垂下了头。

"你不要有顾忌,我们会为你个人的隐私保密。"周昊宇正色道。

平建军还是摇了摇头,拉着周昊宇胳膊近乎哀求道:"周队长,求你不要把我送回看守所!"

"给我一个正当的理由。"

平建军垂下头,半晌,向周昊宇道:"周队长,我在报纸上看到过你的名字,说你屡破奇案,是全省最年轻的刑警队长,所以我相信你是一个好警察,我只对你一个人说。"

周昊宇向申童努努嘴,申童便会意地走出门,反手将门带上。平建军喉头蠕动了半天,却没有说出话来。周昊宇问道:"你在看守所,有警员对你用私刑了吗?"法医说平建军身上有多处软组织损伤,周昊宇故有此问。

平建军摇摇头,眼眶里又盈满了泪水。"难道是跟你关押在一个监室的人?"周昊宇问道。

平建军眼泪又掉了下来,从他的反应来看,周昊宇知道自己说对了。"那里面关的都不是良善之辈,你是新进去的,难免会吃些苦头,有问题可以向看守所的警员报告,请他们处理。"

"我知道,即使我是第一次进看守所,从电视或电影上我也看到过,被他们使唤或者打骂我都忍了,可是,可是——"说到这里,平建军说不下去了。周昊宇没有追问,只是静静地等他说下去。

半晌,平建军终于下了很大决心,道:"他们,他们……拿我当女人玩,我是个男人,我还有什么男人的尊严,不如死了干净。"说到这里,平建军不由用双手捂住了脸。

周昊宇没想到他会遭遇这样的事情,霎时两道剑眉倒立,目光里透着肃杀的冷意。"他们这是犯罪,我叫法医来取证,你可以指认出侵犯你的人,让他们为自己的行为付出代价。"

"不!"平建军忙不迭地摆手道,"我不要告他们,我也不想让别人知道。周队长,我是信任你才告诉你的,请给我保留最后一丝尊严,求你了!"

"你这样是纵容他们犯罪!"

"不!不!不!要是别人知道了这些事,我该怎么面对以后的生活?"平建军缩着身子,似乎想躲进墙角。

周昊宇放弃了劝说,一个念头转过脑海:"你不告他们,是不是因为这些都是你为了不回看守所而编造出来的谎言,怕法医来了会被拆穿?"

"当然不是,你可以叫法医来证实我说的话,但是我不要追究这件事,也不希望更多的人知道。就是这样。"平建军生怕失去周昊宇好不容易对他建立起来的信任,恳切道。

周昊宇在病房里踱了几步,说:"好吧,你先在医院休养几天,其他事以后再说。"

第六章　黑桃2

夜幕低垂，王晓妍的办公室还亮如白昼。

"这么晚了还不回去休息？"周昊宇关心地问道。

"哦！"王晓妍揉揉太阳穴，"有些事还没做完，一会就休息了。"

"你不必事事亲力亲为，交给别人去做就行。"

王晓妍笑道："这还不是受你的影响嘛！再说这件事很重要，事关一个人的清白，交给别人我也不放心。"

"有结果了吗？"虽然不是在催问，周昊宇还是忍不住问了出来。

"我检查了平建军的鞋子，九成新，鞋底的纹路很清晰，这样的鞋底很容易留下微量物证，但是上面并没有我们在案发现场地面采集到的物质。"

"这么说，平建军的嫌疑大大降低了，他那天晚上可能真的没有进入过案发现场。"周昊宇摸着下巴道。

王晓妍顿了一顿，道："我检查了自己的鞋子，鞋底纹路的凹槽里仍粘着少量那个院子里的泥巴，里面有几粒鸡冠花的种子。为了保险起见，我又把那天进入小院进行勘查的几个同事的鞋子也检查了一遍，或多或少都留有那个小院里的尘土、细小的种子或是烧纸的灰烬。"

周昊宇道："你说得对！疑罪从无，如果真是这样，明天我们就放人。"

二人正说话间，周昊宇的手机响起，是一个陌生的号码。"是刑警队的周队长吗？"电话刚接通，来电人便急急地问道。

"是我。你是哪位？"

"我是巡警大队正在值勤的警员展文睿。有件事情不知道该不该直接向您汇报？"虽然刚才说得非常紧急，可说到这里，声音却明显有些犹豫起来。

周昊宇也有些奇怪，他是巡警大队的警员，有什么事可以向自己汇报的？显然，这件事让这个展文睿很为难。周昊宇"呵呵"笑了两声，以缓解他的紧张，用一种很放松的语气道："不用汇报什么，如果你有拿不定主意的事，我愿意听一听。"

听到他的话，展文睿明显舒了口气，道："前几天我听说您侦破了一起杀人案，死者是一名孕妇，是被她丈夫勒死的，是这样吗？"

周昊宇愣了一下，还没来得及回答，展文睿已经迫不及待地问道："周队长，是这样吗？"

周昊宇只好含糊地说道:"据我目前所掌握的证据,是这样的。"

展文睿马上又问道:"嫌疑人呢?还在押吗?"

"是的。"

"恐怕那个人是冤枉的,他不是真正的凶手。"电话那头的展文睿自信而笃定。周昊宇忍不住追问道:"你说什么?"声音不由提高了几个分贝。

他的反应明显让对方语气一滞,展文睿变得有点结巴:"周队长,我、我无意推翻您的结论。只是、只是刚才我在巡逻的时候,发现了一名遭到同样袭击的孕妇,还在现场发现了一张'黑桃2'的扑克牌,所以我才怀疑这个案子跟上一个案子可能是同一个凶手干的。真的没有质疑您的意思。"

展文睿的话让周昊宇心头狂跳,他说的是"遭到同样袭击"而没有说"被勒死"。于是周昊宇马上追问道:"受害人还活着?"

"是的,我们发现时她还有呼吸和心跳,我们马上对她实施了急救,现在人被送到了第一人民医院。我怀疑与您之前正在侦破的那个案子有关联,所以才直接给您打电话汇报。"

"展文睿,我要谢谢你,谢谢你给我打这个电话。你现在在哪里?"

"我还在现场,和我一起值勤的同事送伤者去了医院。我想您也许想来看一下现场,所以我留在这里让一切保持原样。"

"好的,我马上就到,你保护好现场。"

"明白。"

周昊宇挂掉电话,一边往外走一边向王晓妍道:"晓妍,只怕你不能休息了,你马上召集痕检组的值班人员,我们一起去现场。"

案发的地方在九夷区海音路中段环翠街上的一条巷口,当车辆开近的时候,并没有看到有人。看到警灯,街里面跑出一个穿警服的青年男子。他边跑边向警车招手,周昊宇等人这才下车走进小路,那名警员迎上前来招呼道:"周队长,你们到了。"

借着警车的灯光,周昊宇上下打量了一下警员,一个年纪二十五六岁的小伙子,高高的个子,微黑的肤色。一说话就露出与身上那套威严的警服略微不相称的腼腆笑容。比起高瘦的肖楠来,他的身材用"偏于单薄"来说更为合适。

"你就是展文睿?现场在哪?"

展文睿马上站直了身子,答道:"是,我是展文睿。"他领着周昊宇向前走了几步,拐进一条小路,指着离路口五六米的一块用修车路标围起来的简易现场道:"就是这个地方。"

沥青混凝土铺成的地面很干净,什么都没有。"当时受害者就靠在路东侧的墙边。"展文睿拿出手机,按了几下,调出相册里的几张照片。照片上的女人侧靠在马路一侧,穿着一条紧身的裙子,腹部微微隆起,脚穿着黑色平跟布鞋,胸口部位有一个长方形的物品,因为手机的成像质量看不太清,应该是展文睿所说的扑克纸牌吧。

"还有这里。"展文睿领着周昊宇又向前走了有二十多米,指着地上的一个塑料袋说道。袋子里有一些生活用品,食物散落在地上,一部手机被扔在不远处。

展文睿向周昊宇详细介绍:"今天晚上我值勤,我和同事巡逻到这里的时候是二十二点三十七分,车灯一闪,我发现一个女人半躺在墙边。我马上下车查看,当我看到她脖子上的勒痕时,就知道遇上了刑事案件。幸运的是,当时她还有呼吸和心跳,只是昏过去了。我突然联想到前几天的那个案子,不过因为救人要紧,就拍了这两张原始现场的照片。之后,我让同事把受害人送去医院了。"说着,展文睿从衬衣的口袋里掏出一个手绢包裹的物件,再打开,里面是一张扑克牌,黑桃2。"我没有证物袋,所以就用手绢包起来了,说不定上面有凶手的指纹。"

王晓妍忙递过一个证物袋,展文睿小心地将纸牌放了进去。周昊宇隔着物证袋看了看纸牌,牌很新,似乎没有用过。黑桃2,什么意思?是第二个的意思吗?难道真像展文睿猜测的那样,是连环案件?如果是,那第一个现场为什么没留下纸牌?是没留下还是被先于警察到达现场的人拿走了呢?两个案子之间真的有关联吗?

"周队,没有财物损失。"王晓妍打断了周昊宇的思路。她手上拿着受害人落在现场的钱包,里面有两张百元钞,几十元的零钱,还有一张身份证。她将身份证递到展文睿面前,问道:"你看看是不是这个人?"

展文睿认真看了一下身份证,肯定地说:"是,伤者就是她。"

周昊宇接过身份证:周华、女、汉族、四十二岁。住址:东海省海曲市沙嵋区海新路一百五十二号东华小区九号楼五〇二室。

周昊宇把身份证和包里的手机交给苗靖,吩咐道:"通过这两条渠道,尽快联系上她的家人。"

周昊宇又把地上塑料袋拿起,袋子上印着"龙百日货"的字样,里面还有一些女士的卫生用品和一张购物小票。他对着小票,将地上的东西清点了一下,跟购物小票上一致,没有丢失物品。他又看看表,二十二点五十二分。

王晓妍将他手中的东西都收进了证物袋，说道："看到你这个样子，我就知道你有线索。"

周昊宇便道："受害人是龙百日货的员工，上的是晚班，下班后坐公交车到附近，然后步行走到这里。她很有可能是边走边看手机或把手机当作手电筒照明时遇到了袭击，双方有短时间的搏斗，受害人想从小街里跑出去求救，被袭击者追上勒至昏厥。她身份证上的地址不是这里，但她很可能现在或最近住在这里。至于动机嘛，不是劫财，当然也不是劫色，可能是报复也可能是其他原因。我现在能推断出来的也就是这些。"

展文睿露出惊讶的神情，道："我们发现伤者的时候，她衣衫整齐，判断应该不是遇到了色狼；刚才看到她的钱包还在，里面的钱也没少，我想到了可能不是劫财；其余的您是怎么看出来的？"

周昊宇微笑不语。王晓妍笑问周昊宇："福尔摩斯先生，华生在问，您是怎么知道他去过阿富汗的？"

周昊宇释然一笑，道："小展你说得不错，财物还在就排除了劫财的可能；伤者衣衫整齐，就不可能是劫色。当然，劫色也要找个偏僻的地点下手，或将人劫持到僻静的地方才行，有哪个人胆子大到在这种人来人往的街上劫色呢？"周昊宇说到这里顿住了，展文睿张了张嘴想继续往下问，又不知道自己该不该问，只得咬住了嘴唇，咽下了后面的话。

"你快说吧，看把他急的。"肖楠指了指脸上写满问号的展文睿道。

周昊宇微笑着解释道："其实这也没什么，伤者手中的袋子和购物的小票显示，这些东西是从龙百日货购买的，通常的日用品和食品都会在居住地附近购买，但龙百日货并不在这附近，不会有人在这个时间跑这么远去那里买这些随处可以买到的东西吧！再者，她脚上穿的是黑色的平跟布鞋，这种鞋子一般都是商场或超市里的服务员穿的，因为需要长时间站着工作，所以才会选择这种舒适的鞋子。附近没有别的商场，所以我分析她就是那里的员工。超市一般在九点半左右结束营业，她被发现的时间是二十二点，她包里有公交车的 IC 卡，我判断她是坐公交车到附近。因为，如果是打车的话，她一定会让车送到门口，而不会在远处就下车，然后自己穿过黑暗的小路走回去。她边走边看手机，也许在看信息，也许把手机当手电用。当她步行到这里时遭到凶手的袭击，因为受害者的东西就散落在附近，手机摔在地上，因为太过用力，所以手机和手机壳在落地的时候分家了。我肯定手机当时是拿在手里而不是放在包里的，因为包的拉链是拉上的，如果在包里的话不会摔在地上而变成现在这个样子。既然是在这里遭到袭击，人却是在路口被发现的，所以我分析受害者与袭击者有过短时间的纠缠，当她跑到被发现的地方时，被袭击者追上，遭到第二次袭击。这次她没能逃脱而被袭击者勒至昏厥，也许是路口时不时地有路人经过，袭击者不能长时间逗留，也许是她幸运，袭击者以为她死了，所以丢下她快速离开。至于住址，她要是不住在附近，谁在这个时间去别人家串门呢，即使串门也不应该买袋子里这些东西吧？"

"哦，原来是这样！"展文睿挠挠头皮，叹道，"同样一个现场，我怎么没有看出这么多呢！"

"谁都能像我们周大队长一样，这世界早就太平了。"肖楠用手肘捅了捅展文睿，向他眨眨眼睛道。

"把你拍的这两张照片传给我。"周昊宇对展文睿的印象不错，加上他工作这么细致，周昊宇从心里喜欢这个腼腆的警员，他拍拍展文睿的肩膀道，"遇到这种情况，救人是第一位的，你却能在救人的同时给我们留下一个最原始的现场。展文睿，你很有做刑警的天分。"

展文睿听了他的话喜形于色，忙站直了身子，就差敬礼了："谢谢周队，我会继续努力的。"

"看他满腔热情的样子，肯定从警时间不长。"王晓妍想到这，不由"扑哧"一下笑出声来。展文睿听了便有点不好意思，摸了摸头，脸上重新挂起了腼腆的笑容。

送伤者去医院的那名巡警队员从医院打来电话，说伤者没什么危险，只是受到了惊吓，注射镇静剂后睡着了。医生不让打扰她，看来要录口供也得等到明天。

现场可供提取的材料不多，王晓妍很快就勘查完了。展文睿亦步亦趋地跟在周昊宇旁边，几次欲言又止。

周昊宇看出了他有话要说，便命令勘查人员收队，然后向展文睿问道："你有什么话想说吗？不用拘束，直说就是。"

展文睿鼓足了勇气，红着脸问道："周队长，我就是想问一下，你们刑警队还需要人吗？"

"想来刑警队？"周昊宇早就看透了他的心思。

"是！"展文睿干脆地回答，"我是警校毕业的，刑事侦察专科，从警三年，在派出所干了一年，两年前调到巡警大队。"

"为什么想来刑警队？刑警队可比巡警队危险得多，也忙得多哦！"周昊宇笑着问道。

"做刑警是我从小的梦想，刚才又听了您的现场分析。我确信，我想做一个像您一样的刑警。只是我听别人说,进刑警队不容易,必须有别人不具备的绝技才行,所以我直到今天才有勇气向您提这件事。"

这席话引起了周昊宇的兴趣,他饶有兴致地问道:"哦?看来你是有备而来呀!说说你都有什么别人不会的绝技!"

展文睿腼腆地揉了揉鼻子,道:"也算不上绝技吧,就是我在巡警队两年,海曲市大大小小的街道我都走了个遍。对于街道、距离以及天网监控摄像头的设置都记在了脑子里。我想这些也许刑警队会用得到。"

周昊宇心中一动,重案组的人早已十去其四,人手不够,他正想向局长提议从各个大队中调一些年轻、有热情、有专长的人来充实刑警队的力量,没想到这时候上天给他送来了一个展文睿。他决定考考展文睿:"那你说,附近有几条街巷?有几处监控?"

展文睿道:"报告队长,海音路东西走向,东与海艺路相接,西与海阳路交界,北与海艺路平行,南与海阳路相邻。海音路不是大路,全长两千一百零四米,中段有环翠街,与平阳街、海艺路相通。案发地段,环翠路的两头,与海艺路和海音路的交叉口各有两个监控探头。我们发现伤者的时候是二十二点,调取这个时间点前半小时以内附近的几个监控视频,也许会有发现。"

周昊宇身边有一份详细的市区图,标记出了全城天网探头的所在位置,在来的路上,他已经把附近的路线图都看了一遍,路线与探头的位置都与展文睿所述完全一致。他向肖楠道:"知道该做什么了吧。"

肖楠道:"是,我马上调附近的监控录像。"

周昊宇又对展文睿说:"我们刑警队现在确实需要人手,但调动的事我说了不算,需要向局里请示。这样吧,你既然是第一个发现受害者的,我们在以后的调查中,可能还需要你协助,我跟你们大队长说一声,这段时间借调你来刑警队帮忙,至于后续的工作安排,以后再说。"

展文睿心里一阵兴奋,周昊宇这么说便是给自己一个机会,调到刑警队算是有希望了。

从现场回来时已经凌晨了。因为没有提取到受害者的信息,王晓妍便先把相关的痕迹提取出来等着比对。这个空余的时间,她又对那天勘查庄小美死亡现场时所有进入现场的同事们穿的鞋子进行了比对。这些鞋子中,即使磨损非常严重的,鞋底或缝隙里或多或少粘上了小院中的土质、细小的植物种子或是地上纸钱的灰烬。她怕平建军说的话不实,便又检查了他所有的鞋子，最后得出结论，平建军确实没有进入过案发现场。

而新的案子也让周昊宇有点怀疑，难道真是连环案件？幸好受害者已经脱离了危险，希望她能提供更多有用的线索。

苗靖很快就查明了受害者的情况。四十二岁的周华，女儿正在读初中，去年与丈夫离婚后就搬回了娘家，她的父母都已经去世了，她一个人住在案发附近的房子里。肖楠已经联系上了她的前夫。前夫说上午就过来看她。

于峰接到了周昊宇的电话，二话不说便答应让展文睿来帮忙。展文睿衣服都没来得及换，就迫不及待赶到刑警队报到来了。

"这么迅速就来报到了，昨天你才值夜班，可以休息一下再来。"周昊宇道。

"我没问题，一点都不累。再说你们昨天不是也没休息嘛！"展文睿兴奋地道。周昊宇看他这么有热情，拍拍他的肩膀以示鼓励，道："那好吧，我们去医院。"

平建军的父母依然等在儿子的病房外，见到周昊宇，平母怒目而视，就差再扑上来扇他几个耳光了。平父依旧是冷冷的表情，既不愤怒也不焦急，时不时侧着头咳嗽几声，似乎是感冒了。周昊宇理解他们的感受，却也不能多说什么，只是对门口的警员道："从现在起，这里可以解除警戒了，你们回去休息吧。"他又转头向平建军的父母道："你们可以进去看他了。"

平母不相信似的又问了一遍："你说什么？我们可以进去看儿子了？"

"是！"周昊宇并不多说什么，转身进了平建军的病房。平建军正靠在床头，见周昊宇走进来，立刻坐直了身子。他的目光全部聚焦在周昊宇的身上，以至于对周昊宇身后的父母也视而不见。

"小军，妈可见到你了——"还没等在场的人说话，平母已经哭着扑了上去。

"妈——"平建军这才看到自己的父母。

"儿子，你怎么这么傻呀，你死了妈可怎么办？不论出了什么事，你爸都会救你出来的。"

平建军看看父母，再看看周昊宇。周昊宇道："平建军，你涉嫌杀害庄小美一案，经我们调查，由于证据不足，现在撤销对你进行刑事拘留的决定。如果你认为我们在办案过程中有违法违规行为，可以到海曲市公安局督察处进行投诉。"

"这是真的？这么说我的嫌疑解除了？我自由了？"平建军确认一遍似的

问道。

"是的,你自由了!"周昊宇又说了一遍。平建军从床上探过身来,一把抓住周昊宇的胳膊,眼眶含泪道:"周队长,谢谢你,谢谢你还我清白,谢谢!"

周昊宇忙扶着他道:"你不用谢,查明真相是我的职责。我说过,如果不是你做的,我就一定会还你清白。"

"清白?说得好听,要不是我儿子自杀,只怕你们现在还冤枉他是杀人犯吧?尽说些便宜话!"平母反唇相讥道。

"如果我们真认定平建军是杀人犯,不会因为他自杀就相信他是清白的。如果我们真想冤枉他,他自杀了,我们大可以以嫌疑人畏罪自杀结案,哪还用得着费尽心力找证据证明他的清白!"王晓妍见平母针对周昊宇,替他辩白道。

"哼!"平父冷冷地道,"你们不是不想,只怕是不能吧!"

"这话是什么意思?"周昊宇听出了一些别样的意味。

平父转过头去,用嘶哑的嗓音反问道:"什么意思你心里不明白?"平父并不看周昊宇,眼睛一直没有离开平建军的脸,只是以问做答道。周昊宇听他话里有话,心中诧异。平父却不理会他,只向平建军道:"我说过,我不会让你有事的!"

平母也道:"你爸说得对,他说了一定能救你出来,这不是没事了嘛!"

王晓妍又道:"不是你自杀才能让人相信你的无辜。在你自杀的前一天,周队长已经发现了你案子中可疑的线索,如果再等一天,也许你现在就不在医院而在家里了,只怪你对他没信心。"

"真的吗?"平建军问道。平父抬头看看王晓妍,又看向周昊宇。周昊宇正在回味平父刚才的话,见别人都看着他,就说道:"是。遇到什么都要坚强面对,没有什么是解决不了的,以后不要再选择这么极端的方式了。"

"我记住了,周队长。不管怎么样,我还是要谢谢你。"

周昊宇微微一笑:"好好休息,对于你妻子的案子,我们会继续追查下去,直到将凶手缉拿归案。在以后的调查过程中,可能还有需要你协助的地方,希望你能心无芥蒂地帮助我们。"

平建军点点头道:"我一定会的,是你让我对警察又有了信任。"

"那你好好休息,有什么事可以直接联系我。"说罢,一行人走出了平建军的病房,走向了昨晚的受害者周华的病房。

第七章　一线生机

周华已经醒过来，她的病房外有一名警员值守。自从昨天晚上接到展文睿的报告后，周昊宇已派刑警队的警员来医院接替巡警队的守卫工作。

周华正躺在病床上，她身高大约一米六，体态微丰，颈上一道细细的紫色瘀痕，非常触目惊心。法医已经检验过她身上的伤痕，而展文睿正在将她所穿的衣物装进证物袋。

周昊宇向周华道："周女士，你身体怎么样？感觉好点了吗？"

周华微微点头，声音低沉微弱，显然是伤到了声带："好多了。"

"我们是刑警队的，我是周昊宇。我们现在能谈谈吗？"

周华微微点头。周昊宇说道："你能给我们说说昨天晚上发生的事情吗？"

说到昨天晚上的事情，周华脸上明显浮起一抹惊恐的神色，嘴唇也微微颤抖。

"不要害怕，你现在已经在警方的保护之中，不会有人能伤害到你。"王晓妍倒了一杯热水递给她，并适时地安慰道。

周华将水杯握在手中，感受着水杯的温度，说："太可怕了，我不明白，他为什么要杀我？他要钱我都给他，为什么要杀我呢？"

周昊宇忙问道："他袭击你是为了抢劫你身上的财物吗？"

周华道："我不知道，我没有仇人，除了抢钱，他还能要什么？"

"你看到凶手长什么样子了吗？你认识他吗？"周昊宇接着问道。

周华茫然地摇摇头。周昊宇看这样问也不得要领，便说道："那你把那天晚上的整个经过说一遍吧。"

"我就在沙嵋区的龙百日货上班，昨天我上的是晚班，从下午一点半到晚上九点半，下班后我就顺便在超市里买了点东西回家。因为我家住得有点偏，公交车并不到那里，所以在前面的车站下了车。当我穿过巷子的时候，突然有人从后面勒住了我的脖子，我使劲挣扎，但是绳子越勒越紧，最后我就昏过去了。我还以为我死定了，没想到醒来后就在医院了。"

"你是在巷子口还是在巷子里面遇到袭击的？"

周华非常肯定地说道："在巷子里面，不是巷口。"

"你是说他突然从背后袭击你，你当时就被勒昏过去了，你们之间有没有过打斗？"

"没有，我听到脚步声，还来不及反应就被勒住了脖子。"

"在你遇到袭击之前，有没有发现什么不对劲的地方？比如有人跟踪你。"

周华似是努力地回忆着，又一会儿，才缓缓道："没有，当时路上很黑，我用手机照明，手机的亮光有限，所以没有注意到周围的事，更没注意到有没有被人跟踪。"

"那么，你仔细回想一下整个袭击过程，在这个过程中你与他近距离接触，一定对他有一些印象，比如说他有多高，穿什么衣服，力气有多大等，这些对我们抓到他很重要。"

周华不作声了，她似是努力地回忆着，半晌还是摇了摇头。法医在一边向周华问道："他袭击你的时候，除了勒你的脖子，打过你吗？"

周昊宇跟周华都疑惑地看着法医。法医解释道："她枕部右侧微微红肿，是钝器击打造成的，虽然很轻微，但还是留下了痕迹。"

周昊宇又看着周华："你好好想想，当时还发生了什么事情。"周华蹙起了眉头，一言不发。周昊宇并不甘心："你一定很想抓到那个伤害你的人，你闭上眼睛好好想想，这很重要！"

周华疑惑地看着周昊宇。

"你闭上眼睛，照我说的去做。"

周华点点头，闭上了眼睛。"别紧张，深呼吸，放松，这样对你有帮助。"周昊宇声音轻柔但颇具引导性，"你回到了那天晚上，你从公交车上下来，走了五十米后拐进了巷子，你看到了什么？"

"那条巷子很黑，我什么也看不清。"周华闭着眼睛说道。

"在这里你做了什么？"

"我拿出手机，按亮屏幕，当手电为自己照明。"

"这时你听到了什么？"

"我听到身后有轻轻的脚步声。"在周昊宇的引导下，周华似乎又回到了案发当晚那条漆黑的巷子。紧接着，她脸上的表情一震："我听到身后很近的地方有脚步声，我刚一回头，一条绳子就从后面勒在了我的脖子上。绳子勒得很紧，脖子很疼，我喘不上气。"说到这里，她猛地睁开了眼睛，双手放在自己的脖子上，似乎真有一条绳子勒在她的脖子上一般。"我用力拉扯绳子，可是他的力气太大我拉不动。我只能顺着他的力气把身体尽力向后靠，我用手向后抓，可是也没用，他力气很大，绳子越勒越紧，我的腿发软，头发晕，感觉自己已经不能呼吸，马上就要晕过去了。可是这个时候绳子突然松开了，接着我后脑一疼，就什么都不知道了。再后来的事你们就都知道了。"说完她长长地吐出一口气,似乎是卸下了一个沉重的包袱。

"你是说,在你快要被勒晕过去的时候,他松开绳子,然后又把你打晕了,是这样吗?"周昊宇不解地问道。

"是,不会错的,虽然当时我的脑子里一片混乱,什么都记不得了。可是刚才,我就像又回到了那个地方,当时的情景像放电影一样,在我的眼前回放,一定没有错。"周华肯定道。

周昊宇听完沉默了,屋里霎时陷入了沉寂。半晌,周华又突然道:"就在他松开绳子之后,我身子一歪,看到了那个男人,之后就被他打晕了。"

"你看到凶手的样子了吗?"王晓妍急忙问道。

"天太黑,我看不清他的脸,但我知道他是个男人,个子很高。"

王晓妍指着站在一边的展文睿道:"有他这么高吗?"

"比他高很多,没错,比他高不少。"周华肯定道。

周昊宇上下打量着展文睿,展文睿忙答道:"周队,我一米七八。"

周昊宇不答,只是低头沉思半晌,又问道:"我们在现场发现了你的钱包,里面有两百三十四元现金、一张身份证、两张银行卡和一张公交车IC卡,还有手机一部,你想一想,有没有别的东西丢失了?"

周华想了想,道:"也就是这些东西了,没丢什么。"

听她这么说,周昊宇沉思了片刻,又问道:"那你有没有与人结怨?"

"你是不是怀疑有人报复我?"周华问道,"可我也没有与什么人结仇啊。"

"听说你离了婚,说说你前夫的情况。"

"去年我与前夫离了婚,虽然离婚是他提出来的,房子和女儿又都归了他,可他却把存款都给了我。再说,我跟他一起生活了十几年,虽然没了感情,但他也不至于要杀我,我们夫妻多年,他身上的气味我太熟悉了,再说他才刚一米七,绝对不是他。"

"我们只是排除这个可能性,你有最近在交往的异性朋友吗?"

"没有,我离婚后一直是一个人。"

周昊宇目视着她微微隆起的腹部,犹豫了一下还是问道:"冒昧地问一下,这孩子的父亲是——"

"什么孩子?"周华有些诧异地问道,当她看到周昊宇的目光正在她的腹部徘徊时,突然红了脸,有些恼怒地道,"哪来的什么孩子,我不就是身材不好,有点胖嘛!"

周昊宇很尴尬,忙向她道歉:"我问得有点唐突,对不起!"在场的人也都有点怔住了,王晓妍忙替他解释道:"我们接到的报警说受害者是一名孕妇，所以周队长才会这么问。"

展文睿也用略带怀疑的目光在周华的腹部转了几回，最后还是懊恼地低下了头。

没有什么要问的了。周昊宇便道："这里是医院，有医生和护士，你就放心休息，我们已经通知了你的前夫和女儿，他们一会儿就来看你。"

一行人出了医院，展文睿充满歉意地道："周队，对不起，我不是有意误导你的，我当时看到她真以为她是孕妇。"

"你的联想还挺丰富的，看到她你马上就联想起了几天前的案子。别说，你还真对我们刑警队非常关注，连我们最近在侦办什么案子都一清二楚。展文睿，你是不是巴不得出个大案要案，好让你来刑警队大展身手啊！"周昊宇道。

展文睿听到这些话，脸色马上就变了，说："周队长，我想来刑警队这是事实，所以才对你们在办的案子非常关心，可能是我太想进刑警队了，才会有点敏感，对不起。"

周昊宇把车钥匙扔给他道："回队里！"

王晓妍向周昊宇道："这次的受害者不是孕妇，你觉得这起事件跟上一个案子还有联系吗？"

周昊宇从一上车便拿出笔记本，在上面写着什么，听到王晓妍问他，便说道："仅从受害人选择这一点，我无法否认它与第一起案件有关。但是从其他的方面，我也无法判定它与第一起案件有关，我们得跟着证据走。串并案件需要很多条件，我们不要受到小展的心理暗示，潜意识里就认定它与庄小美的案子一定有关，进而把它当作连环案件处理。我们还是着手于眼下这桩案子吧。"

"你说得对，今天这个案子我们收获不小，得到了不少有用的线索。凶手身形比你还高，那在人群中一定很显眼。"

展文睿一眼艳羡地看着王晓妍，赞叹道："早听说刑警队的人都不简单，果然是这样。组长，你也和周队一样厉害！"

周昊宇合上笔记本，对王晓妍微微一笑道："我的看法跟你的多少有些出入。身高，我倒不认为像受害人看到的那么高大。我估计也就在一米八左右。"

"为什么？你难道怀疑受害人的证词？"王晓妍不解地问道。展文睿本来非常赞同王晓妍的分析，听周昊宇有不一样的看法，忙竖起了耳朵用心倾听。

周昊宇解释道："我不怀疑受害人的证词，但我怀疑她在当时那种环境下感觉的真实性。由于光线和角度的问题以及当时受害人无助且恐惧的心理，她的视觉会发生扭曲，特别是受害人在受到暴力侵害后，会产生严重的心理创伤，以至于他们会一致认为袭击者的身材要比实际身材高大健壮许多。这是由当时她的无助感和恐惧感造成的，袭击者的身形就像头上的乌云一样笼罩在受害人的心头。她越是恐惧无助，袭击者的身形就会越高大。这在以前的案件中得到过验证。"

王晓妍低头沉思了起来。"怎么不说话了？以沉默来否定我的分析？"周昊宇笑道。

"不是，我是在想你刚才的话，这是从心理学的角度来分析的，而我做痕检的，打交道最多的是物证，心理分析是我不曾涉及的范畴，看来你这次去进修还是有收获的。那你对她其他的证词怎么看？"

"她对其余的细节描述应该接近真实情况。人在遭到突然袭击时，身体的记忆远比视觉或听觉的记忆可靠。特别是这些记忆能通过身体受到的侵害证据来加以证实，所以更加可靠。"

展文睿一时间接收到了许多他不曾涉及的知识领域，便在心中默记这些要点。看到周昊宇只顾盯着笔记本上的字迹沉思，半晌也不说话，王晓妍沉不住气了，说道："昊宇，你心里想什么说出来大家一起讨论，不要这样故作神秘好吗？你以前不是这样的。"

"不是故作神秘，现在还只是推论，需要找到支持我推论的证据。"说到这里，车子已经驶进了公安局的大门，"晓妍，你要跟踪技侦的检验进度，一有结果马上通知我。"

"那我的工作呢？"展文睿跟上来，把手中的车钥匙递给周昊宇问道。

"你去找肖楠，接替他看监控录像，也许能从里面找到我们今天分析出的那个人。然后让他来找我，我另有安排。"

他刚走进刑警队所在的楼道，值班员道："队长，有一位女士来找您，在接待室。"

周昊宇推开接待室的门，里面坐着一个年轻女子，他认识，是海曲日报的记者徐倩。周昊宇看到是她就想转身离开，不想徐倩已经看到了他，挥手喊道："周队长，我等你很久了。"

周昊宇只得走进了接待室，无奈地说："徐记者，你找我有什么事？"

"当然是好事！"徐倩笑盈盈地说，"我调到法制版块了，与你们的工作经常会产生交集，以后还请你周大队长多多关照。"说罢，递上了自己的名片。

周昊宇接过来放在桌上："徐记者客气了。如果没什么要紧的事，我就不留你了，我知道你也很忙。"

"哎，我话还没说完你就赶我走，这就是你们刑警队的待客之道？"她见周昊宇并不表态，便接着说，"昨天晚上又发生了一件案子吧，我想知道详细的情况。"徐倩忙叫住了转身欲去的周昊宇，从包里掏出录音笔。

"你消息够灵通的！对于你说的这件事，我只有四个字：无可奉告！如果你想采访，请先联系公安局宣传处办公室，他们会决定是否接受你的采访和由谁来接受采访。"刑事案件未侦破前各种细节并不能向外披露，而有些记者还是为抢独家无视规则，常常给在逃的案犯空子。见到记者就头大的周昊宇，对待徐倩算是留情面的了。

"一个连环杀手，两名受害孕妇，两尸四命，我说得没错吧？在我们共同生活的城市，发生了这样恶劣的刑事案件，人群中隐藏着这么危险的连环杀手，公众应当有知情权。"

"你说什么？"周昊宇吃了一惊，追问道，"你从哪里听到的这些谣言？"

徐倩一副计谋得逞的表情："谣言？我看不是吧。从你的反应我就知道这是真的。"

"我不知道你从我的反应里得出了什么荒谬的结论，我只想问你，你都知道些什么？"

徐倩谈起了条件，说："如果你接受我的采访并把案件侦破后独家报道的机会给我，我就告诉你。"

"我从不跟记者交易，你可以走了。"周昊宇不悦地下了逐客令。

"我说你这个人怎么这样，不看僧面也看佛面，我可是杜若的朋友，就冲这一点，你也应该对我礼貌些吧。"

"你现在是以记者的身份来采访，我是以被采访对象的身份拒绝你，我觉得我的态度没问题。另外，如果你不是她朋友，我就不会花这么长时间跟你闲聊了。徐记者，门在那里，请吧。"他走到门口，向值班员喊道，"送徐记者出去。"

徐倩不死心地冲他道："别一副油盐不进、滴水不漏的样子，我真不知道她怎么会看上你这样的人。"周昊宇不再理她，径直去了法医的办公室。

"怎么样，周华身上留下的伤痕跟前一起案子一样吗？"周昊宇问道。

陆显亮道："相同的地方，袭击方式都是勒颈，不同的是凶器，庄小美脖子上的勒痕是带状物造成的，而周华脖子上的勒痕是两股扭结而成的绳子，一般杂货店就有卖。还有周华除了颈部的勒伤和枕部的钝器击打伤外，腹部没有遭受过击打。"

"还有吗？"周昊宇问道。

"没有了。"

周昊宇转身回到自己的办公室。他找来了肖楠、苗靖。

"苗靖，你们继续调查周华的社会关系，看她生活中有没有与人结仇。肖楠，你继续配合老吴调查庄小美，通过任何你能想到的渠道，重点查找这样一个男性，在五个月前那一时间段，与庄小美联系频繁，关系密切。我要知道庄小美肚子里的孩子的父亲到底是谁。"

"明白！"二人领命而去。

"晓妍，有什么线索吗？"周昊宇问道。

王晓妍说道："在周华的衣物上没有发现有用的线索，但有一点，她的上衣上有许多细碎的头发，我打电话跟周华核实过，她出事那天晚上，趁吃饭的时间去理了发，衣服落上了碎头发。她想回家后再换衣服洗澡的，没想到还没到家就出了事。袭击者在袭击她的过程中，很可能将这些碎发粘在上衣的胸口或肩部了。如果有了嫌疑人，这就是一个不可推翻的证据。"

周昊宇道："这是一个好消息，这么晚了，你回去休息吧。"

王晓妍收拾起桌上的东西，说："我想要一间宿舍，太忙的时候就可以不回去了，在这里方便些。"

"这没问题。"周昊宇关上办公室的灯和门，与王晓妍一起出了办公室。

周昊宇仔细地查看着手中的报告，有技侦的痕迹鉴定，也有法医的伤情鉴定，看到后来，他就有重点地重新核对疑点。看完之后，他将一些疑点记录在了笔记本上，然后闭目沉思。也不知道过了多长时间，一阵敲门声打断了他的思绪，原来是展文睿来了。

他不好意思道："对不起，周队长，昨天您让我看的录像我都看过了，从周华下公交车到她出事经过了两个监控探头，没有发现有人跟踪她。"

"那你查看案发地附近的几个监控时，有没有发现形迹可疑的人？"周昊宇又问道。

展文睿挠了挠后脑，试探地问道："周队长，你能说得具体点吗？"

周昊宇耐心地道："就是不同于常人的装扮和举止，比如这么热的天，穿着深色长袖衫的；晚上戴着大墨镜的；戴着帽子、帽檐压得很低、遮着半张

第七章　一线生机

脸的；行色匆匆、有意无意躲着摄像头的，诸如此类吧，这些不都是形迹可疑的人吗？"

展文睿恍然大悟，这么简单的事情自己都想不到，还趴在电脑跟前傻傻地看了那么长时间。他脸红了，挠挠头说道："对不起，周队，这些我都没想到，我再去仔细看一遍。"

周昊宇重新将整个案件梳理了一遍，又把庄小美的案卷拿过来，将两份案卷放在一起比较着，然后人靠在椅子里，闭目沉思。两个案子的一些细节在他脑子里快速闪过，犹如电脑正在运行的比对系统一般。许久，他猛地睁开眼睛，笼罩在他眸子上的那层疑惑已经退去，两道目光又变得如星光一样明亮了。他拿起笔在笔记本上飞速地记录下了一些想法。之后他叫来了申童。

"我要你去做一件事情，把所有关于庄小美案件和刚发生的周华遇袭案的报道找出来，不管是报纸还是网络新闻，我全部都要。"

这如乱麻一般的线头，周昊宇已经理出了头绪，他要逐步去验证自己的判断。

申童是搜集处理信息的高手，很快就把关于两起案件的所有报道都搜罗出来，交给了周昊宇。关于庄小美案，新闻媒体的报道并不详细。因为案发地较为偏僻，人流量较少，记者也是跟在警车之后到达的。由于案发地点已经被封锁，记者也就是从周围的群众中得到了一些小道消息，上面凭空猜测较多，子虚乌有的评论也不少，唯独案件的细节描写少之又少。对周华遇袭案的报道就更少了，只有简报，既没有图片也没有细节。

看过这些之后，周昊宇脸上并没有多少变化，这在他的意料之中。他又叫来了法医，细细地问道："老陆，你报告上说，受害者后脑至后颈部之间有轻微的钝器击打痕迹。据你判断会是什么样的钝器？"

陆显亮有点为难地说："这个不好说，但能肯定不是很硬的东西，力道也不是很大，只是击昏了受害人，并没有给她造成大的伤害，留下的痕迹也不是很明显，不仔细检查很容易被忽略掉，这个凶手下手很有准度。"

"袭击者勒住受害者之后，定是双手用力不能顾及其他，就在他松开的一瞬间，不可能拿别的东西，法医又说造成这伤痕的不是又重又硬的东西，难道是？"一想到这里，周昊宇忙向法医问道，"打晕受害者的钝器有没有可能是凶手的手？"

"手？"陆显亮想了想，说，"有可能，只是用手直接打昏一个人并不容易。何况力道拿捏得非常好，既能让她即时晕厥，又没留下太大的痕迹。如果真是用手的话，那这个凶手有可能受过专业训练。"

微微的笑意浮上周昊宇的眉头。法医走后,他打开抽屉找了半天,没有找到他想要的东西。他突然想起了什么,快步走进接待室,在垃圾桶里翻找了半天,也没有找到他要找的东西。他无奈,只得找到了申童,说:"我要《海曲日报》社记者徐倩的电话。"

申童一头雾水地道:"我不认识她,没有她的电话。"

"不管是办公电话,还是私人电话,能难得住你吗?"

申童"嘿嘿"一笑,坦然地接受了这句恭维,没两分钟,就把一个号码念给了周昊宇。周昊宇忙拨打了电话,电话刚接通,那头传来一个利落的女音:"您好!哪位?"

"徐记者,你好,我是周昊宇。"

周昊宇主动打来电话,让徐倩很是意外。她愣了几秒,才兴奋地说:"周大队长,今天这是怎么了,劳您大驾给我打电话,是不是要把独家专访的机会留给我呀!"

"徐记者,你有时间吗?我想请你喝杯咖啡。"

"你今天可不是那天下逐客令的口气了。是有事要向我打听吧?"徐倩打趣道。

周昊宇呵呵一笑道:"你不是说不看僧面看佛面嘛,我们都是杜若的朋友,就冲这一点,我想你也不会拒绝我。"

"那好吧,可是有一点,以后不许你再翻脸不认人。"

因为二人都不是无事可做的闲人,徐倩选了《海曲日报》社旁边的咖啡屋。周昊宇到的时候,徐倩已经在等他了。"不好意思,让你久等了。"周昊宇坐到徐倩的对面,脸上挂着随和的笑容。徐倩愣愣地看着他。

周昊宇被她看得有点莫名其妙,忙整了整自己的衣服,摸了摸脸,问道:"徐记者,我身上有什么不对劲吗?"

徐倩笑道:"周队长,你每次看到我都一脸的不耐烦。第一次看到你对我笑,有点不习惯。不过,你笑起来让人看着很舒服,你应该多笑一笑。"

"就我这工作性质,每天面对的不是杀人犯就是抢劫犯,我是想笑也笑不出来。"周昊宇先是自嘲了一下,接着又道,"言归正传,今天我想问你一件事,这件事很重要,希望你能据实回答。"周昊宇说着,脸上又变得严肃起来。

徐倩端起桌上的咖啡抿了一口:"周队长,我可不是你的嫌疑人哦。"

"对不起,对不起,我这是职业病,不是有意的,请别介意。"周昊宇脸上堆起笑容解释道。

"你跟杜若说话也是这种口气？我真不知道，她怎么会受得了你。"徐倩见好就收，"说吧，今天找我什么事？"

"那天你去找我，说'一个杀手，两名受害孕妇，两尸四命'这些话你是从哪里听来的？"

"你们警察有线人，就不允许我们记者有线人了？"徐倩反问道，"如果我们没线人，哪能那么及时得到新闻线索。"

"案发没几分钟，受害者就被我们的巡警发现了，接着人就被警车送去了医院，这期间没有市民围观，更没有媒体介入，直到我们勘查现场时才有人注意到，没有人见过受害者，怎么会有人给你那么详细的情报呢？徐记者，这个电话对我们侦破案件很重要，请你一定要告诉我。"周昊宇很严肃。

听他这样说，徐倩也愣住了，她端咖啡的手僵在了半空中，脑子里回忆着接到电话时的情景。片刻后，徐倩道："我想起来了，接到那个电话时我也觉得奇怪，但没有细想。刚才听你这么说，确实奇怪。"

周昊宇眼睛一眨也不眨地盯着她，徐倩却谈起了条件："周队长，告诉你可以，可是你得答应我，这个案子给我一个独家专访。"

周昊宇毫不客气地拒绝道："我从不跟人谈条件，快点说！"

徐倩不悦地哼了一声，侧过头道："我不是你的犯人，你别忘了你是在请我帮忙，不是在审问我。"

职业的习惯让周昊宇不知不觉间说话的语气又严厉了起来，他也觉得不合适了，只得放缓了语气道："对不起，拜托了，看在杜若的面子上你就快说吧。"

徐倩这才道："周队长，你看现在不管报纸也好，网络也好，所有的新闻以猜测居多，完全违背了新闻及时、真实的本质，有时候我们也很无奈。民众有知情权，得不到官方的答复，有些记者就发挥自己的想象力，制造耸人听闻的报道来博取点击率，弄得市民人心惶惶、议论纷纷，这也不是你们想看到的。我觉得你们也不能一味地拒绝采访，至少得让大家都知道事实的真相。网民猜测少了，人心也就安定了，质疑你们的声音自然也就少了。"

徐倩一番话说得颇有道理，周昊宇心中不由一动，便点点头道："徐记者，你说得有些道理，我会考虑你的意见。"

徐倩见好就收道："那好吧，我可以告诉你。那天晚上，大约快十一点钟的时候，我难得早睡一回，却被一个陌生的电话给吵醒了，我刚接通，一个男人问我是不是记者，我说是。他就跟我爆料，说海音路有个孕妇被杀了，一尸两命。我问他是谁,他没有回答,只是说这不是第一起了,十几天前也有一个孕妇被勒死了。如果我不相信,可以去找警察核实,说完就挂断了电话。当时我就挺奇怪的,一般线人打电话给我,说完新闻线索后,都会询问情报费是多少,怎样支付等问题,我心想哪来这么多命案,但又抑制不住好奇心,就顺着那个电话打回去,想问问详细情况。可电话响了半天也没人接,我就以为是恶作剧。后来再想想,他不图线人费,骗我也没好处,最后我决定还是去海音路看一看,我到的时候只看到几辆警车开走,我心里懊恼不已,不该错过这么重要的新闻线索,所以昨天就去刑警队找你核实,谁知道你半个字也不肯透露。不过,我倒是从你的反应看出来,爆料是真的。"

周昊宇中间没有插话,只是认真地听她说完,然后才问道:"你认得给你打电话的那个人的声音吗?"

"我以前从没听过他的声音。"徐倩摇摇头道。

"如果不是你的熟人,他怎么知道你的私人电话?说明他认识你。"周昊宇问出了关键性的问题。

"那可不一定。"徐倩说道,"我经常把我的名片发给路人,希望他们有新闻线索的时候及时通知我,如果经查证属实的话,根据新闻内容的不同,他们可以拿到不等的情报费。所以,打电话给我的可不一定都与我相识。"

原来是这样。周昊宇在心里叹了口气,但他还是继续问道:"那你仔细想想,那个声音大约有多大年纪,有什么特征?"

"这个嘛——"徐倩有些为难,她当时对爆料电话并没有太在意,只是事后才觉得蹊跷,仔细回忆之后说,"声音有点沙哑,语调很低沉。听声音应该不是一个年轻人。不过,他说的话很少,我也不能肯定。"

"那他说话时有什么特点吗?比如说是本地人还是外地人?他在发音或语法上有什么跟常人不一样的地方吗?"

徐倩思索了半响才道:"还真有一个,我们说'告诉','诉'发'sù'的音,但这个打电话的人,'诉'念成了'shù'。"

周昊宇又问道:"如果再听到,你能不能听得出那个声音来?"

徐倩犹豫道:"我不确定,要是能再听到,也许能吧。"

"把那个电话打入的准确时间告诉我,还有那个号码。"

徐倩这才反应过来,吃惊地问:"那个给我打电话的人,不会就是凶手吧?"她拿出手机,翻出通话记录,电话显示,打入的时间是十点五十一分,号码是一个座机。

周昊宇不答,他在心底暗暗思量,那个打给徐倩的电话,很可能是用路边的公用电话打的，现在人们都知道警察会通过登记的电话号码来确定打电话的人，没人会用登记在自己名下的电话来传递这种需要隐匿身份的信息。这个电话是座机，它的位置离案发现场有多远？怎么会那么及时地通知记者呢？在那时，巡警也才刚发现受害者，刑警队还没到达现场。重要的是，他怎么会说出那番话，这不是第一起案子，十几天前也发生过一起同样的案子。看来自己的分析没有错，打给记者徐倩的电话很可能就是袭击者。现在经徐倩一证实，周昊宇对自己的推论又增加了几分信心。

徐倩看他半天没有说话，只顾自己低头沉思，忍不住追问道："周队长，我问你话呢，打电话给我的是不是凶手？"

周昊宇对于她的记者身份还是有所顾忌的，他模棱两可地道："现在还不能确定。"

徐倩听了，气哼哼地道："我看你就是过河拆桥，以后再有线索，我决不告诉你。你不说也可以，我就凭我的猜测去写，看到时候难受的是谁。"

"以我的身份不能说没有证据的话，请你理解。这样好不好，等这个案子破了，需要向媒体公布的时候，我优先找你，怎么样？"

"这还差不多！"能从周昊宇嘴里得到承诺，徐倩也觉得是意外的收获了，她举起手掌道，"我们就一言为定，击掌为誓！"

"我还能骗你不成。"周昊宇无奈，只得跟她对击了三下。拿到了有用的线索，周昊宇埋了单，急匆匆地回了刑警队。

他要尽快给他的推论找到证据支持。

第八章　李代桃僵

周昊宇来到信息组，申童嘴里正叼着棒棒糖，十指翻飞在键盘上。展文睿看到周昊宇，忙站起来道："周队，你说得没错，录像里果然有一个穿着深颜色长袖衫的高个子男人，只是录像太模糊，看不清长相，申童正在处理图像呢！"

最后申童无奈地道："周队，这是最佳效果了，还是看不清楚，摄像头的像素太低，我尽力了。"

"做得很好，不过你今天晚上还要加班。"周昊宇把一张写着电话号码的纸条放在桌上，"我要知道这个电话的详细情况，明白？"

"明白，我马上查。"

周昊宇又对展文睿道："我要知道这个人的行动路线及最后的去向，还有经过各个监控的时间。"

"明白！"展文睿干脆地答道，"周队，咱们刑警队还有没有宿舍，我想搬过来，这样工作起来也方便，不用跑来跑去。"巡警大队的办公地点在市区的西边，离刑警队有一定的距离。

"你现在搬过来，要是调动申请通不过，最后还得回巡警队，搬来搬去不麻烦吗？"周昊宇笑道。

展文睿半晌不言，然后近乎哀求地道："周队长，我一定会努力工作，让您满意，调动的事，请您想想办法，帮帮我！"

周昊宇想不到他有这种反应，只好点点头，拍拍他的肩膀道："你好好干，我来安排。"

展文睿马上坐下，专心投入到工作中去了。

"你们专心干活，一会我送晚饭过来。"

周昊宇刚打完订餐的电话，申童的检查结果就出来了："这是个路边的公用电话，很古老的投币式电话，地点在海神路中段。"

展文睿在旁边说道："周队，监控录像中那个可疑的男人，最近消失的地段也在海神路中段。"

微微的笑意爬上周昊宇的眼角，他订了晚餐，也有王晓妍的份。他把饭送到王晓妍的办公室，便听她的助手说，王晓妍有新的发现，正在试验室里忙碌着呢。周昊宇忙换了衣服，进入了试验室，看到王晓妍正盯着电脑屏幕。

周昊宇笑着问道："你又给我带来好消息了？"

"我就不相信他那么精细，会不留下一点痕迹，所以我又仔细检查了取到的所有物品，终于，有了新的发现。"她指着那张纸牌道，"我们虽然没有在扑克牌上发现指纹，但是，经过仔细的检查，我在牌面的左下角发现了一点新鲜的唾液，很少。做 DNA 检测有难度，交给别人做我也不放心，只能我亲自来做了，结果马上就能出来。"说话间，打印机里吐出一张纸，王晓妍拿在手中长舒了一口气，说："成了，样本检测结果，男性，血型是 B 型，我马上在资料库里进行比对，但愿能有结果。"

这个发现可以说是非常有价值。对于能不能在警方的资料库里找到对应的记录，周昊宇并不抱多大的希望。不过，笑容还是映上周昊宇的脸颊，他说道："晓妍，你每次总能给我惊喜。"

王晓妍脸上却露出歉疚的神情："对于我工作上的失误，我要检讨。这点应该早就发现的，只是他们光留意了上面的指纹，忽略了其他的生物样本。还是我把关不严，以后真不敢把关键事情放手交给别人去做。"

周昊宇安慰道："晓妍，你不用内疚，你这种孜孜不倦追求真相的精神是我最欣赏的。所以，不论哪个部门要你，我都绝对不会放你去的。"

王晓妍这才展颜一笑："除了刑警队，我哪都不去！"

"我订了晚餐，你吃饭，我来比对。"王晓妍草草地用完了晚餐，电脑中的比对结果也出来了，很不幸被周昊宇猜中了，没有记录。王晓妍有点失望，周昊宇却兴致颇高："晓妍，你不用失望，我正愁只有推理没有物证呢，你就给了我想要的结果。"

"这么说你有怀疑对象了？这么快？"王晓妍有点不相信似的看着他。周昊宇低低地在她耳边说了一句话。王晓妍诧异地道："这怎么可能？"

"不要多说了，去比对吧。"周昊宇不再多作解释，王晓妍依言去了。

周昊宇收拾完残羹剩饭的时候，王晓妍不无失落地道："你想错了，两者之间没有亲缘关系。"

周昊宇似乎不信，王晓妍把鉴定报告递给他，他仔仔细细地看过，二者之间果然没有任何关系。周昊宇沉默了，他本来以为王晓妍找到的生物样本能成为支持自己推断的有力证据，没想到倒成了否定他推论的有力证据。

王晓妍看他的样子，已经明白了他心里的所想，道："你怎么会怀疑上他？"

周昊宇不答，又让申童查了那个人的背景资料。

周昊宇回到办公室，又把案卷中所有的鉴定和自己的分析从头梳理了一遍：虽然现在的结果与自己的一系列推理相悖，但那毕竟只是一个间接的比对。在没拿到直接的比对否定结果前，周昊宇不怀疑自己的推断有什么错误。他不会轻易地怀疑一个人，也不会轻易地放弃对一个人的怀疑，这是周昊宇的信条。

晚上十点左右，周昊宇带着展文睿，以案发地点为出发地，根据天网拍摄到的行进路线，实地走了一圈，进而计算嫌疑人的用时以及推定他可能去往的目的地。

很快，申童就把嫌疑人的背景资料全部翻出来了，周昊宇看到后，眼中闪耀出兴奋的光芒。

肖楠、苗靖这几天一无所获，正满肚子不高兴。周昊宇把肖楠和展文睿叫来，对二人交代了监视嫌疑人的任务。二人听到嫌疑人的名字都一脸的不可思议。展文睿张大了嘴想要问为什么，被肖楠一把拉住："不该问的不要问，执行命令就是。"

周昊宇叮嘱二人道："在拿到决定性的证据前，只能监视，绝对不能打草惊蛇。"

二人领命去了。周昊宇又向苗靖交代了几句，苗靖也去了。

展文睿任务完成得很好，很快就取到了周昊宇所要的证据。他派一个警员把证据送回来，自己则与肖楠一起继续工作。王晓妍听到消息后，就等在化验室，以便在最短的时间得到结果。

等待结果的过程让时间变得越发长。不过，最后出来结果让王晓妍松了一口气。她拿着结果来到了周昊宇的办公室，周昊宇正斜靠在沙发上，合衣而寐。

看着周昊宇熟睡的样子，王晓妍不忍叫醒他，便拿了件挂在衣架上的警服盖在他身上。谁知周昊宇心里有事并未睡熟，稍稍一动便醒了过来，问："晓妍，结果怎么样？"

"虽然轻手轻脚，还是把你吵醒了。"王晓妍笑吟吟地递上检测报告道，"你又要请客了！"

周昊宇看完长长地出了一口气道："回去吧，今天放你一天假，好好休息一天。"

"我不放心，还是这个案子结了我再休息。要是顺利，明天你就得在审讯室里待一天了，现在你也睡一会儿。"

得到这个结果，周昊宇向肖楠下达了抓捕嫌疑人的命令："你们不要大意,他当过兵,有一定的反侦查经验和应变能力,行动时一定要小心,注意安全,不要扰民!"

肖楠平时放荡不羁,完全没个正形,可他胆大心细,办起事来一点都不含糊,一直是周昊宇的得力助手。

很快,肖楠那边就传来消息,行动结束了,他们正押着人往回赶。

周昊宇听后,心里才算踏实了,他放心地小睡片刻,准备养足精神后再开展审讯工作。

也不知道局长是怎么得到消息的,他跟周昊宇一前一后来到了办公室。"听说你已经抓到了嫌犯,怎么,案子破了?"局长说。

周昊宇忙给局长泡了一杯茶,道:"康局,您这消息也太灵通了吧!不过,这次抓到的是最近一次袭击案的嫌犯,不是'七二八杀人案'的嫌犯。"

康维生把茶杯放在桌上,问:"这是两个独立的案子吗?不是说是系列案件吗?"

"这两个案子既有联系,又有区别。可以说是由于'七二八杀人案'引发了这个袭击案,但两个案子的凶手不是同一个人。"周昊宇说到这里,有警员跑进来道:"局长,队长,肖楠他们回来了。"

二人也不再说什么,都迎了出去。展文睿首先跳下车来,回身从车上拉下一个人。这个人双手被手铐铐住,脸上一副漠然的表情。墨语惊诧地道:"怎么会是他?"

这人正是平建军的父亲平卫国。平卫国抬头看了周昊宇一眼,然后就垂下了眼皮,不再看任何人,也不说任何话。

警员把平卫国带下去了,周昊宇向肖楠问道:"抓捕还顺利吧,他都说了什么?"

肖楠还没说话,展文睿就抢先道:"我们接到您的命令后,悄悄弄开了他家的门。不过他也很警觉,我们刚进门他就冲了出来,当我们亮明了身份后,他就放弃了反抗,乖乖地跟我们回来了。一路上都很安静。"

康维生在刑警队没见过展文睿,问道:"你叫什么来着?好像不是刑警队的吧!"

展文睿敬礼答道:"报告局长,我叫展文睿。原先是巡警队的一名警员,因为这起袭击案是我第一个发现的,所以周队长就把我调过来帮忙了。"

康维生看着他,点了点头。肖楠这时才说道:"按您的要求,我们对平卫国家进行了搜查,找到了疑似他作案时穿着的深色长袖衫两件,太阳帽一顶,但是没有找到疑似凶器的东西。"

王晓妍接过肖楠手中的证物袋,说:"我马上检查。"

周昊宇没有马上审讯平卫国,只把他晾在审讯室里。平卫国坐在椅子上,抬头向四处张望了片刻,然后就向后靠在椅背上,开始闭目养神。

刑侦技术室里也紧张地忙碌着,当一张纸被打印机吐出来时,王晓妍看看上面的结果,她长长地吐出一口气,一路小跑地找到了周昊宇。看到结果后,周昊宇微皱的眉头终于舒展开来。

展文睿心心念念要进刑警队,怎么会放过这个学习的机会呢!在展文睿强烈要求下,周昊宇让肖楠休息去了,自己则带着展文睿走进了审讯室。

平卫国已经在审讯室里被晾了很久,周昊宇走到平卫国身边,俯视着他。平卫国依然表情淡然,不像平常人那样一进审讯室,自己从心底里先虚了。

"平卫国,你应该知道你今天为什么会坐在这里吧?"周昊宇以一种非常随意的口气问道。

平卫国摇摇头,只是看着周昊宇,并不说话。

"既然不知道,那你怎么也不问问?"

"我想这是你应该向我解释的吧。"平卫国这才开了口,"现在是法治社会,我想你们总不会没有任何理由就把我抓到这里来吧。即使我不问,下面你也会告诉我,我又何必多此一问呢!"

听到他这句话,周昊宇脸上露出了一丝笑容,道:"我们自然不是无缘无故把你请到这里来的。你自己做了什么自己最清楚,当然,我们也很清楚。那你就说说我们都很清楚的那件事吧!"

"我不知道你指的是什么事。"平卫国看着周昊宇,眼睛里读不出丝毫的喜怒哀乐。

展文睿有些沉不住气了,大声说道:"你别装聋作哑,我们已经掌握了你犯罪的证据,你别想拖延时间,妄图蒙混过关。"

平卫国以退为进地道:"你们如果真有证据就治我的罪吧,我保持沉默,免得也被你们逼得只能自杀。"

"你——"展文睿刚说了一个字,周昊宇摆手制止了他。

"既然你不愿意主动坦白,那我只好正式开始对你的审讯。平卫国,我问你,这个人你认识吗?"周昊宇举着周华的照片,问道。

平卫国只扫了一眼,摇摇头道:"不认识。"

"你认不出来也不奇怪,那么黑的天,没有看清楚也是有可能的。"周昊宇接着问道,"本月的六号,晚上八点到十二点之间,你在什么地方,在做什么?"

"六号?"平卫国作沉思状,说,"过去好几天了,我要好好想想。"

"才过去这么几天都不记得了?那天晚上对你来说应该很难忘才对。"

"确实,自从我儿子被人冤枉,这段时间我都挺难忘的。"平卫国回敬了一句,没等周昊宇回话,又徐徐地说道,"正因为难忘的事太多了,年纪也大了,所以一时还真记不起来。这段时间我为了儿子的事,心里很难过,也很着急,有时候晚上会一个人出去抽根烟,溜达溜达。那天晚上,我可能也是这么过的吧。"

"那你晚上都去过哪些地方?"

"我家住在县城,对海曲市也不熟,也记不住那些地名,我都是随便走走,没有刻意地留意都去过哪里。早知道自己在街上走走也能被你们当作嫌疑犯抓来,我当时真应该拿个笔记本记下来。"

平卫国果然是滴水不漏,知道晚上出去,必然有人看见或是留下影像资料。他这样说,即使在监控中看到他的身影出现在案发现场附近,只要没拍到他行凶的过程,警方还真没法拿这个当突破口,同时他把对话的主动权拿回来。

因为是针对陌生人的袭击,加上动机如此隐晦,审讯实在不好进行。它不像是抢劫和性犯罪,虽然大部分是针对陌生人的攻击,但前者有赃物可以作为证据,后者会在受害人身上留下难以消灭的生物证据。

周昊宇知道平卫国当过侦察兵,接受过应对审讯的训练,审他不可能像审个扒手一样容易。

"如你所说,我们在路边的监控里发现了你的身影。凑巧的是,就在你出现过的海音路上,发生了一起凶杀未遂案,而受害人跟你的儿媳妇庄小美一样身怀六甲。"周昊宇稍作停顿,目光炯炯地盯着平卫国,想看他听到这件事时的反应。平卫国却连眼睛都没眨一下,就好似这件事与他没有任何关系一样。周昊宇只好接着道:"受害人没有仇人,与他人也没有感情纠葛,排除了因仇或因情报复杀人的可能;她的财物没有损失,也没有被性侵犯的痕迹,可以排除劫财和劫色的可能。她没有大笔的财产,也没有购买巨额的人身意外保险,排除了既得利益的可能,那杀她的动机是什么呢?杀她对谁有好处呢?"

平卫国眼中精光一闪,眉毛向上弯曲抬起,额头上的皱纹挤到了一起,紧闭的双唇微微张开。他脸上的表情只是一瞬间的事,却逃不过在留意观察他的周昊宇的眼睛,周昊宇知道自己言中了要害,便突然转向平卫国道:"平卫国，你说这个凶手的动机是什么呢？"

平卫国愣了一下才道："我怎么知道，这只能问凶手，或许你告诉我也行。"

周昊宇眼皮微垂，右侧的嘴角微微向上挑起，露出一个意味深长的笑容："曾有一个人在案发十分钟后，给《海曲日报》的记者打了电话，爆料海音路上有一个孕妇被勒死了，并说这已经不是第一起案子了，十几天前就有个孕妇被人以同样的方式勒死了。如果不相信他，可以找警察求证。这个人说话有个特点，他总是把告诉（sù）说成是告诉（shù），有这样习惯的人可真的不多啊！"

平卫国神情略显慌张，紧紧地闭着嘴，周昊宇继续道："这个人所用的公用电话的位置在海神路中段，从海音路步行过去大约需要十分钟，而那个时候巡警才刚刚发现受害者，他是怎么知道这么详细的情报呢？除了凶手不可能是别人。可是他为什么要给记者打电话，还提醒记者，这次袭击跟庄小美的案子有联系呢？"周昊宇说到这里，学着平卫国的语气说道："你能不能告诉（shù）我呢？"

平卫国不说话了，生怕哪一句话会成为周昊宇的把柄。周昊宇微哂，便不再继续这个话题，而是又说道："这个人做了一件在他看来非做不可，但却画蛇添足的事情。他在受害者胸口处留下了一张扑克纸牌——黑桃2。他无非是想给我们造成一个错觉，让我们以为袭击受害者的凶手与杀害庄小美的凶手是同一个人。黑桃2表示周华是第二个受害人。他虽然仔细地清除了上面的指纹，作案的时候又是戴着手套的，可是在扑克牌的一角却沾上了他微量的唾液，我想这个人可能最近有点上火，嗓子不舒服，还有点咳嗽，才会在这张纸牌上留下了犯罪证据。"周昊宇将一张装在证物袋里的扑克牌拿给平卫国看："这点微量的唾液与你的 DNA 完全相同。"

听到这里，平卫国脸色微变，闭紧了双唇，然后又张嘴，似乎想说什么。不等他开口，周昊宇把他的话堵了回去："不要说你的口水是无意中沾到这张飘落在街边的扑克牌上的，然后风又凑巧把这张牌又吹到了受害人身上。"

平卫国要说的话，被周昊宇说了，他看着周昊宇那明了一切似的目光，反问道："我为什么要这么做？我不认识那个女人，我为什么要杀她？"

周昊宇冷冷一笑："没错，从常理来讲，你们素不相识，没有谋害她的动机。可怜的是，周华与你儿媳庄小美有共同的特征，她不过是被你随机选中的牺牲者。为了一个人，你觉得你必须得做这样的事，这个人就是你的儿子，平建军！""平建军"三个字像是个重磅炸弹，惊得平卫国脸上的肌肉一颤，瞳孔也快速放大。从他的反应，周昊宇知道自己的话正中靶心。

"平卫国，你是不是看过类似的电影，自己就学起来了？不错，你儿媳庄小美是被绳子勒死的，所以你也用绳子，可你不知道绳子也有很多种，你们用的是完全不同的两种。你儿媳身上还有其他的伤，只是这些信息你不知道而已。你似是而非地模仿。你可以模仿凶手的行为，但是你模仿不了他的心理。平卫国，你爱子情深，救子心切，这可以理解，可是你跟平建军一样，都选错了方式，你为什么不选择相信我们，相信我们会还无辜者清白，非要选择这种极端的错误方式呢？"说到最后，周昊宇的痛心和惋惜之情溢于言表。

"相信你们？开始我是想相信你，可等来的不是我儿子无罪释放，而是他被逼得不得不自杀。如果不是出了连环案件，你们会这么快就放了我儿子？只怕最后给他安上一个畏罪自杀的罪名，就这样如你们所愿地结案了。"平卫国再也忍不住满腔的激愤，大声喊道。

"你这是承认我说的是事实，动机完全正确了？"周昊宇马上接口道。

被站在身后的警员按在椅子上的平卫国深吸了几口气，抱着最后一丝希望道："你的推理很精彩，可是这也只是推理，那张纸牌并不能当作指证我犯罪的直接证据，你们不会想凭这个就定我的罪吧？"

"别急啊，我们掌握的证据并不只有这些，我们有你无可辩驳的铁证。我们的警官在你家里找到了两件疑似那天晚上袭击者所穿的深色长袖衫，在衣服的胸口部位，我们找到了受害人的头发碎屑。你既然不认识她，她的头发怎么会留在你的衣服上，还是胸口部位？只能有一个解释，那就是你袭击受害人，用力勒住她并把她拉向自己，受害者的头部与你的衣服接触时留下的。虽然衣服被你洗过了，但你没有想到的是，受害人在那天晚上吃饭的时候，去理发店理过发，你虽然仔细地清理过，但一些细碎的头发你是很难清理干净的。只要有接触就会留下痕迹。平卫国，你还是老实交代你的罪行，这对你有好处。"

这确实是无可辩驳的铁证，平卫国面如死灰，目光满是绝望，之后一脸决绝地闭紧了嘴唇，垂下了双目，不再说一句话。

周昊宇也不说话了，盯着他看了一会儿才问道："平卫国，在事实面前，负隅顽抗是没有用的，它只能增加你的罪行。有一句话我曾告诉过平建军，现在我也照样告诉你，我们不会冤枉一个好人，但是，我们也不会放过一个坏人。他选择相信我的话，你最好也相信我的话。"

平卫国闭紧了嘴，还是不说话。少顷，周昊宇又道："平卫国，我知道你的顾虑是什么。你一直认为我们认定平建军无辜是因为你模仿作案的结果，你是怕一旦认罪，我们又会将平建军当作凶手抓起来。你错了，我可以非常负责任地告诉你，在你儿子自杀的前一天，我就已经发现了疑点，并且正对其中的疑点进行核实。可是这需要时间，没想到平建军自杀了，你也再也等不下去，选择去实施这个在你心里酝酿了多时的邪恶的救子计划。现在可以告诉你，认定平建军无罪是我们通过仔细查证，排除了平建军到过案发现场的可能后得出的结论，跟你做的这件愚蠢的事毫无关系。"

周昊宇顿了顿，继续说道："你当过兵，还是侦察兵，你自以为做得天衣无缝，没有明显的作案动机，现场也没有给我们留下任何可以追查的线索和指证你的证据，可是你不知道，现在的刑侦技术日新月异，已经不是你当年认识的那样了。物质证据、法医证据、心理痕迹，这些都可以指证你。"

看他若有所动，周昊宇继续说道："平卫国，你虽然一心想救你的儿子，可是，在最后关头，你仍然没有痛下杀手，而是放了受害者一条生路，你可能在心里告诉自己，只要能把案件弄得像庄小美的案件就行了，没必要一定伤及人命。这证明你良心未泯，在那种时候还是不肯牺牲无辜。既然是这样，你为什么不坦白这一切呢？谋杀罪和伤害罪是有区别的，刑法第二百三十二条，犯故意杀人罪的，处死刑、无期徒刑或者十年以上有期徒刑；情节较轻的，处三年以上十年以下有期徒刑。刑法第二百三十四条，故意伤害罪，故意伤害他人身体的，处三年以下有期徒刑、拘役或者管制。犯前款罪，致人重伤的，处三年以上十年以下有期徒刑；致人死亡或者以特别残忍手段致人重伤造成严重残疾的，处十年以上有期徒刑、无期徒刑或者死刑。如果你肯把作案过程原原本本地讲出来，证明你有悔罪的表现，主动交代作案的事实，我们会以故意伤害罪来对案件进行定性。你犯罪的动机并非十分恶劣，且是你一片爱子情深。这样，你的罪就轻很多，用不了多久你就能出来与家人团聚。平卫国，你是个聪明人，孰重孰轻我想你还分得清，你应该做出正确的选择。"这些话周昊宇说得语重心长，恩威并施，平卫国脸上决绝的寒冰不知不觉间已经融化了。泪水模糊了他的双眼，听周昊宇说到最后，他再也忍不住，泪水从脸颊上滑落下来。后来，直接趴到桌子上身体一起一伏地抽泣起来。

周昊宇知道平卫国的心理防线已经崩溃，情绪宣泄后就不会抗拒交代了，所以也不说话，任平卫国哭泣。展文睿看看哭得浑身颤抖的平卫国，再看看一脸平静的周昊宇，脸中露出既羡慕又崇拜的神情。

周昊宇等他哭得差不多了，这才倒了一杯水给平卫国，又递了面巾纸给他。平卫国喝了几口水,情绪才稍稍平静下来,说:"周队长,你说的是真的吗?你们真的不是因为这个案子才认定我儿子是无罪的?"

周昊宇指了指录像机,又指了指做笔录的警员道:"审讯的过程全程有录像,我们为说过的每一个字负责。"

得到了周昊宇肯定的答复,平卫国终于开口了:"周队长,你的推理一点没错,动机分析得也很对,我愿意交代我所做的事情,希望能得到宽大处理。"

"好吧,那你说说是怎么想到用这种方法来救平建军的?"周昊宇问道。

"这要从那次在公安局和我的亲家见面说起。当时接到你们通知,说我儿子涉嫌杀人被刑事拘留,我和我老伴急匆匆地来到了公安局,之后在会客室又见到了亲家,这期间的事你都知道了,我们从刑警队出来后,在楼道里听到了你们几个警察的议论,说我儿子是变态杀人犯,另一个说,要是变态杀人犯的话,可不会杀一个就收手,一定还会继续杀人。他们的话让我生气,可是也让我想起了国外的连环杀人案。我一直不相信我儿子会杀人,更何况杀的还是他的媳妇和孩子。在刑警队你说得那么掷地有声,我就相信了你,一直在等你查清真相,可最后等来的却是我儿子的自杀。在医院里,我又一次听到你们的警员说我儿子是变态杀人犯,我想我不能再等下去了,我必须做点什么来救我儿子。"

展文睿又倒了一杯水给平卫国。平卫国继续道:"我查到的资料里说,连环杀手杀的人都有一定的共同点,并且杀人的方法也相同。所以,我就决定模仿小美被杀的样子,杀一个与小美有共同点的女人。小美最明显的特点就是她怀孕了,我想就找个怀孕的女人下手。说来也巧,就在我在街上寻找下手目标的时候,就看到了那个女人,我跟着她走到黑暗的巷子里,她也一直没有发觉,虽然我心里不想那么做,可想到儿子的命,我只能狠下心来,勒住了她的脖子。虽然我当过兵,可是我从没杀过人,她挣扎越来越弱的时候,我的心软了,我松开了拉住绳子的手,我不想让我的双手染上无辜者的鲜血。"说到这里,他把戴着手铐的双手举到面前,眼神里充满了纠结:"我没想到绳子一松,那个女人侧头向后看,我怕她看到我,就用手把她打晕了。我当兵时训练过,知道这个时候她的意识已经模糊,不一定会记得当时的情况。既然这样,我索性就把她放到了街口的墙边,这样,她就不会在黑暗中被车轧到,路过的人也会很快发现她,能及时送她到医院。"

周昊宇这时接口道:"平卫国,你知不知道,就是你这一念之仁,救了她也救了你自己。你放了她一条生路,也等于给自己留了一条生路。"

平卫国叹了口气，继续道："我想你们要是不把这两个案子往一个方向查，我岂不是白做了。于是我留下了那张扑克牌，又给记者打了那个多余的电话，真是多做多错。第二天就接到了你们释放我儿子的消息。我没想到我做的事这么快就起到了效果，但是我心里一直非常不安，我不知道被我伤害的女人怎么样了？如果为了救我儿子而伤害一个无辜的孕妇，那我会内疚一辈子。谁知道我是自作聪明，害了别人也害了自己。"

周昊宇道："你作案用的凶器是什么？现在在哪里？"

"我用的是一截尼龙绳，怕你们查到，就用火烧掉了。"

"你是怎么知道庄小美被杀的细节的？"

"电视新闻和网络新闻上都有，虽然不详细，但我也知道是被勒死的。"平卫国叹了口气道，"周队长，你能告诉我，被我伤害的那个人怎么样了吗？"

"当时受了点伤，还好救治及时，休养一段时间就没事了。"

平卫国道："为了救我儿子让她无辜受伤，真想跟她亲口说声对不起，但我知道我没这个机会了。"

压在心里的事都讲了出来，平卫国轻松了很多，向周昊宇问道："周队长，我自信在现场没留下什么可以追踪的线索，连动机也很隐晦，我衣服上的头发也是被你们抓住后才拿到的，我想知道，你是怎么在这么短的时间内，怀疑到我身上的？"

不只是平卫国，在审讯室里的展文睿，还有在监控室里的众人也是一头雾水。周昊宇只是淡淡地说道："任何行为都不可能脱离其心理而独自存在，通过行为分析心理和动机，然后锁定目标并抓到他，这就是我的工作。"

从审讯室里出来回到办公室，墨语忍不住问道："周队长，你是怎么将目标锁定在平卫国身上的呢？"展文睿也说道："周队，你就给我们讲讲吧，让我们也长长见识。"

众人只顾着追问周昊宇，却把同在监控室里的局长挡在了后面。局长咳嗽了一声，众人才停止了闹腾。周昊宇道："局长，这是一个案中案，嫌疑人对其所犯的罪行供认不讳，我想可以结案了。"

局长康维生道："审讯的全过程我都看到了，整个刑警队做得不错，你做得也不错，特别是你最后的那句话，说得很好。"

周昊宇谦逊地道："都是大家共同努力，我们才能这么快就破了案子。我正在尝试一种新的破案形式，把犯罪心理也融入到刑事侦查当中，看来效果还不错。"

"你就给他们讲讲你的侦破思路,争取尽快让你的队员们成长起来,你肩上的担子也能有人帮你分担一些。"

"就是,还是局长能体会下属的心。"墨语顺势说道,"周队,你得给大家好好讲讲,这样我才能将故事写得完整和传神。"

周昊宇淡淡一笑,带头走向了办公室。这些人里面,展文睿最为兴奋,他刚来刑警队,论年龄、论资历都属他最浅。他给每个人倒了一杯水,然后拿出笔记本,以一种非常谦恭的态度,倾听着周昊宇所说的每一句话。

"刚听到小展打来的电话时,我心里确实一惊,还以为在海曲市真出了一个连环杀手。当勘查完现场后,我又觉得有些地方不对。在我询问了受害者之后,大部分疑点都得到了解释,可还有些地方解释不通。我怀疑是当时受害者情绪紧张,有些东西记错了也说不准,后来在我的引导下,受害者想起了当时被她忽略的细节。我将案子重新梳理了一下,发现这确实与庄小美的案子有相似之处,但也有明显的区别。相同之处有几点:一、受害者的选择非常相似。庄小美是一个孕妇,周华虽然没有怀孕,但是,单从外形来看,她很像是一个怀孕的妇女。二、被害方式。二人都是被勒死的。三、被害的地点。案发的地点都是在僻静的路上,发现受害者的地方都是第一现场,没有抛尸行为。四、案发的时间。案发的时间都是在夜晚,时间非常相近。

"同时,两个案子又有区别。一、被害方式。从表面上看,二人都是被勒死的,但是,勒死庄小美的是宽约二厘米的带状物,而勒周华的则是一条硬尼龙绳,二者的勒痕看似相似,其实软勒沟与硬勒沟是有区别的。当然,这倒不是非常要紧的,因为同一凶手,也可能利用相近的凶器。

"二、凶手袭击受害者的心理状态。庄小美脖子上的勒痕只有一条,深入肌肤,舌骨都勒骨折了,可见凶手用了很大的力气,一击致命,杀死受害者的心理非常坚决,没有任何犹豫。可袭击周华的凶手就不一样了,她快要窒息的时候,袭击者却松开了绳索,而是用手打晕了她,并且还将她带到了离路口有几米的墙边。这就很奇怪了,他为什么突然改变主意,放了受害人一条生路?难道是突然良心发现?

"三、庄小美的死亡现场没有发现纸牌,但在周华遇袭后,袭击者却在她的身上留下了一张黑桃2的纸牌,显然是有意将这个案件与庄小美的案件联系起来。让警方当作是一个连环案件来处理。可以说,这是一个画蛇添足的败笔,非但没能误导我们,反而让我起了疑。

"四、袭击周华的凶手在事后还给记者打了电话。他明确地告诉记者,这是一起连环案件的第二起,一个凶手、两名孕妇、四条人命,他是想误导所有人,并且扩大影响。他为什么要这么做呢?是想挑战警方,还是想制造恐慌?如果真是想挑战警方或制造恐慌,那他就不应该选在黑暗的街道上动手,还放了受害人一条生路,这种行为与制造恐慌的心理是背道而驰的。袭击者的这种行为必然有其特别的目的,究竟是什么呢?这需要我们仔细分析。"

一口气说了这么多,周昊宇端起桌上的杯子,喝了一口水,王晓妍忙帮他在杯子里续了些热水。周昊宇继续说道:"第二起案子做得似是而非,模仿痕迹很重。为什么会这样呢?难道是有人模仿庄小美的案子,来进行自己的犯罪?就像我刚才在审讯室里对平卫国说的那样,排除了那么多常见动机后,袭击周华的动机是什么呢?她被杀害对谁有好处呢?"

肖楠马上道:"从他前面又是留纸牌、又是打电话给记者这些反常的做法,你分析出了凶手的动机,从而锁定了嫌疑人,对吧?"

"没错,如果这个动机成立,这一切反常的地方,就都有了合理的解释,这不过是他的移花接木之计。如果这两个案子是连环杀人案,那凶手就是同一个人了,周华遇到袭击的时候,平建军还在我们的监控之中,那第一起案子就不会是他做的,这正是平卫国想达到的目的,好解除平建军杀人的嫌疑。凶手打晕受害人的手法也让我有所发现,一个普通人,单凭手掌的力量,不论用掌还是用拳,想打晕一个人并不容易,何况一击成功这么利索,力道还拿捏得这么好。那么,这个人一定有不同于一般人的特殊经历,要么当过兵,要么从过警,再不然就是有功夫在身。凶手自认为这样做得很巧妙,殊不知却暴露了自己的人生经历,为我们确定嫌疑人增添了重要的证据。于是我让申童查了平卫国的背景材料,他果然有当过侦察兵的经历。这就吻合了我当时对袭击者人生经历所做出的推断。

"我让晓妍用他留在纸牌上的微量唾液与平建军的DNA做了一个间接比对,结果却出乎我的意料之外,二者之间竟然没有任何血缘关系。难道我的怀疑错了?要是一个细节与一系列推论有所矛盾,那么,这个细节可能有其他的解释方法。除非拿到他的DNA直接进行比对,否则我不轻易质疑自己的判断。这时晓妍说,受害人的衣物上有许多她自己的碎发,她刚理过发,袭击者与受害者有过肢体接触,衣服上一定留着受害者细碎的头发碴,这才是犯罪的铁证。于是我让肖楠跟小展监视平卫国,并设法拿到了他的DNA,经过比对,证实了我的判断。后来,我们拿到他犯案时穿的衣服,果然在上面找到了受害者的头发,这是他无可辩驳的铁证。至此,只要拿到平卫国的供词,再找到凶器,这个案子就算是圆满解决了。审讯还算是顺利,平卫国对他所犯下的罪行供认不讳,我们可以结案了。"

展文睿飞速地在笔记本上记录着。"你这样记,怎么能记得全,我有这个。"墨语手里拿着一个录音笔,对展文睿道:"下来给你听这个。"展文睿这才停下手中的笔。

周昊宇道:"这个案子算是告一段落,本来应该请大家吃饭庆祝。只是我们还有个案子一直没破,不能大肆庆祝。这样吧,今天早点下班,都回去好好补补觉,这两天大家轮班休息,也缓一缓。等庄小美的案子破了,我请大家吃顿好的。"

第九章　初次画像

平建军收到了刑警队的通知，父亲平卫国被捕了。他有点懵，平母却又哭又闹，说什么也不相信平卫国犯了罪，要不是平建军拉着，她就要扑上来咬周昊宇两口才解气。

平卫国的案子至此算是告一段落，可是庄小美被杀的案子却成了扎在刑警队咽喉的一根刺，让人吐不出又咽不下，实在难受。

刑警队稍作休整就又齐刷刷开始了新一轮的工作。他们把庄小美的社会关系仔仔细细查了一遍，还着重查了庄小美受孕期间与她有过接触的男性，可是一轮侦查下来却毫无所获。

案子转了一圈又回到了起点，凶手究竟是谁呢？杀害庄小美的动机是什么？周昊宇两道剑眉紧紧地拧在了一起。

"周叔叔！"一声稚嫩的童音打断了他的思绪。周昊宇抬起头来，一个扎着双马尾、穿花裙子的五六岁女童正笑盈盈地站在办公室门口，她眼睛笑成了月牙，一双酒窝挂在小嘴两边。

周昊宇的心立刻被融化了，蹲下身去，张开双臂，道："晶晶，你怎么来了？"

杜晶晶是法医叶鸿的女儿，叶鸿经常带她来刑警队，她一到这里就黏着周昊宇。女孩"咯咯"地笑着扑上来。周昊宇将她抱起来，转了几个圈。

"妈妈说周叔叔想我了，就带我来了。"杜晶晶抬起手摸着周昊宇的眉毛，趴在他耳边笑道，"周叔叔，告诉你一个秘密，晶晶也想你了。"杜晶晶笑靥可人，嫩生生的童音驱散了周昊宇心头的烦恼。

"晶晶，你妈妈说得对，周叔叔很长时间没看到你了，真的想你了。"他抬起头，叶鸿正站在门口，笑眯眯地看着这一大一小。"你这么喜欢孩子，怎么不快点找个女人生一个。"叶鸿打趣道。

叶鸿被抽调去参加省厅一个专案组，一去两个月，昨天刚回来，今天应该在家休息的。周昊宇没想到，今天在队里就看到了她和她的女儿。"怎么不在家好好陪陪家人，现在有老陆在，你不用担心工作，休息好了再回来。"周昊宇道。

叶鸿道："我昨天回来已经休息好了，今天晶晶吵着要去游乐园，我只好带她来这儿了，有什么要紧的事情没？"

周昊宇道："还真有件疑难的事情，不过，这些话还是不要让晶晶听到为好。"正巧王晓妍走来，晶晶便又黏上她，跟她玩去了。

二人这才坐下来细谈。"鸿姐，DNA的亲权鉴定，出错率是多少？"周昊宇问道。

"嗯？"叶鸿不解地看着他，"你什么意思？"

周昊宇把庄小美的案件大体跟她说了一遍："就算是一夜情结下的果，这个人也不可能就这样了无痕迹，这不得不让我怀疑是哪个地方出了错。"

叶鸿想了想，道："你确实查了她所有的社会关系吗？"

"是，我们把她的社会关系全部扒了一遍，连手机通讯录、网络交友我都查了，不可能有疏漏。"

"把相关的法医学报告给我看看。"

所有的资料都在周昊宇的桌上，周昊宇抽出其中的几页递给她。叶鸿仔细地看了一遍，放下报告，想了想，又拿起来看看，道："我想重新做一个检验，也许能解开你心中的疑惑。"

叶鸿请王晓妍把女儿送回了家，自己则一头扎进了试验室，专心地去证实她心中的推想了。

叶鸿疲惫地从试验室里走出来，将一份法医学鉴定报告放在了周昊宇的桌子上。周昊宇拿起报告，直接翻到了最后的结果页，上面清楚地写道：通过DNA三联试验，确定了庄小美腹中孩子与平建军的亲缘关系，平建军就是孩子生物遗传学上的亲生父亲。

这个结论解开了周昊宇这么多天以来调查无果的结。前面陆显亮所做的DNA检测，结果与叶鸿所做的结果却大相径庭，怎么会出如此大的偏差？为此他们还以此为动机，将怀疑的重点锁定在了平建军的身上，这到底是怎么回事呢？

没等周昊宇问出口，叶鸿就解释道："我仔细检查了老陆所做的试验，他用的方法没有错，可是他做的试验并不完整，所以才会出现这样的偏差。"叶鸿稍顿，继续说道："每个人有二十三对（四十六条）染色体，同一对染色体同一位置上的一对基因称为等位基因，一般一个来自父亲，一个来自母亲。如果检测到某个DNA位点的等位基因，一个与母亲相同，另一个就应与父亲相同，否则就存在疑问了。从技术上来讲，父子或母子二人DNA亲子鉴定，也完全能达到要求。所以，我说老陆为孩子和平建军做的亲子关系鉴定，方法是没有错的。但是，父子或父女DNA亲子鉴定，有百分之一点四的可能，发生基因突变。在这种情况下，如是父子鉴定，可增加母亲样本或加做 Y 基因检测，同样可以获得准确结果。如果是父女鉴定，则只有增加母亲的样本才可检测出来。只有父亲、母亲、孩子三人都参加鉴定，才是完整的 DNA 亲子鉴定，因为三联体鉴定较单亲鉴定有更高的精确率，往往可以达到百分九十九或者更高。我看了老陆所出具的法医学鉴定书，上面说孩子是女孩，但老陆也只做了父女之间的单亲缘鉴定，而没有增加母亲的鉴定，这样出错率就会增加，所以我按老陆的方法重新做了一次，结果跟老陆的一样，我又增加了母体的 DNA 样本检测，最后得出了现在的结论，肯定了孩子与平建军、庄小美之间的亲子关系。"

经叶鸿一解释，周昊宇就明白了其中的关键所在。可是这样一来，杀害庄小美的动机究竟何在呢？难道这是针对陌生人之间的攻击？或是庄小美是某事件的知情人或目击者，这是杀人灭口之举？从庄小美从事出纳的工作性质来想，不是没有可能的。联想到这里，周昊宇有点懊恼了，自己以前将此案定位在家庭内部矛盾引发的血案，从而忽略了其他的可能性。案发已经半个月了，如果真如自己的猜想，证据是不是已被凶手销毁殆尽了呢？周昊宇安排人手分三路，一路人着重调查庄小美所在公司的财务账目问题；一路人着重调查庄小美被害前一段时间的日常生活，是否有不寻常的事件牵连到她；最后一路人则按陌生人之间的攻击来查。最后这一路人，问遍了巷子附近的每一个人，在案发时间段，没有一个人听到奇怪的声音，也没有人看见可疑的人出现过。凶手就像是空气一样，没有留下任何痕迹与线索。

从案发到现在已经过去了一个多月，案件的侦破却没有任何进展。一开始信心满满、忘我工作的刑警队员们进入了疲惫期，"命案必破"的承诺也成了一句口号。这是周昊宇上任以来遇到的侦破周期最长的单一案件了。

旅游旺季给城市带来经济利益，同时也带来了一系列其他的影响：游客的增加、夜生活的丰富，必然增加了盗窃、抢劫、性犯罪的发生率，刑警队不能将所有的警力用在一起案件上。周昊宇在无奈之下，不得不减少对庄小美案件的警力投入，将一部分警力分配到其他案件上。

"命案必破"，这是公安部的要求，也是他上任时的承诺，但现在，他不得不重新看待这起久侦未破的命案了。

以往都是以分析动机来锁定凶手，周昊宇这次决定放弃常规的刑侦思路，以凶手留在现场的痕迹物证和心理状态入手，来描绘那个动机未明的模糊影子。他重新翻看卷宗，修正了几个地方。写到最后一点时，周昊宇在纸上连续写了几个问号。他的眉头微微地皱了起来，十指交叉托着下巴凝神静思——这是周昊宇遇到了难以解开的谜题时常有的动作。

复杂的案情非但没有让周昊宇退缩，反而激起了他无穷的斗志。他剑眉倒竖，目光坚定，双唇紧闭，棱角分明的脸颊透露出坚毅。周昊宇浑身上下像一张拉满了弦的弓，充满了蓄势待发的力量。

最后，周昊宇站起身来在办公室里走了一圈，活动活动酸痛的肩膀。外面的天已经黑了，肚子适时叫起来了，提醒他还没吃晚饭。屋里还有一碗泡面，回去对付一顿吧。他关了灯，走出办公室，让他惊奇的是，重案组的成员一个都不少，连墨语都在，见他出来，都用一种期待的眼神看着他。

周昊宇说道："你们怎么都在？"凶案发生这么久却没有任何进展，队员们的精神状态已经进入了疲惫期。此时，周昊宇从大家的眼神里看到的却是临战前的兴奋。

王晓妍看着腕上的手表，笑道："你把自己关在办公室里六个小时三十七分，我就知道我们离破案不远了，所以我让他们都留下来，随时准备全力以赴，缉捕凶手。"

"恐怕这次要让你们失望了，我有了些新想法，可离破案还远着呢！"周昊宇摇摇头道。

"不管有什么发现，都与我们一起分享，这才是我们的团队精神！"王晓妍说道。大家都随声附和道："对啊，不能让我们在这空等半天吧。"

"那好，既然大家都在，那就把我一些还不太成熟的想法与大家共同探讨一下。申童，把这个复印一下，每人一份分发下去，我们坐下来讨论。"他把自己刚整理出来的信息打印了一份交给了申童。

大家围坐成一圈，每个人手里都有一份资料，周昊宇道："合上资料，先不要看我的分析。"大家都有些不解，但还是按捺住好奇心，照他的话合上了面前的资料。周昊宇继续说道："我们调查了这么长时间，凶手给我们留下了什么？我们又发现了什么？"

大家都想了想，然后摇摇头。苗靖道："凶手没有给我们留下任何可以追踪的线索，指纹、足迹、生物检材，还有死者的钱包手机都在，她也没有遭受性侵犯，什么都没有，连动机都没给我们留下。"

肖楠笑道："没有任何线索这本身就是线索。周队常说的话你都不记得了？"

"肖楠说得对，没有线索这本身就是线索。"周昊宇呵呵一笑，"如果光依靠凶手给我们留下的特征痕迹去破案，那么我们就落后凶手一大截了。刑侦技术在发展，我们的对手也在成长，我们必须掌握比凶手更高的技能，才有可能抢先一步在目的地等着凶手来自投罗网。"

大家都有些不解，申童突然道："周队，你说的是不是心理痕迹？国外已经在利用这种技术了。"

周昊宇点点头，王晓妍却不以为然："不管到什么时候，我们都是要靠物质证据来定嫌疑人的罪。"

周昊宇笑道："我没有否定物质痕迹在侦破中的作用，它是无可替代的。但是，我们的对手也在学习，现场留给我们的物质痕迹越来越少，只有心理痕迹是他带不走的，定罪靠物质证据，但心理痕迹可以指引我们的侦破方向。我们解析凶手的作案动机、受害人类型、作案模式、凶手个人特征、心理状态、居住区域以及他的作案区域选择等，你们能从中发现什么？"

肖楠想了想道："他没留下痕迹本身就有某种指向性，比如他有反侦查经验，可能代表他受过刑事处罚，可能在我们的档案库里有记录。"

周昊宇笑着看了看肖楠道："这个想法对路，但是现在从网络、从媒体，平常人都能学到不少反侦查的知识，不一定非得亲身经历处罚才能学到。我说的凶手的心理痕迹是他不可能抹去的。每个人的行为都受心理的支配，如果不受心理的支配，那这个人就是疯子。"

听到周昊宇的最后一句话，大家都笑了。申童说道："周队，你是不是说我们可以从他对受害者的伤害判定他的动机，进而逆向推导出他的个人特征？"

周昊宇满意地道："神童就是神童，果然见多识广。我们现在就利用这种方法来分析一下凶手留给我们的心理痕迹。你们谁先谈谈自己的看法？"

这种方法很新鲜，大家虽然听说过，却没有真正实践过，今天周昊宇突然问起，一时都沉默无语。周昊宇道："怎么都不说话了，不要总让我一个人唱独角戏。"

叶鸿催促道："你就别卖关子了，快说吧。"

周昊宇也不想再浪费时间，便说道："我们常说，如果一切的路都走不通，那我们就重新回到原点，从新的角度来解析所发生的一切。大家看材料。"

大家粗粗地看了一遍，紧接着细细地讨论他整理出来的这些线索：

"死者离家的原因是偶发因素，没有任何人能预料到。她从家里出来后，她的电话、短信、QQ、微信、E-mail 也没有向任何人发出过信息，就连载她离开的出租车司机，在她下车后还继续在城里工作。所以，死者与凶手的相遇不可能是提前约定的，她在案发时间出现在案发地点，也不可能有人提前预知，而是纯属偶然。"

看到这里，周昊宇向申童道："这些电子信息是你负责的，我有没有漏掉什么？"

"没有遗漏。"申童是负责信息工作的，所有相关的电子信息都是经他的手整理的，没有人比他更清楚。

大家接着往下看，资料上继续写道：

"如果属于偶然相遇，他不可能跟在死者后面进入巷子（死者的丈夫就跟在死者后面，如果是这种情况，他不可能没有看到凶手），那么凶手可能从死者的对面走来，或是从长春路口到案发现场这一段路程中的岔路上进入巷子（从长春路口到案发现场，死者所经过的巷子里有许多岔路相通）；二人相遇后如果发生争执或是搏斗，那附近的人或多或少应该听到一点动静，可走访附近居民的结果并不支持这个推论，且死者身上没有抵抗伤。如果这种情况不存在，在那种时间段，以死者当时的心理状态，她不可能跟随任何人进入案发现场，最有可能的便是，二人相向而行，擦身而过后凶手在大门前突然袭击了死者，死者被凶手勒住脖子拖进了院子。或是凶手在巷子的岔路上看到了死者，然后尾随死者至案发小院的附近，袭击手法是一样的（在她的脖子上只有一条很深的勒痕以及死者脚后跟丝袜上的擦痕可以得到印证）。"

看完这一小段，周昊宇说道："这是我关于凶手的袭击方式做出的推断，你们有什么不同的意见吗？"

"如果是熟人呢？这样死者就不会防备凶手，跟随他进入的可能性也是有的。"展文睿道。

"不可能。"周昊宇还没说话，苗靖马上反驳道，"即使是熟人，也没有一个女人会在晚上跟随他走进案发的小院。除非这个人是她至亲的家人。案发小院刚死过人，作为本地人且从小就住在附近的死者更不可能进去。因为她还怀着孕，按风俗是非常忌讳进入这种地方的。"

"更何况死者脚后跟的丝袜被磨得脱了丝，现场的地面上也有被拖拽的痕迹，不可能是死者自愿跟随凶手进入到小院里面的。"苗靖是从正常人的行为来分析，而王晓妍则是用现场的痕迹来反驳他的说法。

展文睿听她说得有道理，就不再说什么。大家没有异议，就继续往下看去：

"如果这个推论成立，那就产生了几个关于凶手的特征。

一、凶手一定是本地人或者是住在本地很久的男性。理由如下，对案发地段居民的情况很熟悉，对本地的风俗也很了解，这样才能知道被他选作行凶地点的小院办完丧事后，不会再有人居住，并且大门不会上锁。

二、凶手的居住地应该离案发地不远。理由如下，在案发地段，车辆很难进入，能进去的只有摩托车或电动车。摩托车的声音很大，在案发时间段，巷子中的居民没有听到有摩托车的声音。如果有交通工具，最有可能的也就是电动车，因为那片地域的居民，拥有家用汽车的很少，即便有汽车都会停在巷子外面。多数人最常用的交通工具就是电动车，所以经常有电动车停在街边，没有人注意停在路边的电动车是巷子里的居民的还是陌生人的。所以，凶手不是步行便是骑电动车。那个地段并非繁华的商业区，凶手在那个时间段出现在案发地段，他出现在此的目的是什么？"

"案发地不是商业区，没人会在那个时间去那里逛街或者是兜风吧。"肖楠说道。

苗靖马上响应他道："肖楠说得对。那他去那里干什么呢？那里住了很多人，三教九流，鱼龙混杂，即使凶手不是住在那里的人，也应该认识那里的居民，所以去熟人家串门也有可能。"

展文睿对全市的道路都比较熟悉，说道："他也不一定是去案发地点的人家串门，案发地段是一片旧式的居民区，好像已经被市里纳入了拆迁的规划中了，它的东北面是一片商业区，西面是长春路，如果想从一区到另一区，有两种选择，骑电动车或是穿过巷子去坐公共交通工具，穿过巷子是最近的，他也有可能是路过那里呢！"

展文睿说得也有道理，周昊宇在这里画上了一个大大的问号。

"三、如果二人之间纯属偶遇，凶器并非凶手就地取材，且凶手没有将凶器留在现场，可以排除二人偶遇发生争执后激情杀人的可能。从凶手随身携带凶器来看，凶手早有犯罪的冲动，如果在合适的犯罪时间和地点，遇到合适的攻击对象，他随时会展开攻击。既然是偶遇，二人应该并不认识，就不会存在恩怨情仇之类的世俗动机，那动机是什么呢？"

申童说道："国外的一些案例表明，在心理犯罪的案件中，凶手与受害者基本都没交集。从我们排除了所有的世俗动机来看，凶手攻击死者是为了宣泄某种异常情绪，动机应该是心理方面的。"

周昊宇点点头，向众人道："神童说得很好，关于犯罪动机，大家说说自己的看法，放开思路，说错了没关系。"

展文睿说道："会不会是死者身上有什么东西刺激到了凶手，才使他痛下杀手的？很多电视里都是这样演的，比如说穿的衣服或长得非常像凶手仇恨的人。"

周昊宇笑道:"很好,这是一种假设,大家可以像小展一样,大胆假设,然后我们去小心求证。"展文睿得到了鼓励,脸上的腼腆正在慢慢消退。

看没人说话了,王晓妍想了想才道:"我是做痕检工作的,所有的推测都得从凶手留下的痕迹得来,这几天我仔细看了法医的报告,我倒觉得死者腹部的钝器伤很耐人寻味。"

周昊宇笑道:"晓妍,你总是能一针见血,大家往下看。"

"四、法医结合现场的情况,给出了攻击的先后顺序,凶手是先勒死受害者,将她放倒在地面后,才用钝器攻击了死者的腹部。这种对尸体的残害行为,从心理学上来说,可能是泄愤行为,也可能是源于凶手有着异于常人的心理需求。他这异常的心理需求需要通过对死者尸体的残害得到满足。"

叶鸿回来后,陆显亮就回到了九夷分局,在交接工作前,叶鸿详细地与陆显亮讨论了这起现在还没有侦破的案子。当周昊宇目光看向她的时候,叶鸿道:"通过尸体在现场呈现出来的状态,也能印证周队的判断。"

得到了法医的肯定,别人也不再有异议。他们继续看下去:

"五、如果动机真是心理方面的,那么,在受害者死后,她只有腹部遭受到了凶手的攻击?据一些案例表明,针对陌生人的攻击,特别是针对女性的攻击,动机多半与性有关。受害人死后所遭到攻击的部位多在性敏感区,根据法医的验尸结果表明,受害人除了颈部的致命伤之外,只有腹部有钝器伤,其余地方没有受到攻击。死者只在腹部遭受到了死后的攻击,说明死者的腹部比别的地方更能引起凶手的兴趣,虽然腹部也算是性敏感区的一部分,而死者异于平常女性的就是她腹中有一个正在发育的胎儿。难道凶手的目标并不是死者,而是受害者腹中的胎儿?从他针对死者腹部的攻击来看,他对死者是一击致命,没有多余的伤害,而对她的腹部则是反复击打,那么是不是就意味着,杀死受害人不过是针对目标的控制行为,杀害她肚子里的胎儿才是他的真正目的?那么他的动机可能并非是因为异常的性需求,而是一种针对胎儿的仇恨行为。他为什么仇视死者腹中的胎儿呢?"

第十章　攻击理论

看完这一大段，会场里鸦雀无声，这些人里面没有人擅长犯罪心理分析。展文睿看完后，暗暗地吐了吐舌头，他前面还说死者被害有可能是因为她长得或穿得像凶手仇恨的人，这些从电视剧里看来的杀人动机，根本就没有找到支持的证据。周昊宇所得出的每一个结论都来源于对线索的分析，而自己却胡乱瞎猜，好在周昊宇没有责怪他，反而一直在鼓励他。

见众人都不说话，周昊宇只得问道："不要等着我一个个来问，都大胆说说，说错了也没关系。"众人的想法大致与展文睿相似，周昊宇的推论并非凭空猜测，而是根据痕迹物证推理出来的结论，确实不好推翻。

肖楠说道："周队，你上面的分析有理有据，我们自然不会有别的看法。如果把案件定性为心理犯罪，那么针对胎儿的攻击是不是意味着凶手有反社会人格？"肖楠跟周昊宇在一起的时间长了，知道他的原则是大胆假设、小心求证，所以，他总是想到什么说什么，不像别人那样，说之前都再三斟酌，生怕说错了惹人笑话。

"哦？"肖楠的说法颇有新意，周昊宇非常愿意听到这样的推论，"说说原因？"

"因为，孩子是未来，是希望，杀死了孩子就是毁灭了未来和希望。反社会人格的人仇视社会，与这起案件中凶手表现出来的心理状态是不是能统一起来？"

周昊宇表面上没有提出异议，其实在心里暗暗摇头。肖楠对反社会人格的理解太流于表面了，肖楠偏爱搏击、射击、追踪等技能，读的书不多，对于心理学方面更是一知半解。周昊宇鼓励道："这算是一种推论，还有没有其他的推论？"

周昊宇虽然没有反驳他，但是申童却不客气地道："反社会人格是一种从小就出现的品行问题，这种人多好斗、经常撒谎、偷东西、毁坏公物、诈骗、抢劫、勒索等，有这种人格障碍的人做事冲动，不计后果，没有是非观念，没有悔过表现，也不会留下这么干净和有条理的作案现场。所以，我不认同肖楠这种观点。"

肖楠吐吐舌头，笑道："神童，读过书的人就是不一样，说出话来都有理有据的。"

申童笑道："我只是说出自己的看法，可不是针对你。"

肖楠咧嘴一笑，拍拍申童的肩膀，道："好了兄弟，我以后也多读点书，不能被你比下去。"

听肖楠这么说，申童便知他没往心里去。肖楠不是小气的人，如果有申童比着，以肖楠争强好胜的性格，说不准真能多用点功，多读点书。

申童道："会不会是凶手被孕妇伤害过，这是一种针对某一类人群的报复行为？"申童经常参与整理省里的案件资料，也看过一些心理类犯罪的资料，所以他说出来的话还算靠谱。

周昊宇道："神童这话有些技术含量。"

王晓妍却道："这种动机也可以成立，但法医报告上说，死者除了脖子上的致命伤外，就只有腹部被攻击过，我还是赞同周队的观点，孩子才是凶手主要攻击的目标，杀死受害人不过是达到目标而采取的手段而已。"

申童不再说话了。看到众人没有异议，继续看下面：

"六、从死者所躺的地面上有脚后跟的蹬擦痕迹来看，死亡过程持续了几分钟，并非即时毙命，由此可以推测凶手的力量不是很大，身材应该偏瘦弱，所从事的应该是非体力劳动的工作。再加上有此类心理障碍的人，因为长期受自身情绪的困扰，势必身心都饱受煎熬，吃不香，睡不稳，一般不会很健康，身体大都会比较瘦弱单薄。"

这个推论是从袭击的力量来判断凶手身体特征和工作性质，别说犯罪者，就连刑警队员破不了案子，大家都会吃不下、睡不着的，人瘦是正常的，所以刑警队里没有一个大腹便便的胖子。对于这一点众人更是没有异议。

"大家有什么不同意见或是新的看法吗？"最后周昊宇向众人问道。

"你从简单的行为分析出了这么多凶手的个人特征，如果凶手作案针对的是死者腹中的孩子，那这种目标的背后，凶手又有着什么样的心理需求呢？"王晓妍蹙着眉问道。

王晓妍问出了关键，大家纷纷将目光重新聚焦到了周昊宇的身上。

"关于这一点，我还有些地方想不透。"周昊宇也蹙起了眉头。

"我们知道你这次进修肯定收获颇丰，想到多少说多少，最看不得你这么吞吞吐吐的样子。"王晓妍不满地说道。

大家也随声附和道："是啊，说出来大家一起讨论呗。"

周昊宇微笑不答。王晓妍喝了一口杯中的水，换了个角度问道："我想知道，从心理学的角度，是什么引起了人类的攻击？"

"你这个问题问得有点大，我一时还真不知道该怎么回答你。"周昊宇沉默了片刻，突然以非常轻蔑的眼神看向肖楠，言辞也变得刻薄起来："肖楠，你除了鼻子好使点以外，其他的你还会什么？"

肖楠诧异地看着他，有些不相信地反问道："周队，你在说什么啊？"大家一时没有反应过来，都不知道周昊宇怎么突然"性情大变"。

周昊宇用更加不屑的声音道："就你这鼻子，比个警犬还不如，叫你写个报告都错字连篇，语法混乱，我真不知道，当初是抽什么风，才把你从特警队要过来！"

肖楠听到这里，由惊转怒，变了脸色，站起身来，直瞪着周昊宇，大声问道："周队，我在你心里就这么没用吗？你真的后悔要我来刑警队吗？"大家也吃惊地张大了嘴巴，不知道刚才发生了什么，让周昊宇突然转了话锋，开始针对肖楠。

周昊宇用眼角斜着扫了他一眼，撇着嘴角微微一笑，那种笑容让肖楠心底火起，周昊宇更是长长地叹了口气："哎——真话永远难听。"

当着大家的面，周昊宇话说得这么尖刻，肖楠脸色变得愈加难看，他抑制不住心头的怒火："周队，你太过分了！我哪里做得不好了？你要这么侮辱我！"他拿起桌上的水杯猛地往口中灌了一大口，一半的水从衣领灌进了身上。由于愤怒，肖楠的手微微颤抖，五指用力捏着水杯，然后他手一挥，将水杯重重地摔在了地上："你如果真这么看不起我，这刑警队我还不待了，明天我就打报告回特警队。"

周昊宇看着火候差不多了，一把拉住肖楠，笑道："肖楠，别生气，刚才的话我是故意那么说的，就是要让你生气。"

肖楠不信，甩开他的手，转身欲走。王晓妍一把拉住了他道："别冲动，周队刚才不是说了嘛，他是故意这么说的，他肯定有他的用意，你听他说完再走也行。"

肖楠愤怒地甩开了王晓妍的手，不客气地道："你跟他什么时候都是一条战壕的，别拉我。"

苗靖也拉住了他道："肖楠，你听完周队要说的话再走。"

肖楠转头向苗靖道："在你心里，我是不是也像周队说的那样？"

苗靖看着他道："当然不是，你还当真了，周队就是跟你开玩笑。"

周昊宇赶紧说道："肖楠，看苗靖都比你明白。晓妍刚才不是问我，是什么引起了人类的攻击嘛，我正是在用实例回答她。"

听他这么说，肖楠明白了。

周昊宇站起身来认真地对肖楠说道："肖楠，我不该拿你做试验，我跟你道歉，对不起！"

"我没那么小气，我刚才是在想，你这么做是想告诉我，引起攻击的原因是愤怒对吗？"肖楠的气来得快也去得快，看周昊宇跟他道歉，就坡下驴地坐回了椅子上。

周昊宇看肖楠不生气了，又把话题拉回到了刚才讨论的主题上："应该说对，但只是太片面了，你刚才的愤怒是为什么？"

"我觉得自己太失败了，原来我在你眼里那么无能，我有一种从未有过的挫败感。"肖楠回想着自己刚才愤怒的原因，斟酌道。

周昊宇脸上露出会意的笑容，王晓妍恍然道："哦，我明白了，你是想告诉我，引起攻击的诱因是挫败感？"

周昊宇道："答对了，第一个解释挫折和攻击之间关系的是弗洛伊德，他在早期的著作中就提出力比多受挫会导致攻击。当我们寻求快乐的冲动受到阻碍时，就会体验到一种攻击障碍物的'原始反应'。"

肖楠问道："我插一句，力比多是什么意思？"

周昊宇答道："是支配本能的心理能量，这种本能是人类的原始本能，包括我们饿了就会去寻找食物、渴了想喝水、冷了想加衣服、成年以后会有性的冲动等，如果这些本能的欲望遭遇到阻碍，我们就会产生攻击障碍物的冲动。后来弗洛伊德又提出了死亡本能的概念——塔那托斯。弗洛伊德认为，每个人都有一种毁灭自己的本能欲望。由于自我在充分发挥着作用，它不允许人自我毁灭，于是这种本能就转向他人。"

王晓妍听得饶有兴味，问道："昊宇，给我们详细说说。"肖楠也把椅子向前拉了拉，生怕听不清。

周昊宇微微一笑，继续说道："看在你们这么认真的分上，我就讲讲。新精神分析学派修正了这个理论，并对人类的攻击行为进行了研究，具体的试验我就不讲了。我问你们，你们有没有过这样的经历，在考试前夕，有些单词怎么也记不住，记住了后面忘记了前面，你知道这些是考试必定会考的内容，可就是怎么也记不住。之后会怎样呢？你可能会一拳打在桌子上或是将书扔得老远。你们有没有这样做过？"

苗靖"咯咯"笑道："当然有过，还不止一次！"

展文睿也笑道："我要是投球老是不进，我就一甩手把球扔得老远。"

周昊宇道："我们都有过那样的时候，明知道那么做于事无补，却还是那么做了，为什么呢？因为我们遇到了挫折，感受到了挫败，这让我们的心情非常不愉快，我们必须把这种因为挫败引起的紧张感或焦虑发泄出去，这就引发了我们的攻击本能。"

"这么说，是挫折引起了人类的攻击性，我这样理解应该没错吧。"

"没错，但还是失于片面，并不是所有挫折都能引发攻击，只有当挫折阻碍了我们获得愉快的体验，从而引发了我们应对这种挫折的反应机制——攻击。"

申童思考了半晌又问道："当一个人遭遇到挫折的时候，是不是让他把由挫折引起的紧张和焦虑通过某种渠道发泄出去，就不会再有攻击行为了呢？"

周昊宇摇摇头，道："有些人已经这样尝试过了，一些心理治疗师建议病人捶打塑料玩偶或用泡沫橡胶拍子来发泄这种紧张，从而摆脱潜在的暴力行为，但是结果表明，虽然当时的紧张得以缓解，可是，攻击不仅不会导致一个人攻击的可能性降低，相反，攻击行为实际上强化了攻击的倾向。"

展文睿不解地问道："我似乎也听说过这种治疗方法，可是为什么会增强攻击的倾向呢？"

"尽管攻击能够使紧张情绪暂时得到一定的缓解和宣泄，但它也可能增强攻击的倾向，而不是像预期的那样降低攻击倾向。首先，攻击行为会导致日后对攻击的放纵。我们多数人对在身体上伤害他人都有很强的克制力，但是，一旦冲破了这一约束，以后就很容易攻击他人了。"

周昊宇说到这里，叶鸿点头道："不错，就像一个人第一次杀人时，心里会很纠结和犹豫，可当他真的杀了人后，他就不再犹豫，最后就会无所顾忌了。这是在我们办案过程中得到过验证的。"

周昊宇继续说道："亲身参与的攻击行为会加倍刺激我们采取更多的攻击行为，就如我们前面说的，有了第一次就有第二次、第三次直到第 N 次。最后，由于攻击能够减缓压力，使人感到放松，攻击行为就更加受到鼓励，从而变成一种主要的宣泄途径，就像吸毒一样无法戒除。"

申童问道："由于受挫而引发的攻击案件中，有一部分是针对陌生人的，这些被攻击的对象身上是不是有让他受挫的人的影子？"

周昊宇把他的话思量了一下道："正常情况下，受挫人对攻击对象的选择一般是直接攻击或间接攻击，还有会迁怒于他人，我们这起案件中对陌生人的攻击应该算是迁怒形式中比较特殊的一种。"

"周队快讲，我们洗耳恭听。"展文睿把椅子向前拉了拉，身体坐得笔直，像一个小学生一样恭恭敬敬地道。

周昊宇喝了口水，继续说道："人类遭到挫折后，最可能的攻击对象就是给他造成挫折感的对象，比如一个人受到了老板的批评，他直接对老板进行谩骂或采用暴力攻击，这就属于直接攻击；如果他不敢直接攻击老板，而是在工作中消极怠工或是散布中伤老板的谣言，这就属于间接攻击了；还有一些人没有选择直接或间接的方式来进行攻击，而是把这种情绪发泄到自己家人、同事或是物品的身上，这是一种迁怒。"

说到这里，周昊宇指着地上被肖楠摔碎的水杯，半开玩笑道："刚才被你摔碎的水杯就是迁怒的结果，我伤害了你，你没有直接攻击我，也没在背后中伤我，而是摔碎了手中的水杯，水杯就成了你迁怒的牺牲品了。在迁怒攻击中，有一种特殊的形式，就是你刚才说的，被攻击者身上有让袭击者受挫的人的影子，或是容貌很像，或是穿一样的衣服、开一样的车等，这种情况就多了，如果单从一起攻击案，是很难总结出受害人是什么地方引起了凶手的攻击欲望。但就本起案件中，受害人特征明显，多余的攻击行为非常醒目，我才会分析死者腹中的孩子才是他的主要攻击对象，杀害死者不过是达成目的的控制行为。"

叶鸿突然说道："还有一种可能，那就是我自己得不到，别人也休想得到，我得不到的就要毁灭掉。我们以前办过的案子中就有这样由极端心理引发的案例。"

王晓妍眼中精光一闪，道："确实有不少这样的人，就如恋人中的一方提出分手，对方不能接受，然后就用一种极端的方式来达到永远占有对方的目的，那就是把对方毁灭。我得不到，别人也休想得到，这也适用于你刚才的挫折攻击理论。凶手把这种挫折引发的攻击情绪迁怒到陌生人身上，比如说凶手本身存在着生殖方面的障碍，可能会产生一种我不能有自己的孩子，别人也不能有的变态想法。当他看到孕妇体验到这种挫败感时，如果在适合犯案的时间和地点里出现合适的攻击目标，他便可能展开攻击，杀死孕妇并攻击她腹中的孩子，以发泄由挫败引发的紧张感。"

周昊宇却不说话了，王晓妍问道："怎么，你不同意我这种分析吗？"

"我也想过你说的这种可能性，理论上说是有这种可能的。"

"假设我刚才对凶手动机的分析正确的话，你判断凶手身材不高、力气不大，那么凶手也有可能是女人，可你为什么把凶手界定为男性呢？"

周昊宇沉吟了半晌才道："凶手是女性的可能性并不大。"

"为什么？女性也会遇到这种情况。"

"当然，什么事情都不是绝对的。只是，现在社会是一个男权社会，虽然法律没有规定，可是按人们的普遍观念，孩子继承的是父亲的姓氏，延续的是男方家族的血脉，只有男孩才可能让自己家族的血脉绵延不绝，这也就是为什么今天仍存在重男轻女的思想。尽管孩子是女人生的，孩子身上也有一半的遗传基因来自于母亲。但是，男人还是会更在乎孩子是不是自己亲生的，他身上是不是流着自己家族的血。举一个现实的例子，在传统的家庭里，如果夫妻一方遇到了生育障碍，如果有问题的是男方，女方可能会选择领养孩子或采取违法的方式收买或偷盗婴儿以达到有孩子的目的。而如果是女方有生殖障碍，若不是感情基础非常深厚的夫妻，大部分男性会选择离婚，从而再去寻找可以为他生子以延续血脉的女人结婚。而凶手如果是个女人，她遇到了这种挫折，可能会通过某种渠道得到孩子，更有甚者，有些女人可以容忍丈夫借腹生子，用来保全自己的家庭，而男人鲜有做出这种举动的。

"遇到同样的挫折，男性和女性所选择的应对措施也会不同。如果女性遇到这种情况，她一般不会选择攻击孕妇来发泄内心的焦虑，因为这并不能解除她在现实生活中的困境。即使有攻击行为，也会转向内部，如抑郁、自残，甚至自杀。而男人会以暴力的方式来向外界发泄内心的不满，或是做出我得不到别人也休想得到这种毁灭式的行为。"

这些话在男性听来可能有些刺耳，却是不得不承认的事实。虽然现在出现了不少丁克族，可那毕竟是城市中的个别行为。

大家不得不点头承认，申童道："如果凶手生活在一个传统家庭，又因为独生子女的政策，他成了家里唯一的孩子，这种家庭中的儿子，从小被寄予厚望，遇到生殖障碍，出现犯罪的概率会更大。经周队这么一分析，凶手的家庭背景几乎就呼之欲出了，他非常可能是家里的独子，已婚多年或离异，无子女，三十到四十岁之间。"

看着周昊宇没有反驳，申童正为自己的结论暗暗得意，肖楠却说道："如果周队分析的动机成立，那么凶手也有可能是年纪更大的单身男性，他们更有可能因为这个动机杀人。"

周昊宇摇摇头："人的需求分为五个层次，生理需求、安全需求、爱和归属的需求、尊重的需求和自我实现的需求。并且，人的需求总是由低到高逐级形成并逐级满足的，较低层次的需求得到满足后，较高层次的需求才会出现。我们首先要解决生存的物质需求，即生理需求，然后才是精神层面的需求。中国有句古语叫'饱暖思淫欲，饥寒起盗心'，说的就是这个道理。"周昊宇笑着反问肖楠道："一个连老婆都娶不上的饥渴男人，你认为他对孩子的兴趣会超过对女人的兴趣吗？"

虽然很贴切，听周昊宇说得那么露骨，在座的几位女士还是稍稍对他侧目。周昊宇见自己表述得有点过了，便轻咳一声接口道："还有一点，在他犯罪的前一段时间，他的生活中一定出现了刺激他神经的事件，这个事件就是他犯罪的应激源。一切都是有因果的，只是看我们能不能找到。"

"凡事的爆发总有一个诱因，这也是能帮我们锁定他的一个特征。"肖楠兴奋地说道。

苗靖兴奋地拍掌道："周队，我们以后是不是像美国 FBI 那样，坐在电脑和案卷面前，边分析边在网上搜索，然后就直奔凶手的家里去抓人？"

申童"嘿嘿"一笑道："如果是那样就好了，我根据你们所描述的人物特征在人海中搜索，然后根据搜索到的信息锁定嫌疑人，这不跟美国大片一样嘛。"随即，他又叹了口气道："如果我们的网络系统也能像 FBI 的网络系统那样就好了，一个人吃什么、用什么、买了什么我们都可以查到，我相信凶手在我面前将无所遁形。信息组随时准备全力以赴！"

申童的话让所有人热血沸腾，进入了一种临战前的兴奋状态。

这种工作方式，展文睿只在电影和电视里见过，他很庆幸自己能加入团队，能亲身参与这种他想都不曾想过的调查方式。他在心里暗暗告诉自己，一定要有出色的表现，一定！

王晓妍思量了半天，几次欲言又止。周昊宇问道："晓妍，你想说什么？"

王晓妍见问到自己，便说道："如果真如你所分析的那样，这个凶手还会犯案，且会针对同一类型的受害者。"

申童说道："晓妍说得对，如果周队分析对了，那这个凶手就有可能是一个连环杀手，相似的案件很可能会再次发生。"

周昊宇皱了皱眉道："这也正是我担心的。所以我们要和凶手抢时间，在他犯下新的案子前将他缉捕归案。"

王晓妍道："我倒有个主意，我们在捕鱼的同时，钓鱼怎么样？捕鱼的面积太大，我们何不为他准备一些可口的鱼饵，坐等他上钩呢！"

周昊宇没有回答，王晓妍继续道："如果我们刑警队的人脸太熟，我们可以从别的部门调一些女警过来协助我们的工作。"

展文睿忙响应王晓妍的提议："晓妍这个办法好，有鱼饵还怕他不上钩。"

周昊宇想了想还是摇摇头，道："这个办法不是不行，只是现阶段还用不着。再说，我也不能为了破案把你们置于危险的境地。"

王晓妍试图说服周昊宇："当警察哪有不危险的，我们毕竟还有一定的防卫能力，总比毫无还手能力的孕妇要好；再说我们去钓鱼，你总会派人保护，我们有备而来，怎么会轻易让他得手。"

最终周昊宇还是否决了王晓妍的提议，王晓妍知道他决定了的事不会轻易更改,也就打消了继续说下去的念头。

肖楠这次倒是什么都没说,可他相信,这个案子会破的,因为他相信自己的同事,相信自己所在的团队是最出色的。

周昊宇收起面前的一大堆分析报告,道:"好了,今天就到这里吧。大家早点休息,明天全力投入到案件的调查中去吧。"

新的案情分析模式在刑警队试行,队员们既感到新鲜又多少带着点质疑,都想看看效果如何,所以,还没到上班时间,重案组的人都齐集会议室,有了昨天晚上分析的凶手动机,周昊宇重新描绘了凶手的特征:

一、凶手的居住区域大致就在案发地附近的区域,本地人或长期居住在本地,对案发地段很熟悉;

二、男性,三十到四十岁之间,体形较瘦;

三、从事非体力劳动或半体力劳动的工作;

四、家中独子,成婚多年或离异,无子女;

五、在第一起案件前夕,他的生活中发生过特别的事件,可能是亲人离世、失去工作、经济陷入困境、妻子的背叛或离开等。

看到这简洁明了的总结,加上昨天晚上的分析,庄小美命案凶手的大致轮廓已被描绘出来。这种在没有任何物质线索的情况下,单纯依靠心理痕迹而分析出的嫌疑人特征,是一种全新的工作方法。大家满怀好奇,纷纷摩拳擦掌、跃跃欲试。

刑警队派出了大批警力,在划定的区域内,对常住人口、暂住人口和流动人口逐一排查,在各街道办以及各社区的协助下,调查细化到区域内居住的每一户、每个人。

刑警队除了留下必要的内勤人员外,所有的人员都派出去了,有了这个分析,已经把茫茫的"人海"缩小到了"人湖"。他们在做的事就是要把沉在湖里的那根针捞出来。

案发区域居民众多,本土居民与外来居民混杂。有些房子虽然登记在本地居民名下,但很多房屋所有人并不居住于此地,而是将房子出租给了外地人或是进城务工人员。这些人很多没有办理暂住证,更有甚者,连出租房屋的户主都不知道租房者的真实身份,只管收取房租,其余一概不问。因此调查不能有效地利用户籍管理系统进行筛选,只能采用一室一户,走访到具体人的方式。调查起来费时费力,进度缓慢。加之这是海曲市的雨季,天气时雨时晴,也给外勤调查带来了一定的难度。民警们都是一身雨两脚泥,辛苦自是不言而喻了。

汇总了所有的线索后,周昊宇让大家早早下班了。这样没日没夜地工作,就算铁打的人也会撑不住。

而他自己则往办公室走去,经过技侦组的办公室时,他看到王晓妍坐在桌前,正捧着一本书看得入神。她盯着手中的书,一只手伸向放在桌上的一个巧克力盒,摸了半天却没摸出东西来,便把目光转向包装盒,里面已空空如也。她拿起盒子想丢进垃圾筒,最后还是舍不得,又将盒子放在了桌上。周昊宇看到这里,转身回了自己办公室,回来时,王晓妍还在专心地看书,对于他的离去又到来毫无察觉。

"怎么?巧克力吃完了?"

周昊宇突然出现,把王晓妍吓了一跳。她抬头时,看到一脸笑意站在门外的周昊宇,笑道:"你什么时候来的?你这样悄悄地站在人身后,吓了我一跳。"

周昊宇背着手走进来,问:"看什么呢?这么专心。"

王晓妍将手中的书递到他面前,那是一本约翰 道格拉斯的纪实作品《心理神探——美国联邦调查局系列犯罪破案揭秘》。周昊宇笑道:"这么用功,下了班也不回家。"

王晓妍拉了张椅子给他:"从你当了队长,让我们这些一直待在试验室的技术员也能参与案件的侦破过程,我就越来越喜欢工作了,都觉得回家没有在办公室踏实。"

周昊宇在她对面坐下,道:"看来我的改革还是挺成功的,你们这样积极工作,我很欣慰,但是也要劳逸结合才行,我可不想把你们都变成工作狂人。"

"我们再变也变不成你这样的,除了破案对别的东西都不感兴趣,你是不是预备把下一届的福尔摩斯神探奖收入囊中啊?"王晓妍笑着打趣道。

周昊宇呵呵一笑,道:"干我们这一行的,谁不对这个奖项垂涎三尺,但那是真正实力的对决,我还差得远呢!就拿眼前的案子来说,我就一筹莫展!"周昊宇把她放在桌子上的巧克力盒扔到了垃圾筐里,一直背在身后的手伸到王晓妍面前:"给,就知道你应该吃完了。"

他拿的是一盒包装精美的白巧克力,王晓妍脸上露出暖暖的笑意:"别担心,我们会破解的。一定!"她打开盒子,递了一块给周昊宇,自己也剥了一块含在嘴里,巧克力的醇香在唇齿间萦绕。王晓妍闭上眼睛,一脸陶醉地道:

"你又给我买巧克力,真好吃!我以后要是吃成一个大肥婆可怎么办?"

周昊宇不喜欢吃甜食,接过来便放在了桌上,道:"你这么努力工作,这是奖励你的。就咱们这工作强度,你就是把巧克力当饭吃也不会胖。再说了,你就是胖了也一样漂亮,不用担心。"

王晓妍听了心里甜甜的,非常受用。周昊宇适时地合上她面前的书,说道:"你应该去谈谈恋爱约约会。工作只是我们生活的一部分,不要让它成为我们生活的全部。"

王晓妍看着他,嘟起嘴道:"我也想,可是没人约我。"

周昊宇笑道:"只要你把标准稍稍放低,想约你的人能多到一个加强连。"

王晓妍的脸上无限失落,看向他的眼神也满是哀伤,道:"我只想找一个和我彼此相爱的人,一起相亲相爱地生活,这个要求太高吗?"

这样的要求是人之常情,可又有多少人能真正如愿呢?周昊宇无法回答。王晓妍继续道:"可现实却是我爱的人不爱我,爱我的人我不爱。与其勉强和一个自己不喜欢的人在一起,还不如像现在这样,专心做自己喜欢做的事,心无顾忌地喜欢自己喜欢的人,这也未尝不是一种幸福。"

周昊宇听得心酸,却也无可安慰,只能说道:"晓妍,你这么优秀他都不爱,只能证明这个男人有眼无珠,不配拥有你的爱,这样的男人不值得你为他浪费感情。一定会有更优秀的男人在等着你,你会幸福的。"

"人生自是有情痴,此恨无关风与月!爱没有值不值得,只有愿不愿意。"王晓妍看着窗外,幽幽地说道。周昊宇在她脸上看到了一种从来没有过的凄婉,让他一瞬间失神了。王晓妍转过脸时,已经绽出一个无比灿烂的笑容:"有些人连一个值得她可想可盼的人都没有,岂不是更悲哀?至少我心里还有一个可牵挂的人,只这一点我就比很多人幸福了。"

看到王晓妍强装豁达的笑颜,周昊宇既懊恼又心痛,自己本意是安慰她,却惹得她伤心,周昊宇不由动容:"晓妍,我——"王晓妍打断了他的话头:"昊宇,不要说了!就一直这样下去,我别无所求!"话说到这份上,周昊宇也不知再说什么才合适,二人相对无言,气氛一下子陷入了沉寂。

第十一章 血染雁栖湖

阴雨连绵后的初晴,晚上出来散步的人也就骤然增多了。雁栖湖位于九夷区,紧临穿城而过的玉带河,河水成湖,加上湖中亦有泉眼,水温恒定,秋季常有大雁在此栖息歇脚,因而得名。湖中莲叶田田,接天映日,零星的红莲白荷点缀其间;岸边绿树葱茏,高大的乔木和低矮的灌木被修剪得错落有致,掩映着盘旋曲折的小径,四季花木应时而开,时时飘来一阵幽香,让人闻之欲醉。

雁栖湖广场便是依湖而建,广场正中有一双大雁雕塑,雕塑周围是环形的喷泉。在交错的灯光下,泉水以各种不同的姿态向观众展示着自己的魅力。多日不曾有的广场舞蹈音乐又重新响起,一些上了年纪的大爷大妈在音乐的节拍下纷纷起舞。直到十点,响亮的广场舞音乐才稍稍减了音量。年轻人则分散在各个角落,享受着这空气清新、温度适宜的迷人夜晚。

一辆出租车由南往北行驶,在靠近公园中段的路边停下来。车子还未停稳,车门便被急急打开,一个男人急不可待地下车,没走两步,就在路边扶着一棵树吐了起来,随后车上又下来一个男人,脚步同样有点摇晃,他边拍着那个男人的后背边笑道:"酒量不行就别逞强,说你不行还不服气。"

正在呕吐的男子是海曲市九夷区长春路派出所的民警孙明光,给他拍背的男子则是海曲市公安局宣传处的宣传干事墨语。孙明光听了不服气,擦了擦嘴角回道:"谁说我不行,你比我也好不到哪去,要是不服咱们接着——"话还未说完,便又弯腰吐了起来。

墨语被呕吐声感染,自己的胃也禁不住一阵翻涌,深吸了一口气,努力压下了呕吐的欲望。然而,呕吐的欲望随即被排泄的欲望取代,他的膀胱涨得难受,喝下的酒水太多,急需释放压力。他四下看看,周围并无行人,他避开错落的灌木丛向里面走去,停下后左右四顾,还是觉得不妥便又向里面走了走,直到从外面看不到了,这才解开裤子一泻而下。

压力得到释放,墨语的身体感觉轻松了不少,树丛中鸣蝉吟唱,花香清幽,他站在原地定了定神,回身向外走去。才走几步,只听左侧的树丛中一阵音乐响起,是一首英文歌。音乐声一直响,他有点好奇,便朝声源处走了几步,一点微弱的亮光从草丛里照出来,声音正是从那里传来的。谁的手机掉在那儿了?墨语这样想着,便举步向亮光走去。他本身已有七分醉意,又要避开错落的灌木,便被地面的东西绊了一下,微带醉意的身体失去平衡,一下子趴在了地上。这时,那只手机的音乐也戛然而止,手机屏幕也随即暗了下来。

他暗骂一声倒霉,双手撑在地上想要站起身来,左手无意中按到了一个物体。他感觉不对,那个东西温软绵柔,还带着微热的温度。他心里一惊,忙站起身来,按亮手机中的手电筒,光束亮起,他弯腰查看,眼前的情景让他醉意顿时全无,一屁股坐在了地上。在他面前的灌木边,一个女人正躺在草丛中。

这时外面传来另一个男子的叫声:"老墨,好了没?走了。"

墨语没有回答,注意力全在地上的女人身上,警察的直觉让他有一种不祥的预感。由于手机的光亮有限,他只看见躺在地上的是个穿裙子的长发女人,裙摆被掀起一半。那女人双目圆睁却一动不动。墨语心说不妙,大着胆子将手按向女人的颈部动脉,已毫无反应。他再摸摸女子裸露在外面的胳膊,体温与正常人并无多大差别,显然女子刚死不久。

墨语虽是警察,却只是一个宣传处的文职警员,没有参加过命案现场的勘查。在深夜的树丛里突然发现一具女尸,让他不由得心跳加快,呼吸粗重。这时,那只掉在草丛里的手机又突然叫了起来,墨语吓得一哆嗦,一屁股坐到了地上。这时外面又传来那男子的叫声:"老墨,你在里面睡着了?"

男子循着亮光走进树丛,墨语喊道:"别进来,这里有命案。"

男子脚步为之一滞,接着反而加快了脚步。有墨语的手电光做向导,他几步便走到了墨语的身边。借着手电光,现场的情景也让他为之一震,他看到墨语正对着地上的女子发呆,忙想伸手去试女子鼻间的气息。墨语伸手挡住了他:"不用试了,已经死了。"

二人正说着话,一直等在外面的孙明光也循着声音寻来,眼前的情景让他的醉意立时就醒了一半。"天啊!怎么又是死人?"孙明光惊呼道。

男子拿出电话就要拨出去,墨语问道:"你要干什么?"

"干什么?"那男子奇怪地回问道,"这句话不应该从你嘴里听到,平常人都知道要报警,何况你还是警察。案子发生在我的辖区,我马上召集我的队员来勘查现场。"男子正是海曲市公安局九夷分局的刑警队长张显。

墨语拦住了他,道:"这个案子你还是不要插手了,上报给市局吧。"

张显一愣,墨语接着说道:"现在所有的大案都要上报局里,再说了,这个案子很可能与市局刑警队正在侦破的命案有关,所以,我马上打电话给周队长。"

孙明光在一边问道："老墨，你的意思是？"

墨语向孙明光道："前段时间不是发生了一起类似的案子嘛，现在还没有侦破，还是发生在你的地头，这么快你就忘了？"

孙明光恍然大悟道："你是说发生在秋枫巷的案子？"

张显奇怪地问道："怎么回事？"然后又看向孙明光问道："你知道？"

墨语边拨号边说道："一会再跟你说。"孙明光则将张显往外拉了拉道："详细情况我告诉你。"

墨语马上拨通了周昊宇的电话："周队长，我是墨语，我在雁栖湖广场东侧的树丛里发现一具女尸，你们快点过来。"

接到墨语的电话时，周昊宇和王晓妍正相对无言。电话适时地打破了二人之间尴尬的气氛，他们立时将频道切换到了工作模式。

十几分钟后，刑警队的人赶到了雁栖湖广场东侧。孙明光的酒醒了大半，出租车的司机被要求留下来做证，也站在路边。

墨语早已等在路边，看到周昊宇忙迎了上去，没等周昊宇开口，他便已将发现尸体的经过详细地说了一遍。他、孙明光，还有其他的几个朋友在离雁栖湖广场不远的地方聚会，因为明天是休息日，所以几个人也就无所顾忌地灌了不少酒，在回来的路上便发现了女尸。

根据墨语的指引，警员们很快将现场周围封锁了起来，并拉起了警用强光灯。虽在夜晚，现场也如白昼一般。雁栖湖的广场上仍有不少人，看到这么多警车鸣着警笛呼啸而来，都好奇地围过来，想一看究竟。

刚到案发地点附近，肖楠深吸了一口气道："空气中有血腥味，肯定有出血。"肖楠在刑警队中的外号是警犬，对于他的话，周昊宇并不怀疑。他们拨开面前的灌木丛，只见地面上的女尸呈仰卧状，长发有一半盖在脸上一半堆在脑后，一双眼睛瞪得溜圆，目光中满是惊恐和绝望。她身穿一件浅色的连衣裙，下摆被红色的液体浸透。女尸丰满的两腿之间是一摊血污，上面有一个团在一起的肉块状的东西，这情景令他的心脏急速收缩了一下。周昊宇赶紧拨开盖在女尸颈间的头发，一道带状的深色勒痕赫然出现在苍白的脖子上。

周昊宇担心的事情还是发生了，女尸与庄小美的死状一般无二。直觉告诉他，凶手又出现了，便转了个念头，对叶鸿道："先不要动尸体，我马上就来。"

他把等在一边的墨语叫来，问："看一下，你看到现场的最初状态是这样吗？"

墨语道："就是这样，我知道你需要最原始的现场，所以我没有动过任何东西。"

叶鸿向周昊宇道："死者是窒息死亡，死亡时间不超过一个小时。"周昊宇看看表，现在是晚上十点二十六分。他接到了墨语的电话时是十点十二分。也就是说，凶案发生的时间就在九点半到十点十分之间。

不一会，人群中就聚集了大量的记者，闪光灯频频闪烁，记者还不时对阻止他们进入警戒圈的警员提出采访问题。

王晓妍已经清点了散落在一边的皮包，里面有钱包、纸巾、钥匙、折叠雨伞。"死者叫林瑜，二十七岁，身份证上登记的住址在九夷区望海路海魂小区。钱包中的银行卡、身份证、现金都在，没有被翻动过。"她汇报道。

看着越来越多的围观市民，新闻媒体越聚越多，周昊宇知道影响这么恶劣的命案，如果不能尽快侦破，公安局所面临的压力自是可想而知。其中首当其冲的便是刑警队，而自己更是站在风口浪尖上。

痕检人员几乎进行了地毯式的搜索，而苗靖很快就通过死者手机中的通讯录与死者的家人取得了联系。死者的家人正在赶过来。

肖楠则仔细摸底附近散步的市民，收集案发现场的线索。展文睿调取了周围各个方位的监控录像，准备回队里后仔细查看。

一直持续到天快亮勘查才结束。

这是一个再平常不过的夏夜，跟其他的夏日夜晚没有区别，可是，对于刑警队的人来说，这注定是一个不平常的夜晚。

受害人刚刚死亡，还不能解剖，法医只能对尸体进行初步检查，结果还没有出来。这时警员通知周昊宇，死者的父母和姐姐到了。

在接待室里，一对六十多岁的老夫妇与一个三十岁左右的女子正抱头痛哭。

周昊宇走进接待室，苗靖介绍道："这是我们周队长，负责您女儿的案子。"她又向周昊宇道："这是林瑜的父母和姐姐。"

正抱头痛哭的母女二人这才抬起头。"周昊宇！"死者的姐姐叫道，看着周昊宇有些疑惑的面孔，那女子又道，"我是林琰，高中时我们同班。"

"林琰，原来是你。"周昊宇也认出了她。她是周昊宇高中时的同班同学，毕业后各自考入了不同的大学，之后也没什么联系，这么多年过去了，一时真的想不起来。

死者母亲看到女儿与周昊宇认识，上来拉着周昊宇道："周队长啊，听你们的同志说,我女儿小瑜出事了,你们应该弄错了吧,小瑜还那么年轻,她又没得罪什么人,怎么会有人害她呀?"

林琰也道:"真的是我妹妹吗?你们是不是弄错了?"

周昊宇理解她们的心情,只得把从现场拍摄的死者照片给二人看:"林琰,你看看,这是不是你妹妹?"

那是一张毫无生气的脸,照片上的女子双眼圆睁,一道显眼的勒痕赫然出现在细白的脖子上。林琰一看,眼泪刷地就下来了:"这是小瑜!"

林母也凑上前来,她只看了一眼,便晕了过去。林琰一把扶住了母亲,老爷子也上来一边捶背一边揉胸。周昊宇忙让人把叶鸿叫来。叶鸿翻开林母的眼皮看了看,又把手搭在手腕的脉门上试了试,然后用手指掐住了老太太的人中。几秒钟后,老太太一口气缓了过来,便爆发出声嘶力竭的痛哭声。她喊着女儿的名字,令人心碎。林琰也在旁哭得说不出话来,老爷子一边哭一边劝慰老伴,生怕她再晕过去。

即便周昊宇见惯了这种场景,此时也不由心酸。他知道这时候任何劝慰的话都苍白无力,只有尽快抓到凶手,才能告慰死者的亲人。

在老伴和女儿的安慰下,老太太才稍稍止住了哭声。像所有的死者家属一样,他们要求再看一看自己的亲人。虽然有了思想准备,可当他们看到躺在解剖台上的死者时,老太太又一次晕倒在解剖室里。幸好叶鸿在,说她只是急痛攻心,休息一下就会没事。

林琰哽咽着向周昊宇道:"先让我爸妈回家休息吧,有什么事问我,他们再受不了刺激了。"周昊宇让警员将老爷子和老太太送回去后,硬着心询问林琰。

林琰哭得哽咽难语,不知道从什么地方说起。

周昊宇递给林琰一杯水,足足过了十分钟,她才稍稍冷静了一些。周昊宇这才问道:"你妹妹林瑜是做什么工作的?"

林琰喝了口水,定了定神才道:"小瑜是新英中学初中三年级的英文老师。"

"我们发现林瑜的地方是雁栖湖公园的绿化带中,据我们法医推测,林瑜的死亡时间在今晚的九点半到十点之间,你知道她晚上去哪里了吗?"

"她肯定是在从学校回家的路上遇害的。因为她带的是毕业班,就算是晚上的自习课,她也不肯在家休息,坚持跟她的学生们在一起,雁栖湖公园就在她家去学校的路上。她听人说多走走,生孩子的时候会顺利些,每天就坚持步行来回,她每天上学放学都会经过那里,"说到这里,林琰又哭得哽咽难语,"她一定是在回家的路上被坏人盯上了,我在十点多的时候给她打了电话,当时她没有接听,我以为她已经回家了在洗澡,所以就没再打,谁知道发生了这样的事情。"

周昊宇递过纸巾给她:"她丈夫呢?是做什么工作的?"

"我妹夫是驻地的海军少尉,正在值勤,我们已经通知他了,他应该一会儿就到。"

原来林瑜的丈夫是军人,周昊宇长长地吸了一口气,他知道,自己面临的压力更是非同一般了。

周昊宇又问道:"你知道你妹妹有得罪过什么人吗?"

林琰想了半天才道:"小瑜是个很单纯的女孩子,除了她学校的老师和学生外,她很少接触别的人。她都怀孕六个月了,晚上仍然坚持去陪她的学生,我想不出怎么会有人对她下手。"

"你妹妹跟她丈夫的感情怎么样?"

"你们不会是怀疑她丈夫吧?"林琰反问道。

周昊宇并不直接回答:"例行询问,在没查清真相前,我们不排除任何一种可能性。请把你知道的都告诉我,以便我们尽快缉捕凶手。"

"他们感情挺好的。"

"给我们说说你妹夫这个人吧!"

"我妹夫跟我爱人是战友,我爱人觉得他人不错才介绍给我妹妹的,没想到二人一见钟情,很快就进入了热恋,半年之后就结婚了。我妹夫家在驻地,生活比较单一,接触的人也都是驻地的人,连异性朋友都很少。加上结婚没几个月,我妹妹就怀孕了,全家人都很高兴,妹夫更是除了忙部队的事,其余的时间都陪着我妹妹,二人还像是处在蜜月期,没有发现他们之间有什么矛盾。"

"林琰,今天晚上九点到十点这段时间你在什么地方?跟谁在一起?"

"怎么这么问?周昊宇,你怀疑是我害我妹妹的吗?"林琰一脸不可思议地反问道。

"林琰,对于与死者有关的人,我们都会这么问,不是特别针对什么人。"

看着周昊宇诚恳的面庞,林琰答道:"我在家陪女儿写作业。"

话刚问到这里,两名身穿海军军装的男子急匆匆地走进了刑警队。值班员将二人带进了周昊宇所在的接待室,看二人的肩章,一人是上尉军衔,一人是少尉军衔。林琰看到二人,眼泪又止不住地流了下来,迎上前哽咽道:

"伯俊、少雄,你们终于来了。小瑜她被人害死了!"

那名少尉正是死者的丈夫简少雄,他沉声问道:"姐,你说的是真的吗?"

林琰点点头道:"我们刚才看过了,是小瑜没错。"

简少雄呼吸变得沉重起来,他身体微颤抖,双拳攥得咯咯直响,眼睛盈满了泪水,极力忍住不让它掉下来。他向周昊宇问道:"你就是这里的负责人?"

周昊宇点头道:"我是案件的负责人周昊宇。"

"周警官,到底是怎么回事?"

周昊宇看向那名站在一边安慰林琰的上尉男子。那人自我介绍道:"我是林琰的爱人郑伯俊,跟林瑜的爱人简少雄是同部队的战友。今天晚上我们俩都在军区值勤,值勤记录应该能作为证明。"

周昊宇这才简要地向他说了一遍发现林瑜的经过,还没等周昊宇问什么,简少雄道:"我要看一看我的妻子。"

周昊宇带他们去了解剖室,简少雄久久地看着躺在解剖台上盖着白布的妻子。他伸手在林瑜的脸上轻轻地抚摸过,他的动作那么慢,那么轻柔,像是怕惊醒了沉睡中的妻子一样,眼泪也不受控制地掉了下来。他迅速地擦去脸上的眼泪,声音冷入骨髓地道:"小瑜,你放心,不管是谁害死了你和孩子,我都不会放过他!"说完,他转过头看着周昊宇道:"周警官,你们查到什么线索了吗?"

周昊宇摇摇头道:"现在还没有,我也正好有些问题想问你,我们去外面谈吧。"几个人重新回到了接待室。"你知道林瑜最近得罪过什么人吗?"周昊宇问道。

简少雄摇头道:"她那么单纯,一心扑在她的学生身上,我想不出什么人会憎恨她。"

"那你呢?"周昊宇又问道,"有没有跟什么人结怨?"

"你什么意思?难道你怀疑是与我结仇的人害死了小瑜?"简少雄反问道。

"我们要排除所有的可能性,所以要从动机入手。"

简少雄道:"我家在外地,我又生活在部队,跟小瑜一样,接触的人很单一,没有跟什么人结下过怨恨。"

他也并不能提供更多的线索给警方。周昊宇与叶鸿对望了一眼,脸色都变得凝重起来。二人心里都说着同一句话:那个凶手出现了。

简少雄觉得二人神情有异,带着疑问的神情问道:"周队长,有什么问题吗?"

周昊宇道:"你们先回去吧,有什么进展我会及时通知你们。"

两拨人都送走了,周昊宇才来到解剖室。因为死亡时间不足二十四小时,尸体没有解剖,叶鸿正拿着放大镜,对着死者脖子上的勒痕进行仔细检查。她看到周昊宇走来,就开始汇报初步的尸检结果:"死者眼球突出,眼睑膜有点状出血,颈部有一道勒痕,勒痕宽二厘米,表面有交错的花纹,勒痕处有表皮剥脱现象,分析凶器是带状物,有可能是尼龙绑扎带,这是造成死者窒息死亡的直接原因。"然后她又掀起盖在死者身上的白色布单,指着她的腹部对周昊宇道:"你看,经过几个小时,她腹部的伤痕更明显了,是钝器造成的。"

周昊宇点点头,在人来人往的公园里,即使是在绿化带,也难保不会有人经过,更有像墨语一样,钻进树丛中去解决个人问题的。凶手不可能在作案后长时间留在现场,为了安全,他也必须马上离开。周昊宇继续问道:"还有别的吗?"

"除了脚后跟上留下的青草摩擦痕迹外,没有抵抗伤,也没有其他的伤痕了。"叶鸿将庄小美脖子上的特写照片与林瑜脖子上的伤痕放在一起,二者的形状几乎完全相同。两人对望了一眼,半响之后,叶鸿才道:"看来你前面的分析是对的,我们面对的是一个连环杀手。"

看着外面已经透亮的天空,周昊宇沉默了。手里提着早点的警员急急忙忙地走进来,说:"周队,大门口聚集了很多记者,要咱们就最近的案子向市民做个说明,还有路过的市民也在围观。"

昨天晚上的案子发生在那么热闹的公园,当时就有不少记者,引起轰动是肯定的,只是周昊宇没想到会这么快。申童也走来,道:"周队,你快来看看。"

周昊宇跟着他来到了信息组的办公室,申童面前的电脑屏幕上打开了很多网页,他一条条地打开给周昊宇看。那是各个网站的头条,标题都用醒目的字体和颜色标出,还配了一些照片。周昊宇没时间细看内容,光看标题已经够耸人听闻的了。

《海曲市多名孕妇被害,凶手动机不明——一份来自警方的内部消息》
《海曲何日得太平,问责海曲市公安局》
《变态杀手再酿血案,无辜孕妇惨遭杀害》
《海曲惊现食婴魔,多名孕妇被杀,腹中胎儿现迹餐厅》
《泰国巫术小鬼降,就在你身边!》

……

越往后看，标题越离谱，怎么耸人听闻就怎样写，丝毫不顾及受害人家属的感受。申童道："周队，我们的麻烦大了。"

"所以我们必须得尽快破案，把这恶劣的影响降到最低，不能再有人被害了。"周昊宇刚说到这里，康维生推门走了进来，面沉似水地问："大门口的那堆记者是怎么回事？"

"我正要向您汇报，昨天晚上又发生了命案，受害者是一名孕妇！"

康维生眉头微微皱起，道："那帮记者的消息怎么那么快？"

"昨天的案子就发生在雁栖湖公园的绿化带中，当时公园里还有很多人，那么多的警车，他们自然是闻风而动。"周昊宇无奈地道。

"又有这样的案子，我为什么没有接到指挥中心的通报？"

周昊宇的喉头嚅动了一下才道："昨天晚上的案子，墨语是第一发现者，他直接报给了我，没有经过 110 指挥中心。"

"以后再有这样的案子，你要及时向我汇报，不管什么时候。"康维生也看到了电脑屏幕上打开的网页，越往后看，他的眉头皱得越紧了，"你有线索了吗？"

周昊宇犹豫了，不知道该不该将自己的判断说出来。康维生还是比较了解他的，说："有什么话就直说，这里没外人。"

周昊宇这才道："康局，虽然尸体现在还没解剖，但是从初步的检验来看，跟一个月前被害的那名孕妇的死亡方式极其相似，我想这决不会是巧合。据我推断，这是同一个凶手所为，并且是心理犯罪的案件。"

"说说你的依据！"

还没等周昊宇说话，门口的警卫急匆匆地走进来，道："局长，大门口被记者和市民围住了，您快去看看吧！"

康维生向申童道："让办公室去处理一下，不能透露案情也不能激化矛盾，去吧。"他又转头看向周昊宇。周昊宇道："这次的受害人是现役海军少尉的家属，事情会闹大，我想咱们心里得有准备。"

康维生长长地吐出一口气，刚劲的脸上没有过多的表情："如果真如你所言，那么这将会是一个系列案件，你有侦破的思路吗？"

"有，在这起案件发生前，我就已经着手按这个思路来查了，只是刚刚找到破案方向，昨天晚上就又发案了，加上这起案件，更加肯定了我的判断，但是，对于侦破这类动机的案件，我们没有经验。"

康维生盯了他一眼："前段时间你参加的犯罪心理进修班，现在正可以派上用场,放开手脚去做,抓紧时间破案。准备一下,我召集各相关人员开个会,成立专案组,调度多个警种配合侦破工作。光你刑警队怕是难以应付这复杂的局面,其他的事情不要牵扯你的精力,我要你腾出手来,专心破案。"康维生边说边往外走去。

周昊宇知道,打硬仗的时候到了。

第十二章 军令状

在局长的紧急召唤下，公安局各部门负责人、分局各主要部门的负责人、各片区的派出所所长都坐到了会议室里。

康维生看该到的人都到齐了，便清了清嗓子道："这么紧急地把大家召来，是因为昨天晚上发生了一起恶性凶杀案，死者是一名孕妇，案发的地点就在九夷区雁栖湖公园的绿化带中。"他说到这里顿了顿，用眼睛扫视了在座的人一眼："这样恶性的凶杀案，就发生在人来人往的公园里，凶手的胆子是越来越大了，这是在嘲笑我们警方的无能！"

"不错，他就是在嘲笑你们警方的无能！"一个洪亮的声音响起，大家都往门口看去。门随着声音的响起，被"嚯"地推开了，这突然出现的几个人让所有人都是一愣。康维生看到来人，忙站了起来，其他人也随着站了起来。

来人是市里主管政法刑侦工作的副市长刘志强，走在他前面的是一个身材魁梧的海军上校，跟在上校后面的那名少尉周昊宇认识，正是案件中受害人林瑜的丈夫简少雄。康维生忙将三人领进了会议室，跟在他们后面的秘书则关上了会议室的门，同时也把自己关在了外面。

刘志强介绍道："这是海军陆战队的方茂林团长，这是简少雄排长。"周昊宇在康维生耳边小声道："那个少尉就是受害人的丈夫。"

康维生忙伸出手去，向上校道："方团长，您好！我是康维生。"

方茂林盯了他一眼，最后还是伸出手去，礼节性地与他握了一下："康局长，我这次来是为了我们团简排长爱人被杀一案，想向公安局要个说法。"

康维生忙请几人坐下，刘志强首先说道："你们正在开会，那更好了，对于简排长爱人被害一案，市委领导非常重视，本来柳书记要亲自来的，可是因为有事走不开，所以就命我陪方团长来公安局走一趟。柳书记指示你们，务必尽快破案，将凶手绳之以法，还受害人以公道，还海曲市一个太平的环境。"

康维生道："接到报案后，我们刑警队的同志第一时间赶到了现场，并进行了仔细的现场勘验，现在技侦和法医正在工作，我们马上建立专案组，部署下一步的侦查方向。"

方茂林用严厉的目光逐个将在座的警官扫视了一遍，最后目光落在了康维生的脸上，语带质问地道："我们的官兵在前方为国尽忠，我们的亲人在后方不能拥有一个平安的生活环境,让我们的官兵怎能没有后顾之忧?不能保障后方人民的平安,你们公安局还有存在的必要吗?"

最后这句话说得近乎无礼了,没等康维生说话,周昊宇把话接了过来:"首长,我们在接到报案后,第一时间就依程序展开了刑侦工作。生命都是宝贵的,每一条生命在我们眼里都没有高低贵贱之分,都是我们所珍视、重视的。谁也不想发生这样的事,可既然发生了,我们会尽全力侦破,还死者以公道,还海曲以太平。"

方茂林不由得将目光转到了他的身上:"你是谁?"

周昊宇道:"我是刑警队的周昊宇。"

方茂林听罢,将他上下打量了一番,道:"刑警队的新任队长,我听说过你,海曲市公安局最年轻的中层干部,三十一岁就做了刑警队队长。只是我不知道,你是凭什么做到的?"

这句话对周昊宇简直就是侮辱,部分警官脸色也变了。周昊宇却不卑不亢地答道:"从警九年,我一直在刑警队工作,只要是我负责的案子,侦破率百分之百,结案率百分之九十五以上,未结案的一部分并非没有被侦破,而是嫌疑人潜逃外地没有被抓获,这些案件中没有一例冤假错案。请您相信,这个案子我们也一定能侦破,我保证。"

"好!"方茂林一拍桌子,道,"我要的就是你这句话,那你什么时候能结案?"

方茂林之意不在挑衅,而是激周昊宇自己表态,立下军令状。但眼下这个案子有点棘手,能不能结案、什么时候结案,周昊宇也不能保证。方茂林继续追问:"怎么,刚才还说自己战绩赫赫,到了该拿出态度来的时候就畏缩了?"

刘志强适时地说道:"方团长,案件的侦破不是能预测的,公安部明文不能限期破案,周队长刚才也保证了能尽快将此案侦破,我们应该相信他。"

"不限期不是无限期,我就给你半个月的时间,如果破不了,你自己最好脱警服走人,别等我再找你们公安厅的领导!"

还没等周昊宇说话,刘志强接过话头道:"方团长,您为了自己人这样给他施压,传出去也不太好,让老百姓街头巷尾议论,会影响军民关系,对部队也不好。半个月的时间确实难为他了,我看就以一个月为限,如果一个月他都破不了一个案子,那时候再处置他,我想他自己也没话说了。"刘志强的话说得比较含糊,只说了处置他,并没有说一定要他离开公安局。方茂林如何听不出其中的关窍,眉头一皱正要说话,康维生忙站了出来,道:"好,我们就以一个月为限,如果到时候还破不了案,我作为公安局的负责人,跟他一起承担领导责任!"

看到为了给自己争取破案时间,局长都押上了自己的前程,周昊宇心中感动。他嘴动了动,康维生知道他要说什么,侧首瞪了他一眼,示意他不要说话。

方茂林还在犹豫,刘市长也不想让他把事越弄越大,捅到省里对谁都没好处,只得继续说道:"方团长,本来这个案子已经弄得市里人心惶惶了,只有人心安定了,社会才能安定,现在是多事之秋,我们不能再人为地把影响扩大了。他们都是最优秀的警察,我为他们担保,请相信我,也相信他们。"

方茂林也不过是为了给警方施加一点压力,让他们尽力而已,他也不想把关系弄僵,既然目的已经达到,他也见好就收。他不由放缓了语气道:"既然刘市长都为你们作保了,我就相信你们。我不管你们用什么方法。总之,一个月后我要见到凶手落网。"

送走了刘市长与军区首长,会议继续进行,在康维生的主持下,周昊宇向与会的人员简单地介绍了案情:"昨天晚上,也就是九月十日,在九夷区雁栖湖公园小广场东侧的绿化带内发生一起凶杀案,受害者林瑜,二十七岁,怀孕六个月,是新英中学初中三年级的英语老师,受害人是在陪学生晚自习放学后,在回家的途中被杀害的。因为她是现役海军军官的家属,案发地点又是在雁栖湖公园,所以才造成了今天这么恶劣的影响。"

周昊宇说到这里停住了,看到大家都不说话地盯着他,便接着说道:"死者的社会关系简单,通过对她家人的访问,并没有发现死者与人结怨或是与人有感情纠葛,我们在案发现场发现了死者的手机、钱包、手指上的戒指、脖子上的项链等财物都还在,便初步排除了劫财的可能。对于凶手的作案动机,还需要深入调查。"

"周队长,我打断一下。"张显却在这时插了进来,说,"一个多月前,同样在九夷区、同样是一名孕妇被杀、同样是被人勒死,那个案子至今未破,这难道不是由同一个凶手犯下的系列案件吗?"

周昊宇本不想让更多的人知道这个情况,张显在会上说了出来,他也不能回避,只好说道:"没错,七月二十八日,具体地说,案件发生在七月二十七日夜里,我们是在七月二十八日接到报案,本市九夷区长春路的秋枫巷发生了一起杀人案,受害者是一名二十六岁的女子,本市人,怀孕五个月,娘家就居住在案发地附近,她同样是被人勒死的,从现场和尸检,发现死者指甲缝里的血迹是其丈夫的。最初,我们将嫌疑人的目标锁定在了死者的丈夫平建军身上,可我们对嫌疑人进行了调查,最后排除了他作案的可能。之后我们对受害人进行了深入的调查,排除了情、仇、财、色、是某件事的知情人被灭口、受害人能带来巨大经济利益等世俗动机,我们正以心理犯罪为动机的针对陌生人的攻击展开调查。"

看到大家都在聚精会神地倾听,周昊宇继续道:"昨天晚上的这个案子,我们暂时也没有找到作案动机。并且,无论从两人被害的方式,还是受害人选择以及凶手留在现场的行为痕迹,我们初步判断这是同一个凶手所为,所以想并案侦查。我们正从模拟特征下手,排查符合这一特征的嫌疑人,这项工作正在进行当中。"

他说到这里,沙峒分局刑警队的周正说道:"打断一下,昨天晚上的案子从案发到现在仅仅过去十几个小时,对受害人你们了解多少?对她的社会关系你们又能了解多少?虽然凭现场遗留的痕迹,你可以排除劫财和劫色的可能,但是,你们怎么就能排除由情仇引发的犯罪呢?周队长,仅凭你上面说的这几点就断定是同一凶手所为,并案的条件并不充分吧,这是不是有点草率?"

他的质疑有点突兀,但是周昊宇还是解释道:"按传统的刑侦思路来并案,条件确实不是很充分,我们也并未完全放弃传统的以判断作案动机来锁定嫌疑人的方式。只是,我们要双管齐下,两套侦破思路同时推进,以确保破案的进度。"

康维生道:"此案影响之恶劣大家都已经看到了,各媒体和市民对我们的质疑大家也听到了,如果只是个案,那当然最好,我们只要逐个侦破就好,可要真如之前刑警队所判断的那样,是由一个凶手犯下的系列案件,犯罪动机是心理方面的,那就意味着,如果我们不尽快破案,还会有同样的受害人出现在我们的视线里,我决不允许这样的案件继续发生。刚才大家也看到了,刘市长给我们争取了一个月的时间,我们要在下一个受害人出现前将凶手缉捕归案。破案重要,可是预防犯罪更是重中之重。所以,我要求巡警、特警、交警把人手都撒到大街上去,加大巡逻的频率和范围,要做到全时段、无死角地巡查,各分局、派出所、联防大队也加大辖区内的治安巡查力度,配合刑警队的排查工作,把发生在各分局辖区内的非重大刑事案件都自己消化掉,让刑警队可以腾出手来专心将案子侦破。刑警队如果遇到什么困难直接向我汇报,由我来协调配合工作。公安局是一个整体,一荣俱荣、一损俱损,谁都不要只想着独善其身。"

再没有人出声，会场顿时陷入了一片死寂。九夷分局刑警队队长张显突然问道："周队长，你刚才说在这起案件发生之前，你就在按照心理犯罪的思路来排查模拟嫌疑人了，有线索了吗？"

周昊宇道："还没有。"

张显沉吟了一下，转头向康维生道："我有个想法，想得到局长的支持。"

康维生点点头道："你说。"

"两起案子都发生在我们九夷区，所以我们分局刑警队有责任与市局刑警队并肩作战。我建议让我们与市局刑警队一起参与案件的侦破。"

他刚才说话时，九夷分局的孙局长就拿眼斜看着他。显然张显没有与他商量就提出这样的建议，让他有点措手不及。现在大家对这个案子都躲之不及，而他却要一起蹚这潭浑水，弄不好功劳没有，责任却揽上了身。他脸上表现出不悦的神情，只是当着这么多人不好训斥他。而张显却装作没看见孙局长的脸色，只盯着康维生。

看到张显这样的神情，孙局长在心里暗暗恼怒：公安局老一辈的人都知道，康维生当年与周昊宇的父亲周成栋是搭档、是战友。周成栋牺牲后，康维生接替周成栋成为刑警队长，一路从副局长做到局长的位置，他对周昊宇更是视如己出，并一手将其提拔起来，二人的关系非常亲密。周昊宇遇到了困境，如果在大家都明哲保身、袖手旁观时，张显选择跟他站在一起，案子破了，功劳自不必说。康维生更是会对自己的心腹爱将另眼相看。这个张显，看来是不满足分局的队长了，他一定是盯上了市局刑警队一直空缺的副队长一职了。

张显的举动，让康维生感到非常欣慰，并不是所有人都选择明哲保身、隔岸观火。他把目光转向了九夷分局的孙局长，孙局长顺水推舟地道："小张说得没错，我们分局愿尽全力协助刑警队。"

周昊宇也非常意外，他跟张显并无多少交情，而对方却在所有人都沉默的时候选择与自己一起承受压力，不由心里感到了一丝温暖。但他也看到了孙局长的脸色，最后还是说道："孙局，张队，谢谢你们的好意，在调查的过程中，我们也得到了分局和各派出所的大力协助，在此我表示感谢。如果有需要，我再向你们求助，这样可以吗？"虽然有人帮忙是好事，可有一些刑警队以外的人加进来，工作起来效率也未必会高，所以他委婉地拒绝了。

听到他这样说，张显还想说什么，孙局长侧头，横了他一眼。毕竟孙局长才是他的直属领导，张显也不能全无顾忌，只得转头看着康维生，希望他能支持自己。康维生理解周昊宇的处境，更了解这其中的微妙心理，便也说道:"这样吧,如果刑警队有需要,可随时向各分局求援,各分局也要与刑警队紧密配合,争取早日破案。"他虽然没有明确地表示支持,但看向张显的眼神中,显然有褒奖的成分。

连局长都这样说,各分局更没有异议。康维生站起身来道:"我就说这些,都下去安排工作吧。"

周昊宇自从看到张显的提议引起了孙局长的不快,也不想让张显难做,便走到孙局长身边,诚恳地道:"孙局长,谢谢您的支持!"

孙局长呵呵一笑,打起了官腔:"小周,对于你的工作,我们是全力支持的,有什么需要我帮忙的尽管说。我们都是一家人,不要见外。"

张显走在后面,周昊宇暗暗拉住了他:"张队,你也看到了,市里面现在对刑警队的工作非常不满,刑警队现在正处在风口浪尖上,我不想在这个时候把你也拉下水。"

张显挠了几下头,一脸无所谓:"案子都发生在九夷区,我们也有责任,在这个时候,我们更应该通力合作,有人分担总比一人扛着要好。有什么需要告诉我,我一定全力以赴。"

听到这么贴心的话,周昊宇心里暖暖的。谁说人情淡薄,在这个时候,还是平时没多少交情的张显向他伸出了援手。

这一天过得着实不容易,周昊宇回来虽然什么都没说,但会议室发生的事情,队员们还是能猜到几分。队员们都憋足了一口气,一定要在最短的时间内捉到凶手。虽然都三十几个小时没休息了,却没有一个人叫累。看到他们这样,周昊宇心里既心疼又欣慰,他必须让警员们放松一下,不然这样下去工作效率会下降。他向正在埋头工作的队员们拍拍手道:"破案子,费脑子也费体力,我请大家吃夜宵,想吃什么随便点!"

大家这才停下手中的工作,有的喝口水,有的站起来伸个懒腰,有的揉揉发酸的眼睛。还没等有人发出提议,肖楠从外面进来,手里提着一大堆吃的东西,他将东西放到桌上,向大家喊道:"都歇会儿吧,周队请吃夜宵。"

大家都有点诧异,这还没点呢,东西就已经送到了,这是什么速度?连周昊宇都有点愕然,肖楠将盒盖打开,包装分成了几份。几个装点心的纸盒子里装着四色点心,绿的是水晶薄荷糕,紫的是紫薯玫瑰卷,黄的是凤梨酥,红的是红枣马蹄羹。点心造型精致,甜香引诱着人的味觉,令人忍不住想拈起一块,细细观赏。

一大壶饮品是酸梅汤,申童取了出来。肖楠对围过来的人道:"别抢,人人都有份，都拿自己的碗过来。"

展文睿拈了一块做成玫瑰花形的紫薯玫瑰卷在手中，上下左右地看了够，口中赞道："我还没见过做得这么漂亮的糕点，简直就是艺术品，看着都不忍下口！"

申童嘴里塞了一块凤梨酥，又抓了一块水晶薄荷糕在手里，口齿不清地问道："这糕点做得真不错，甜而不腻，周队，你在哪个店订的？以后的夜宵我们就订这家的，行不行？"他话音刚落，墨语随声附和道："对啊，我在外面都没见过有卖这样的点心的，是不是新开的店，告诉我在哪里。"

周昊宇被他们七嘴八舌问得一头雾水，只得含糊道："大家要是喜欢，以后再给你们叫。"他向肖楠努了努嘴，转身向自己的办公室走去，肖楠会意，将东西三两口填进嘴里，随后又拿了一块跟了进来。周昊宇向肖楠问道："你请客就请客呗，别这么装神弄鬼的。"

"我哪有搞鬼，根本就是你请客。"肖楠心中暗笑，脸上却一本正经地说道。

"到底怎么回事？我没心情跟你打哑谜。"周昊宇不欲与他多费唇舌，一边翻着桌上的卷宗，头也不抬地问。

"有人亲自做了送来的，还以你的名义请客，让大家都领你的人情。你说这不跟你请的一样吗？哎，我哪有这样的好福气，有女朋友肯为我做这样的事。"肖楠装模作样地感慨道。

周昊宇愣了一下，随即明白过来，忙问道："这些东西是她送来的？"

肖楠叹道："不是她还会有谁这样细心。"

周昊宇一拍额头，懊恼地道："她今天回来，我说好了去接她，可是这一忙起来就把什么都忘了。她人呢？"

肖楠道："东西送到大门口，她给我打了个电话，让我说是你请大家吃的，然后就回去了。她跟我说，如果你问起来，就告诉你她回来了，如果你没问，就让你吃了东西早点休息。可能她知道你很忙吧，不想占用你的时间。"

周昊宇收拾起桌上的文件，向还在外面吃东西的同事道："吃完东西，抓紧时间休息，都缓一缓。"

周昊宇直接开车来到了晨辉花苑。在楼下，看到那扇熟悉的窗子里亮着灯，他的心里有一股暖暖的气流在身上涌动；看到那束灯光，想象着那个等自己下班的女子，他不禁心潮澎湃，三步并作两步地上了楼，敲响那扇熟悉的房门，里面传出一个清脆的女声："哪位？"

他抑制不住声音中的兴奋："是我。"

女声隔着门答道："如果没什么要紧事，明天再来吧，今天太晚了。"

周昊宇在门外笑道："有非常非常非常要紧的事，别调皮，快开门。"门被打开了，一个蝶眉凤目的窈窕女子出现在门内，脸上露出温暖的笑容。周昊宇上前一把将她拥入怀中，闭上眼睛，将头埋进她的发间，呼吸着她身上的体香，喃喃地道："杜若，可想死我了。"

半晌杜若才推开他，嗔怪道："还不快进来。"二人牵手进了门，周昊宇恋恋的目光依旧盯在她的脸上："我今天忙得连换衣服的时间都没有，说好了去接你的，可一忙起来就忘了。杜若，对不起！"

"你没来接我，我就知道你忙，我打车回来时，路过公安局大门口，看到很多人围在那儿，是不是发生了什么事？"她从厨房端了一份早就准备好的茶水和点心给他。

周昊宇叹了口气道："每天还不都是那些事，案子、案子，什么时候都有破不完的案子。"

杜若看到他脸颊消瘦，双眼中布满了红红的血丝，神情憔悴，心疼地说道："自从认识你以来，还没见过你这么焦头烂额，案子很棘手吗？"

周昊宇转过头看着她道："是，一个连环杀手，两件命案，两尸四命。"

杜若吃了一惊道："这么严重？"

周昊宇点了点头，道："昨天晚上，又有一名孕妇被杀了，她是一名现役海军军官的家属，军区的首长今天找到了公安局，逼我们立下军令状，一个月内要是不能侦破并抓获凶手，不止是局长和我要引咎辞职，只怕我们公安局领导班子也要大换血。"

杜若沉默了片刻才道："现在不是不让限期破案吗？"

"是，可这个案子涉及军区，军区给市里压力，市里自然加码后把压力转到公安局。现在整个海曲市人心惶惶，破不了案，我有不可推卸的责任，就算没有领导的施压，我也必须尽快侦破；这才对得起我头顶上的警徽。"

杜若握住了他的手，似乎这样能给他力量，说："你不是已经分析出了他的许多个人特征嘛，找到他只是时间问题。"

周昊宇反手握住了她的手道："我们刑警队里没有犯罪心理学专业的人，就连我也只是短短地进修了几个月这方面的课程，想把他从茫茫人海中识别出来，有些难度。"

杜若沉默了，周昊宇期待地看着她。半晌杜若才道："现在有两起案子了，对吗？"

"对。"

"虽然能共用的信息还是不多，通过这两起案子，你应该就可以分析出他大致的居住范围和预测他下一个捕猎的区域。英国的心理学家戴维·坎特教授已经做过了尝试，收到的效果很好哦。"杜若侧着头看着周昊宇微笑道。

周昊宇点头道："嗯，我前段时间的学习中就涉及了地理学的犯罪心理画像，对于连环杀手的居住范围和捕猎区域有论述。只有两起案件，用他的理论分析出的线索，不知道准确性有多高？"

"案件越多，这样对犯人做出的分析就越全面，但你们是不能寄希望于案件多发的呀！两起案子也能分析出些什么来，放手去做吧，我相信你行的。"

周昊宇在沉默半响后，转头向杜若道："在我遇到心理学问题的时候，我希望得到你的帮助！"

"没问题，只要我能做到！不过，我相信你一定会做得很好，我所学的东西毕竟只停留在理论阶段，比不了你有丰富的侦查经验。"杜若一口答应下来，"我刚签了一个二十集的剧本，可能又要开始赶稿，不过，只要你需要，我都在，因为人的生命比什么都重要。"

周昊宇看着她，满怀信心地道："我一定能抓到他！"二人四目相对，彼此的眼中都充满了信任和鼓励。

周昊宇又换了个话题，但依然离不开他的工作："你说现在怎么会有这么多心理变态的人呢？"

杜若抿嘴一笑，缓缓地道："不是现在变态的人多了，而是以前对变态心理的认识不够。"周昊宇靠在沙发上，示意她继续讲下去。

杜若看他那充满探寻的目光，就继续说道："从将精神病人和心理病态者当作是魔鬼附体，对他们施以火刑，到真正认识到这是一种疾病而并非灵异，再到将变态心理与精神病人区分开来，并将各种变态心理进行详细的分类以及作为一门学科进行研究，并细化到各分支学科，从而探讨变态心理的表形表达、成因、预防和矫治，再到人们也逐渐认识到了心理学在生活和工作中的重要性，这个过程经历了漫长的时间。心理学这门学科在我们国家也就是近些年才得以发展。人们意识到了有变态心理的人的增多，从侧面也反映了心理学这门学科的普及，这是好事。"

周昊宇道："我知道你说的都是对的，我们国家现在对心理学的重视远不及西方发达国家，美国匡迪克的行为科学部，是一个专门对付变态杀手的部门，可我们国家的公安系统中，还有很多当权者把犯罪心理学当作是江湖术士的抽签算卦,根本不重视,甚至情绪上还是抵触的。还好,随着这类案件的增多,犯罪心理学也越来越多地为人们所接受。只是我们的心理学知识远远落后于罪犯的脚步。"

"你说得是。我们国家在这一方面还有待重视。"杜若叹了口气道。周昊宇紧绷的神经才有所放松,这一放松才觉得浑身酸痛,头昏脑涨:"我已经三十多个小时没睡了,好累啊!"说完就躺在了沙发上,把头枕在杜若腿上。杜若轻揉着他的太阳穴道:"看你累成这样,这个警察你不做也罢!"

周昊宇听她这么说,一翻身坐了起来:"怎么你也这么说?你不喜欢我现在的职业吗?"

杜若立时反问道:"还有谁这样对你说过?还有谁不喜欢你当警察?"

周昊宇意识到自己说漏了嘴,忙辩解道:"不是,我是想说,是不是所有的女人都不喜欢自己的男人当警察,我们的许多同事都遇到过这样的问题,谈恋爱还可以,一说要结婚就都让他们辞职,所以我才这么问。"

杜若深深地看了他几眼,周昊宇有点尴尬,好在杜若也不深究。"你们的工作既危险又辛苦,家人都为你们提心吊胆的,谁希望自己过这样的日子?你们应该理解她们。"杜若说。

"说实话,你也不喜欢我当警察吗?"周昊宇想起了肖楠那句话,正好在这时求证一下。

"其实,你做不做警察对我来说不重要,但是我知道,对于警察这个职业,你并不是只把它当作一项工作,而是你一生的追求,所以我不会勉强你做自己不喜欢做的事。只不过是看你这么辛苦,有点心疼。"

听她这么说,周昊宇心里踏实了许多,翻身又躺了下去:"肖楠那臭小子说我是工作狂,你是对解谜孜孜不倦,因为我当警察有这个便利,你才会跟我交往,看来他说错了,我也真希望他说错了。"周昊宇又拉了杜若的手按在自己头上。

杜若边揉边道:"肖楠确实说错了,我喜欢的是你这个人,不是一个警察。要找警察多少个找不到,还能等到现在认识你?你这么累,就别在这儿跟我闲聊了,快回去好好休息吧。"

"看不到你,我能睡得着吗?你揉得真舒服,让我躺一会就好。"话是这么说,可一分钟不到,周昊宇就沉沉睡过去了。杜若又是心疼又是无奈,几次想叫醒他,最终还是不忍,只好拿条毯子盖在他身上,让他能睡得更舒服一些。

第十二章　军令状

对于犯罪心理学在刑事侦查中的作用，周昊宇丝毫不作怀疑，只是对于自己把犯罪心理学运用到侦查当中的实践还不是十分自信。他盯着海曲市的地图良久，在上面做了几个标记，最后他在地图上用红色的笔画出了一个半径为一点五厘米的圆，派了一部分队员在红色的圆内，按自己给出的人物特征进行排查，又用黄色的记号笔在地图的左上方画了一个圈，然后请巡警队的同事，着重巡查这个地段那些案件易发的隐蔽的角落。

对于他凭什么做出的这样判断，其他队员都有些莫名其妙，而他也不过多解释。

因为媒体的大力报道，整个海曲市笼罩在恐怖的阴云之下，怀孕的妇人必须在家人的陪伴下才敢走出家门，夜晚的街上更是少了很多女性的身影。每天，闪着警灯的巡逻车穿梭在城市的大街小巷，那些偏僻的、路灯昏暗的小巷子，就多了许多警用摩托车的身影。这样的巡查密度更是让整个城市风声鹤唳，草木皆兵。

这些负面的信息，不只使本地居民人心惶惶，就连原本打算来这个海滨城市度假的人，也因为同行的家人中有女性，而纷纷修改行程。海曲市本来就是以旅游产业为主导的城市，在这旅游的黄金季节，客流量比往年明显减少了，这让主管旅游产业的副市长大为恼火，几次三番地给公安局施压，要他们尽快破案，挽回旅游城市的经济损失，还海曲以往日的繁荣。

公安局压力大，刑警队自是不必说了。很多人都是累了在休息室稍作休整，就又投入到调查当中，家人更是看不到他们的影子。

一天晚上，周昊宇正埋头整理调查结果，门外忽然响起一阵爽朗的笑声："昊宇老弟，你还没休息？"

周昊宇抬头，门外站着的是九夷分局刑警队的队长张显。周昊宇忙站起身来笑道："你这不是也没休息。"

周昊宇跟张显也不过是工作上的关系，私交泛泛。没想到在前一次的工作会议上，张显顶着压力向自己伸出援手，无形中，二人的关系又进了一步。张显进了门就一屁股坐在沙发上，周昊宇一边给他泡茶一边道："今天怎么有空到我这来？"

张显呵呵一笑道："我来看看你这边进展怎么样了，需不需要我帮忙。"

周昊宇将冲好的茶水放在他面前，自己也在他对面坐下，道："你也知道，对于这样的案子，我们是最头痛的，一天抓不到凶手，我就觉得如鲠在喉。"

张显端起面前的茶杯，凑在鼻子下面闻了闻，道："早听说你这里的茶香，果然跟别处的不一样。"他轻轻啜了一口，继续道："是啊，说不定哪天你还在睡觉，就又接到报案了。"

"这也正是我头疼的。"周昊宇揉了揉太阳穴，他并不愿在还没有结果的情况下，把自己的调查思路透露出来，便含糊地说道，"可是我们没有侦破这种案件的经验，也只能用最原始的方法排查了。"

张显叹了口气道："那得多长时间，再说市里也不会给我们这么长的时间，你别忘了，局长和你可都给市里立下了军令状。"

周昊宇叹了口气道："这也没办法，总不能随便抓个人，把狗熊打得承认自己是兔子吧？"

周昊宇这一句自我解嘲的玩笑，把张显逗得一口水呛在了嗓子眼里。张显弯下身咳嗽了几声，才抬起头来指着他笑道："你啊，都火烧眉毛了还有心情开玩笑，怪不得局长说你心理素质好。"

"不好又能怎么样，又不是我辞职，凶手就能自动伏法。一天没脱下这身警服，就得继续追捕罪恶。"

"我倒有个办法。"张显往前凑了凑道，"你不是分析这是一个连环杀手嘛，那他的作案对象仍然会是孕妇，我们何不撒些鱼儿爱吃的饵，静等鱼儿上钩呢？"

周昊宇明白他说的意思，但还是摇头道："这是没办法的办法，我也不是没想过。我们不能非常确定凶手的作案区域，也不能确定他的作案时间段。海曲市这么大，我们的警力有限，白天他们已经够辛苦的了，不能再做这种投入太大而收获甚小的工作了。"

张显叹了口气，手在头上用力挠了几下道："我明白你的心情。我们队里几个队员就向我建议说，用些女警扮成孕妇的模样，晚上出来钓鱼，我当时没答应但也没有拒绝。今天来跟你商量一下，如果可行，从我队抽些人出来，在不影响你们警力分配的情况下，撒网和钓鱼同时开展，我们双管齐下，说不定就能抓到大鱼。"

"张队，你的好意我心领了，只是这样的行动有一定的危险性，怎么能让我们自己的同事身陷险境呢。"

"不瞒你说，向我提议的就是我队里的几个女队员，我也是这样告诉她们，你猜她们怎么说，'怕危险就不当警察了，平常出任务就不危险了，我们不也一样冲在前面。再说，我们有起码的防卫能力，比那些毫无还手之力的妇女走在街上安全多了'。"

周昊宇听了心里感动，但他还是摇摇头，张显却继续道："我知道你会反对，不要把我们当外人，有人分担总比一个人扛好。就算你我不同意，你以为她们就不出去了？这些天，我们两个队里都有女同事扮成孕妇的模样在街上晃，你不知道吧？"

周昊宇愣了一下："谁？你是怎么知道的？"

张显呵呵一笑："也难怪你不知道，你整天忙得脚不沾地，哪顾得上外面的情况。"

周昊宇略一思索，心里豁然明了。怪不得这几天上班，王晓妍都一脸疲惫，周昊宇心中既感动又不忍："张队，如果需要你们帮助，我一定会说的。"

"好吧，别拿我当外人就行。"张显喝了一口杯中的茶，站起身来道，"你就专心于眼前这个案子，除了这个，只要发生在九夷区的都交给我。走了，你也早点休息。"

随着调查的深入，不断有符合模拟特征的人进入警方的视线，又不断有人被排除。刑警队员们知道时间紧迫，不只是上面限期破案的命令，更是他们都在心里认定了周昊宇的分析是正确的。两起杀人案是由同一名凶手所犯下的，如果不能及时将凶手抓获，说不定在哪一个他们还未睡去的夜晚或是哪个还未醒来的早上，就会接到同样案件的报警电话。

第十三章 角斗场

苗靖大摇大摆地走进九夷区青鸟度假景区派出所，正在值班的两名民警看着她问道："同志，你有什么事吗？"

苗靖问道："你们所长呢？我找他。"

其中一名民警道："我们所长出去了，你有什么事可以跟我们说。"

苗靖还未开口，就看到从门外走进一个穿警服的男子。他看到苗靖，先是一愣，接着满面笑容地道："你怎么来了？快，到我办公室去坐。"

苗靖笑道："我好不容易轮休，咱们师兄妹也好久没聚一聚了，想请你吃个饭吧，你还推说要值班，我就是来看看你是真在值班，还是找借口拒绝我。"

赵刚把苗靖领到他的办公室，边给苗靖倒水边道："最近你们刑警队不是很忙嘛，周队长怎么会放你的假呢？"

"人又不是铁打的，有上班自然就有下班，人总要生活的。"苗靖往沙发上一坐，笑嘻嘻地道。

"可不是，"赵刚把茶杯放在苗靖的面前道，"我还真羡慕你呢，一毕业就进了刑警队，不像我，在派出所做个小片警。"

苗靖笑道："你现在都是个管三十几人的所长了，不像我，就是个听差的。"

"话不能这么说，你天天在领导眼前，升职就一句话的事，像我这样的小片警，流放在这山高皇帝远的穷乡僻壤，领导见了都不记得我是谁，以后是真没什么前途。"赵刚撇着嘴自我解嘲道。

"你才工作几年呢，就在市中心买了三居室，还不用贷款，你这样的片警我都想干。"

赵刚脸色微微一变，随即笑道："我哪有那么多钱，钱大部分是我女朋友出的。"

"是嘛？你啥时候交女朋友了？哪天带出来给我认识认识。"

"当然可以。"赵刚说道。

苗靖语气一变道："师兄，到现在你还在骗我。你当我不知道你钱的来路吗？"

"苗靖，你在说什么呢？"赵刚脸上变了颜色，站起身来，看着苗靖道，

"时间不早了，你该回去了。"

苗靖坐在那里并没有动，而是一脸诚恳地道："师兄，今天晚上我能出现在这里，我想你我的心里都知道是为什么。"苗靖看着赵刚慢慢伸向口袋的手，继续道："没用的，你的电话，现在只有一个功能，就是当电子表用，不信你可以试试。"

赵刚犹自不信，按亮手机后才发现，果如苗靖所言，没有信号。他的脸色立时变得非常难看，手不自觉地伸向腰间，苗靖早已先发制人，一把九二式半自动警用手枪黑洞洞的枪口已经指在了赵刚的要害部位："别动！师兄，我不想开枪，但你不要逼我。"

赵刚把目光投向了门外，寄希望于下属。苗靖道："外面的人已经被我带的人控制了，师兄，你是个聪明人，不要再做无谓的反抗了。"苗靖一声招呼，门外立时走进来两名怀抱微型冲锋枪的特警。赵刚面如死灰，苗靖一示意，立时一名特警上前将他铐了起来。

苗靖道："师兄，走到这一步，别再执迷不悟了，都是干这一行的，我就不多说了，配合我们工作，还可以减轻自己的罪责。"

赵刚沉默了。苗靖继续道："师兄，我们进警队时的誓言你都忘了吗？你是个聪明人，别一错再错，现在回头还来得及。"

赵刚沉默片刻，扭头看向苗靖道："我知道该怎么做，你放心，我配合。"

九夷青鸟度假村的西北部有座一层的房子，里面是一些常用的健身设备。因为是深夜，里面的灯已经熄灭了，黑漆漆的没有一点声音。但是在房子的下一层，却是灯火通明，人声鼎沸。可能是隔音效果做得好，从外面听不到一点声音。这里大约有二百平方米，被做成了两个拳台，其中一个拳台顶上的白炽灯亮如白昼。拳台的周围有三十几个人，其中大部分是男性，年龄最大的四十几岁，最小的不足二十岁。他们满身名牌，时尚多金，都是追求刺激的富二代，花的都是老子的钱，一点都不心疼。

而这里面最显眼的就是两个穿着运动短裤、赤裸上身的男子。其中一个穿红色短裤、身材高大魁梧，一身腱子肉给人满满的力量感。他轻蔑地看向拳台对面另一个穿黑色运动短裤的男人。男人身材没有对方高大，皮肤略黑，面无表情，略一抬眼，便露出阴森森的寒光。

一个穿白衬衣、打着红色领结、戴白手套的人站到了拳台上，看装束还真有点职业拳赛裁判的样子。他站到了台上，大声说道："请双方拳手上场。"随着他这句话，两个已经戴好拳套的男子拨开拳台四周的围栏，钻进了拳台。

裁判左手抓着红方拳手的拳套介绍道："这是来自举办方的拳手旋风。"右手抓着黑方拳手的拳套介绍道："这是来自挑战方的拳手铁拳。"两位拳手举起手在拳台上走了一圈向大家致意，裁判接着说道："现在两位拳手都就位了，请大家下注。"

他刚一说完，便有服务生开始记录下注的筹码。

裁判接着说道："现在我宣布比赛规则，我们的规则就是没有规则。允许拳手使用除了武器以外的任何攻击方式，直到一方认输或倒地不起，比赛才算结束。现在比赛开始。"

随着裁判一声令下，红黑双方拳手的目光中都射出兴奋阴狠如野兽般的贪婪目光。

两个拳手试探着靠近对方，旋风首先出拳攻向铁拳的头部。铁拳下盘沉稳，机灵地躲过这一拳，同时出脚踢向旋风的小腹。

随着比赛的进行，观赛者都围向拳台边，口中为自己下注的拳手加油助威。两个拳手正一来一往地搏斗着，台下的人们脸上有的兴奋，有的失落，所有的情绪都被拳台上的情势左右。尖叫声、欢呼声、助威声交织成一片。

正在两名拳手激战正酣的时候，大门突然被打开，呼喊声便扑面而来，兴奋的人群注意力依然在拳台上自己下注的拳手身上，根本没有注意到突然出现在身后警察。

"别动，我们是警察，双手抱头蹲在地上！"随着一声声厉喝，痴迷疯狂的人们这才注意到这些不速之客。

面对黑洞洞的枪口和鲜明的警示标志，拳台下的人们这才反应过来，胆小的便照警察说的抱着头蹲在地上，胆大的便四处寻找逃跑的路径，霎时间乱作一团。

一个穿花衬衫的男人离后门最近，他不甘心就范，便趁乱溜向出口处，王晓妍挡在前面，同时出声警告："站住，别动！"

花衬衫男人并没有把王晓妍这个纤弱的女警放在眼里，他停住脚步，在转身的一瞬间，快速从腰间拔出手枪，对准了王晓妍开枪。他想冲破王晓妍的封锁，夺路而逃。随着一声"小心！"，一个身影飞起，将王晓妍扑倒在地。

子弹擦着男子的后背飞过，射入了对面的墙内。紧跟着又是一声枪响，惨叫声起，花衬衫男人手腕中弹，手枪掉在地上，人也倒在地上惨叫连连。

几个民警将二人围住，几把手枪和微型冲锋枪，同时指在了花衬衫男人身上的要害部位。扑倒王晓妍的男子从地上爬起来，伸手把她拉起来。王晓妍虽然从警时间不短，可她毕竟是技术警察，一直做的都是勘查现场和痕迹分析的工作。自从周昊宇将技术人员也带到一线后,她才有这种亲身参与抓捕罪犯的机会。面对面的枪战更是第一次,对于刚才的遇险,她不由得惊出了一身冷汗。她四下张望,不远处,周昊宇手中的枪口上还残留着开枪后的烟气。

刚才王晓妍遇险,周昊宇隔得远,救援不及,在男人扑向王晓妍的同时,他立刻瞄准、射击,枪法又快又准,一枪就放倒了那个持械顽抗的凶徒。

大家疑惑地看着那个出手救王晓妍的男子,他忙举起双手道:"我是刑警队的沈博闻,自己人!"

王晓妍心下立刻明了,这个救她的人,就应该是几个月前开始进行秘密侦察的警方侦察员了。

周昊宇看己方已经控制了局面,便快步走过来,向王晓妍和沈博闻关切地问道:"怎么样,你们受伤没有?"王晓妍定了定神,才向他报之一笑,说:"放心,我没事。"

沈博闻则一脸羡慕地道:"周队,你出枪好快!"

周昊宇呵呵一笑,这才指着沈博闻向大家介绍道:"他就是这次行动最大的功臣,这是刚从简宁市调到我们刑警队的侦察员沈博闻。"

王晓妍向他伸手道:"你好,我是王晓妍,谢谢你刚才救了我!"

沈博闻粲然一笑,伸手与王晓妍相握:"你好,相互救助是咱们警察的本能,你就别客气了。再说,真正救你的是周队的那一枪。"

沈博闻指着被民警扣押的花衬衫男子向周昊宇道:"这个人就是这次拳赛的挑战方,那个黑方拳手就是他带来的,我一直盯着他,你们进门后,他就想从后门冲出去,我跟了过来,只是没想到他身上会有武器。"

周昊宇拍了拍沈博闻的肩膀笑道:"干得好!"

拳台上的两名拳手似乎对警察的到来视若不见,对刚才的枪声也置若罔闻,依然死死地纠缠在一起。两名拳手身上、脸上已经布满了鲜血,部分皮肉外翻,但他们似乎感觉不到疼痛,旋风已经筋疲力尽,正节节败退。铁拳却越战越勇,拳拳不离旋风要害部位。

铁拳扑过去,将旋风脖子夹在了自己左臂的腋下,右肘不停地击向旋风的后背。旋风已经没有了还手的力气,像破麻袋一样任由铁拳击打,铁拳放开了他,退后一步,飞起一脚踢在旋风的腹部,旋风被他踢得吐出一口鲜血后倒在地上,挣扎了几下都没能抬起上身。

铁拳似乎不想放过旋风,又冲向他。肖楠就在台前,他大喝一声:"住手！"人已穿过拳台的护栏，出现在铁拳的背后。他猛地扑了上去，从后面用胳膊勒住了铁拳的脖子，想制止他的攻击行为。

铁拳也不管身后的人是谁，他手上虽然戴着拳套，但是身体却力大无穷。他向前弓下身子，身体猛地向侧一甩，将肖楠甩到了台下。铁拳似乎是打红了眼，他冲向台边，照准倒在地上的肖楠踹了下去。肖楠向旁边一滚，躲开了这致命的一脚。铁拳踩了个空，马上又抬脚向肖楠踹去。

这时周昊宇已经赶了过来，他见势不妙，快速出脚，从侧面阻拦了铁拳的进攻。这一阻挡的时间，让肖楠躲过了这一脚，从地上爬了起来。周昊宇闪身拦在了他和肖楠之间，铁拳立时将周昊宇当作了目标，右拳快速向周昊宇的头部攻了过来。

肖楠在自由搏击方面也是一把好手，刚才一个回合不到便被黑方拳手放倒了，实在不是他大意，而是对方确实力气甚大。刚才那一脚，周昊宇已经知道铁拳力量非凡。刚想到这里，铁拳的拳头已经攻到了面前，周昊宇想不到他的速度如此之快，便马上向侧一闪，躲过了这一拳的锋芒。铁拳左拳马上击出，周昊宇这次没有再躲闪，而是迎了上去，左臂像蛇一样缠上铁拳的手臂，借力将铁拳的手臂与身体拉开，然后右手五指成拳，照着铁拳的肩关节处狠狠地打了下去。

铁拳一声痛呼，右肩关节立刻便脱了臼，手臂软软地垂下去，身体一个踉跄却并未栽倒。

铁拳似乎有超强的忍痛能力和进攻欲望，他转过头来，看周昊宇的目光中充满了残忍的光芒，那是一种嗜血的疯狂，似乎想把周昊宇生吞活剥了一样。

铁拳马上调整身形，抬脚踹向周昊宇的小腹。周昊宇向右一侧，避过他这一脚，飞起一脚，军警靴重重地踢在铁拳膝关节的髌骨上。铁拳再强悍也经不住他这一脚，惨叫一声，结结实实地摔倒了。这时几名警员一拥而上，将铁拳死死地按在地上。铁拳嘴里仍发出嗬嗬的怪叫声，挣扎着不肯就范。

周昊宇这才向肖楠问道："你怎么样，没事吧？"

肖楠刚才被摔得这么惨，心中的羞愧多于身上的疼痛。他抬手擦去挂在嘴角的一缕血丝，答道："我没事。"而沈博闻看向周昊宇的目光中充满了敬佩。

周昊宇检查了一下倒在地上的旋风，他已经昏迷了过去。周昊宇对制服铁拳的警员道："他可能服用了违禁药物，告诉医生，救治的时候一定要注意。"

这时，展文睿向周昊宇喊道："周队，你看这人是谁？"周昊宇转头看时，展文睿正揪着蹲在地上的一个男人的衣领向周昊宇展示。

周昊宇仔细看了一眼，问道："姓名？"

那男子见避无可避，只得小声地说了三个字："段家兴。"果然没错，正是被通缉的在逃人员段家兴。

肖楠忍着痛笑道："真是踏破铁鞋无觅处，得来全不费工夫。我们还满世界地找你，没想到你就躲在我们的眼皮底下，这回看你往哪跑！"

对于这样的结果，周昊宇还是满意的。

五个月前，在九夷区的丝山里发现了一具高度腐烂的男性尸体，一直没有确认死者的身份。法医发现死者身体多处骨折，并且有许多陈旧骨伤，便推断死者很可能是被打死的。

根据从死者身上发现的线索以及线人提供的情报，周昊宇得知海曲市一直有一个地下黑拳场。为了保密，周昊宇从外地调了沈博闻打入了地下黑拳场团伙内部。经过几个月的跟进，周昊宇终于在今天一举将隐藏在青鸟度假村的地下黑拳场端掉了，同时也把充当他们保护伞的派出所警员清除了。段家兴的落网更是个意外的收获。

这时周昊宇也得到了申童的汇报，青鸟度假村的老板在他的居所被控制，申童已会同网监大队查封了涉嫌网络赌博的网站及冻结了其银行账户。至此，涉及本案的人员全部被擒，无一漏网。

人抓完了，清点赌资、收拾残局，人带回去后便是审讯，众人忙得不亦乐乎。

周昊宇看着王晓妍憔悴的脸色，问道："晓妍，看你脸色不好，你这些天是不是晚上没睡好？"

王晓妍笑道："我没事，就是有点累，不用担心我。"

"怎么能不担心？"周昊宇郑重地道，"你每天晚上都扮成孕妇，把自己当成鱼饵到街上去钓凶手，你当我不知道吗？"

王晓妍抬起头看了看他道："你怎么知道的？是不是小展告诉你的？"

"晓妍，别再做这种危险的事了。"

"这个小展，我让他不要告诉任何人，他还是说了。"王晓妍叹了口气，嘴里嗔怪道。

"小展跟你一起吗？他可什么都没说。是有人看到你在做这样的事，怕你出事才告诉我的。晓妍，你不相信我能抓到凶手？"

"我当然相信你能抓到凶手,可市里并没有给我们多少时间,一个月已经过了一大半了,到现在我们还没有线索,你和局长立的军令状怎么办?我不想让你离开刑警队。"王晓妍动情地道。

"晓妍,谢谢你!我理解你的心情,我不能为了自己让你身陷险境。听我的话,晚上好好休息,别再去了。"

王晓妍脸上露出一个欣慰的笑容,道:"我也是刑警队的一员,我也想尽快把案子破了。你别那么紧张,这些天小展都陪着我,保护我,不会有危险的。"

"那也不行!"周昊宇坚决地道,"你这是擅自行动。今后没有我的许可,你不能再进行这么危险的行动!好好回家休息,养好了精神,工作起来才能事半功倍,刑警队离不开你。"

王晓妍看他一脸的关切和认真,便点点头道:"好,我听你的。"

第十四章 被吞噬的鱼饵

调查的工作还在进行着,张显也不时打电话过来,询问案件的进展以及提供一些人员方面的支持。对于他的热情,周昊宇颇为感动。

这天晚上九点四十三分,周昊宇、肖楠和展文睿还在办公室与一堆调查结果较劲,身后就传来了张显爽朗的笑声:"咱们干刑警的,要是不加班倒有点不正常了。"

还没等周昊宇说话,肖楠先站了起来,脸上带着笑容,眼睛却在四下搜寻,嘴里道:"张队,你这是劳军来了?"

"肖楠,你的外号真不是白叫的。"说罢,将手中的袋子放在桌上,从里面拿出一只烤鸭、一份鸡爪和几样卤味来,"就知道你们还在办公室,过来看看进展怎么样。"

听他这么说,肖楠不客气地抓了一只鸡爪塞进嘴里,含糊不清地道:"要是有罐啤酒就更完美了。"

周昊宇叹了口气道:"肖楠,你什么时候才能管住你这张贪吃的嘴?今天晚上不值班,可以喝一点,但不能在办公室喝,去我屋里吧,冰箱里有啤酒。不过说在前头,每人只能喝一罐。"

肖楠嘿嘿一笑,把桌上的食物收拾了一下,拎起来直奔周昊宇的宿舍。肖楠从冰箱里翻出几罐啤酒,先递给张显,又扔了一罐给展文睿,然后打开一罐倒进嘴里。

周昊宇向肖楠道:"你什么时候学学小展,斯文点。幸亏张队是自己人,不然还以为你几辈子没见过吃的。"

肖楠也不以为忤,道:"你说对了,因为张队是自己人我才这样,要是换了外人,我保准像小睿子似的斯文。"

展文睿转动着手中的啤酒,不好意思地道:"肖哥这是不拘小节。"肖楠一边吃一边拍他的肩膀,向他竖起了大拇指:"这才是好兄弟。"

张显看着他不由得笑了,周昊宇只能无奈地摇头苦笑。张显一边把烤鸭"分尸"一边说道:"你们的关系真不错,羡慕啊!"

"张队,你如果经常来劳军,我保证咱们的关系不比跟他的差。"肖楠一边把啤酒倒进嘴里一边指着周昊宇道。

"你啊,就是有吃万事足!"周昊宇不忘损他一句道。

张显道:"这还不容易,以后经常来请你吃东西不就成了。"肖楠像是生怕他反悔似的抬手要跟他击掌为誓:"张队,咱们一言为定!"

"一言为定!"张显举着两只油腻的手向肖楠道,"我去洗洗手,回来再跟你击掌。"

等张显回来,几个人吃得正欢。张显一边擦着手一边向周昊宇问道:"怎么样?案子有进展了吗?"

周昊宇摇摇头道:"还没有。"

张显安慰道:"别着急,你们刚破了地下拳场那么大的案子,我听说都报到省厅了,这样就不怕市里再逼你了。"

周昊宇摇头道:"我倒不是怕立下的军令状,主要是怕再有血案发生,再有下一个受害人,那我的责任可就大了。"

"臭嘴!别给自己找不自在。"张显瞪了他一眼道。

周昊宇自嘲道:"好,不说,我也怕自己是张乌鸦嘴。"

"干咱们这一行的,有时候是挺邪门的,怕什么来什么,所以,一定要管好自己的嘴,不然——"张显的话刚说到这里,他的电话铃声就响起来了。他站起身来向门口走了几步,开始接通电话。几个人都不说话了,专心地吃着嘴里的东西。虽然听不到对方的话,却能听到张显对着电话那头的人安慰道:"你别着急,不会有事的,我马上派人查找她的下落。有消息会立刻通知你。"

听到张显的语气有些不对,三个人都停下了嘴里的咀嚼,诧异地看着他。张显并没有解释,而是立刻拨打了另一个电话,电话响了很久,显然无人接听。拨打几次无果后,又拨通了另一个人的电话。简单的通话后,张显的脸上开始变了颜色。周昊宇觉得事情有些不对,便问道:"张队,你如果有事就去处理吧。"

张显一脸凝重,张了张嘴又把话咽了回去,最后看到周昊宇诚恳的目光,便向他道:"是我队里的薛菁,她的家人跟她联系不上了,我担心她有事。"

"你别着急,也许是她现在不方便接电话呢?你也知道,干我们这一行的,不像常人一样,想做什么就做什么。"

张显向周昊宇郑重地道:"你不知道,我必须马上找到她,我怕她会出事。"周昊宇道:"如果我能帮上忙,你别客气。"

张显沉吟一下,向周昊宇道:"现在我要你帮我定位薛菁的手机位置。"

"没问题!告诉我号码。"今晚申童没有值班,信息室里只有小赵抱着手机聊得正欢。他看到周昊宇几人,马上把手机反扣在桌上,站起身来问道:

"周队，你们还没休息，有事？"

周昊宇简短地报出一组十一位的数字，向小赵道："马上查找这个号码的位置！"

小赵十指如飞地敲击键盘，很快一个红点出现在电脑的屏幕上。红点旁边的字幕显示是"雁栖湖公园"。周昊宇心里"咯噔"一下。这可是第二起案件的凶案现场。看到手机的信号一直固定着，并没有移动的痕迹，周昊宇的脸色也变得凝重了。

周昊宇看向张显，张显的脸色更加难看了。显然，他也想到了与墨语一起发现的凶案。二人对望了一眼，张显只说了一个字"走"，就迈开大步向外面走去。

周昊宇向小赵说了声："保持通讯畅通，随时为我们提供技术支援！"然后就跟在张显后面大步走了出去。这时肖楠和展文睿都有些傻眼了，但还是本能地跟了上去。

周昊宇上了张显的车，肖楠和展文睿则开周昊宇的车跟在后面，在车上张显向周昊宇讲述了此前的电话。

张显刚才接到的电话是薛菁丈夫打来的，说是他刚接到了薛菁打来的一个不说话的电话，他在电话里听到一阵杂乱的、似乎是拖拉物体的声音，最后电话像是被摔在地上似的自动挂断了。由于薛菁是刑警的缘故，他对这种事情就比较敏感，他怕薛菁有危险，就又把电话打了回去，没人接听。于是他就打了薛菁搭档的电话，问他是不是晚上有任务，结果薛菁的搭档说没有。之后他又几次打电话给薛菁，结果都关机了。他越想越担心，最后便直接给薛菁的直属领导张显打了电话，想请他看一下薛菁是不是出了什么事。

张显边开车边向周昊宇道："薛菁前段时间也曾把自己打扮成孕妇的模样，在晚上出来钓鱼，虽然我阻止过她，但是她未必会听。我真怕她会出事。"

周昊宇心中不祥的感觉又加深了。如果薛菁遇到凶手，那可真的凶多吉少了。

刑警队的驻地在港城区，雁栖湖公园在张显所在的九夷区，距公安局有五六公里的路程。晚上十点钟左右，路上车流量还比较密集。因为开的不是警车，他们的车赶到薛菁手机信号所在地用了接近二十分钟的时间。

因为前段时间发生了凶案，公园的人流明显得比以前少了很多。特别是那些光线黢黑的绿化树丛，更是人们尽量躲避的地方。一路上张显也没敢再拨打薛菁的电话，一是怕没电了影响技术定位；二是怕如果薛菁真的出事了，铃声被人听到,手机被人捡走就更麻烦了。他们搜寻的目标自然是那些案件高发地带的隐蔽所在。

在分头查找了几分钟后,张显最先在公园西南角的树丛中,发现了薛菁的位置,等几个人接到张显的呼叫赶过来时,只见张显半跪在地上,身影挡住了地上人的上半身。

周昊宇快步走来:"是她吗?人怎么样?"

张显并不回头,只是默默地摇了摇头。

借着手电的光,周昊宇看到躺在草丛里的女子,一头利落的短发,身上穿着一身浅色的运动服,衣服里面鼓鼓的,像是塞了什么东西。最醒目的是脖子上那道熟悉的勒痕和她瞪得溜圆的眼睛。眼神里充满了复杂的表情,有惊讶、有恐惧。周昊宇凑上前来想要仔细地看清,张显却将手伸向了薛菁的脸,想要合上她的眼睛。周昊宇出于本能伸手将张显的手挡住了,道:"别动,我要保持完整的第一案发现场!"

张显愣了一下,悲伤地说:"我只想把她的眼睛合上,看到她这样我心里实在难受。"然后又咬牙切齿地吼道:"到底是谁干的?是谁?"张显身体微微颤抖,眼睛血红,额头上青筋暴突,拳头攥得咯咯直响。

虽然跟薛菁并不熟识,但同是身为警察,又是因为自己久侦未破的案件才被害的,周昊宇心里充满了歉疚。但他知道,愤怒的情绪是破案的大忌,他稳定了下情绪,把手按在张显的肩头:"张队,别太伤心了,我们一定会抓到凶手的,我们的同事不会白白牺牲的!"

张显无言。周昊宇蹲在薛菁的身旁,轻轻掀起她的上衣,缠在她腰间的是一圈白布,在她的腹部位置有个弹性棉枕头。周昊宇用两根手指捏着白布,轻轻用力一拽就扯了下来。"这难道就是薛菁围在腰间,用以伪装孕妇的道具?"周昊宇把白布带放回原来的地方。

张显道:"看来薛菁的死跟我们一直在侦办的那起案子有关,我说过让她不要这么做,可她就是不听,她太想破案,太想立功了。"

周昊宇不答,这时警笛声传来。刑警队的人立即进入现场进行勘查取证工作。

周昊宇向叶鸿问道:"怎么样?"

"死亡时间在半个小时左右,最多不超过一个小时。"

周昊宇道:"她最后那个电话差不多就是半个小时前打出的。时间吻合。"

叶鸿开始检查颈部的勒痕,然后又将薛菁的头向一边稍稍转了一下,一声轻微的"咔咔"声让周昊宇的心头一振。叶鸿一只手托着她的头,一只手伸到颈后，在她的颈椎处捏了捏，然后道："这次够狠的，颈椎都断了。"

张显急急地走过来，向周昊宇低声道："你们有没有发现薛菁身上有什么东西？"

周昊宇听他问得奇怪，便说道："除了一个钱包和两部手机外，没有别的东西了。"

张显的脸上明显凝重了起来："昊宇，事情严重了，刚才我问过装备部，薛菁领用了一支六四式手枪和一个弹夹，如果你们没有发现，是不是被凶手拿走了？"

周昊宇闻言，心里也是一惊。海曲最近连发血案，参与工作的警员可以随身携带武器，以保证自身的安全和抓捕的需要。从现场遗留的东西来判断，薛菁是出来钓鱼的，她既然把自己当了饵，很有可能带枪出来，可她的身上并没有发现枪支和弹夹。六四式警用手枪一个弹夹的弹容量是七发，一般配发也会是七发子弹。丢失一把手枪和七发子弹，意味着凶手手里有了杀伤性的武器。对于一个身上已有三条人命的凶徒来说，手枪和子弹意味着什么他很清楚。

还没等他把情况向局长汇报，薛菁的丈夫就赶了过来。这个斯文的男人看到已经被装进殓尸袋的妻子时差点晕了过去，接着便失控痛哭，最后由张显送他回了家。

天还没亮，公安局大会议室里的灯已经亮了，各部门的负责人都紧急集合到了这里。

康维生面沉似水，周昊宇虽脸上平静，但整个身体像一只拉满了弦的弓一样，随时准备射向目标；张显脸都绿了，目光中充满了森森寒意。警员们见气氛不对，都有些摸不着头脑。

沉寂了一会儿，康维生缓缓开口："九夷区再发血案，这次的受害人是九夷分局刑警队的民警薛菁！"

局长的声音不大，却在每个警员的心里炸出惊雷，大家把目光投向了九夷分局孙局长和张显的身上。二人都沉默不语，显然，孙局长已经得到了张显的通报。

"更为严重的是，薛菁随身携带的一支六四式警用配枪和一个弹夹并七发子弹丢失，这意味着什么，不用我再多说了，"康维生看向周昊宇和张显二人，"仔细说一下怎么回事？"

张显先开了口："事情是这样的。昨天晚上九点四十分左右，我开车来到局刑警队，正跟周队长他们聊天的时候，接到了薛菁丈夫的电话。他说他刚刚接到了薛菁打来的一个没出声的电话，他觉得事情不对劲，就给薛菁的搭档刘伟打了电话，询问薛菁是否跟他在一起。刘伟说没有行动，薛菁的丈夫再次拨打了薛菁的电话，那时，薛菁的电话却关机了。他很担心，然后就直接给我打了电话。"

说到这里，坐在张显身旁的一个男民警接过话头说道："是的，我是在九点五十六分接到了薛菁的丈夫打来的电话，他问我们是不是有任务？有没有跟薛菁在一起？当时我正在家里，就告诉他说没任务，下午我是看着薛菁下班回家的。我挂掉电话没几分钟，就接到了张队的电话。"

张显等刘伟说完，沉声说道："前段时间咱们海曲连发血案，有两名孕妇被杀，据咱们局刑警队分析，这是个系列案件，是一名凶手针对同一人群的袭击。对于这样的案子，在我国也是很少见的，这对咱们刑警来说既是挑战也是诱惑，我队里的一些队员都跃跃欲试，向我提出可以装扮成孕妇到大街上去钓鱼，提出建议的人就有薛菁。这个想法被主办此案的周队长给否了，但我还是在街上看到过假扮孕妇的薛菁和市局刑警队里的王晓妍。当时我以私自查案为名批评了她。但我也知道，这样的工作热情不该被扼杀，所以也没有深究。现在想来，如果我当时的批评再严厉一点，也许她就不会再做这么危险的事，也就不会牺牲了。"说到最后，张显有点控制不住情绪，由自责转向对凶手的极度愤恨，瞪着一双血红的眼睛恶狠狠地道："薛菁不会白白牺牲的，我一定会让凶手血债血偿！"

孙局长见他情绪有点失控，便咳嗽了几声。康维生却看向周昊宇："能确定是一个凶手所为吗？"

周昊宇犹豫了一下才道："就目前掌握的情况，还不能完全肯定，要等法医和痕检的结果出来。"

"局长，我请求调进专案组，和周队长一起抓捕凶手。"张显态度坚决地向康维生道。

"我理解你的心情，我们和你的心情是一样的，但以你目前的这种状态，我不能同意你的要求。"康维生道。

张显一听这话差点站了起来，但他立时意识到自己这么做会适得其反，只得平复了一下自己的情绪，恳请道："局长，我能控制自己的情绪，请组织同意我跟周队长一起侦办吧！"说完他又把目光投向了周昊宇，眼神中分明就是让他帮自己说说话的意思。康维生这时也把目光转向了周昊宇。

一直没出声的九夷区分局的孙局长说道："局长，对于薛菁的牺牲我们心里都很悲痛，别说她是我们分局的同志，就是单从案件发生在我九夷区，我们就没有理由置身事外，再说光局刑警队的警力，只怕也是难以应付这个局面，就让我们同心协力侦办此案吧。"

周昊宇对孙局长的话感同身受，便也忍不住向康维生道："局长，大面积的排查对于我们刑警队来说人手明显不足，张队长能过来帮忙，也能减轻我们的压力，张队长又不是第一天从事刑警工作，我相信他能控制自己的情绪。"

康维生沉吟了片刻道："既然这样，那九夷区刑警队便抽调一部分警力协助局刑警队做一些外围的调查工作，但是我希望你们不要把个人情感带到工作中去。并且，你们只能配合局刑警队的工作，在侦办过程中不能自作主张、擅自行动，明白吗？"

张显听到康维生这样说，心里长出了口气，站起身来保证道："局长请放心，我一切都听周队长的安排。"

康维生又向在座的众人说道："薛菁被害前，身上曾带有一支六四式警用配枪和一个弹夹并七发子弹，所以从现在进入二级警备状态，侦办此案的警员要全员配枪，并配发足量的子弹及防护装备。在办案过程中一定要注意自身的安全以及周边群众的安全。如果遇到持械拒捕，为了减少伤亡，在必要的情况下，可以当场击毙！"

有了九夷区刑警队的加入，等于多了大半个刑警队的力量，肖楠他们是高兴的。但是周昊宇却有更多的考虑，他把张显叫到了自己的办公室，向他伸出手道："张队，欢迎你的加入！"

张显握住了他的手道："我一定要亲手抓住那个家伙！"

周昊宇道："我知道你比谁都想抓住他，但是我不得不提醒你，不要让这种情绪左右你的判断，这可是刑侦工作的大忌！"

张显点了点头。周昊宇又道："你们的加入大大增强了参加调查的力量，但是我希望我们保持步调一致，不要出现各自为战的局面。"

张显拍着胸脯道："你放心，开会时局长也说了，以你们为主，我们协助，有工作你安排，我一定执行。但有一点你得答应我，不管你怎么安排，最后一定要让我亲手把他抓捕归案！"

周昊宇点点头道："来，咱们一起研究下案情。"

刑警队法医解剖室。

"周队,这次凶手的犯罪手法更加凶残了,你看——"叶鸿指着解剖台上,薛菁被切开的脖子道,"颈椎直接被扭断了,力道可不小啊!"

周昊宇道:"是扭断的还是勒断的?能判断出来吗?"

叶鸿沉吟了一下道:"被勒死的人一般都是舌骨骨折或甲状软骨骨折,很少有颈椎骨折的,要是颈椎被勒骨折一般多见于绞刑,就颈椎形成的创伤痕迹来说,更像是以极快的手法扭断的。"

一个奇怪的感觉爬上他的心头,周昊宇不说话了。叶鸿不解地看着他,周昊宇道:"随着一次次犯案,凶手的手段会更加残忍,反侦查手段趋于成熟,这是犯罪升级!一定要尽快将他缉拿归案,否则,他手里有了枪,犯起案来会更加肆无忌惮。"

张显手下的刑警根据周昊宇做出的凶犯特征描述,与市局刑警队的人一起展开了大规模的排查。

除了大规模的排查外,周昊宇令申童调查,在庄小美案发前,在全市范围内,搜索针对孕妇发生的袭击或者意外事件,包括谩骂、殴打、推撞或者是交通意外等。

虽然搜索的条件并不十分确定,但也难不倒申童,他不仅搜索了地方官网、地方论坛、地方新闻网,还动用了公安内部的网站进行符合条件的事件查找,最后找出了两起相似的事件。

其中一起发生在港城区,是发生在公交车上给孕妇让座发生的吵架事件,时间是三月份;一起发生在七月中旬,九夷区长春路东段的一个过街天桥,在下班的高峰期,有一个孕妇从过街天桥上滚下来导致流产。长春路东段的过街天桥所在地,就位于周昊宇分析的凶手的居住区域。

当周昊宇看到这条消息时,心里一振,急切地道:"我要这个事件的详细情况,越详细越好。"

申童并不多问,他找到了这个事件网上所有的报道。因为不是什么具有轰动效应的恶性事件,所以能找到的信息寥寥无几。

最后,申童查到了上传这条新闻的市民陈先生和网上报道此事的记者,然后通过记者又找到了当日的受伤者徐琳琅。

徐琳琅向周昊宇讲述了事发经过:她是一家公司的文员,下班后,在附近的商场里买了点日用品后,走过街天桥到路对面坐公交回家。当时正值下班高峰期,天桥上的人很多,因为自己有六个月的身孕,在这么拥挤的人群中,徐琳琅还是很小心的,可就当她台阶下到一半的时候,只觉得后面有人撞了自己一下，她身体重心不稳，向前扑了个空，便从台阶上滚了下去，之后就什么都不知道了。

当她醒来时已经是两天后了，她人躺在医院的病床上。这个事件的结果就是孩子小产了，她左小腿和右前臂骨折，撞到了头，引发脑震荡，脑部有一个淤血块。她在医院里整整住了一个半月才回家休养。

当周昊宇问到她当时有没有觉得不对劲的时候，徐琳琅犹豫了半天才说，当时人太多，她并没有留意到什么人走在自己后面，她也没有得罪过什么人，所以不能确定是有人故意推她，还是不小心撞到了她。这件事她醒来后也向老公说过，只是因为没有证据，所以也没有报警。

而那个把视频发到网上的市民陈先生说，徐琳琅从天桥的中阶滚下去之后，当时围观的人很多，有人热心地打电话叫急救车，有的人就打电话报警，大部分的人围在周边看热闹，等警察和急救车走了之后，人群就散了。他并不记得当时有什么不寻常的地方。

那一片并非十字路口，也不是机动车测速区，附近没有监控探头，除了上传到网上的那段视频，陈先生也不能提供更多的线索。

周昊宇仔细看了视频：从众人开始围观摔下天桥的徐琳琅开始，有的人一直站在边上，直到急救车带走徐琳琅后才离开，有的人看了一眼地上的徐琳琅后就事不关己地继续走自己的路，也有根本不关心此事的人。视频中出现的人，尽管面部表情各异，却没有看到他想要看到的表情。

反反复复看了几遍后，视频远处有个一晃而过的人影引起了周昊宇的注意。那是个男人站在天桥上俯视人群，当陈先生的镜头拍到他的位置时，他马上转过头快步向相反的方向走了。这也只是一段不到三秒钟的镜头，人离得远，面容很模糊，并且他很快就转过了身，在视频里不能看到他的具体特征。

申童用高清图像软件处理了这段视频，最后看到了男子的大概特征，身高大约一米七五，体型偏瘦，上身穿黄色短袖T恤，下身穿灰色裤子，面部因为拍摄像素及距离远的关系无法看清。

"这个就是凶手吗？我只能处理到这个程度了。"申童惊奇地问道。

周昊宇没有正面回答，只是道："有可能。带上这段处理过的视频，跟我走。"

二人又找到了徐琳琅，请她仔细看了视频。她以前也看过，不过经申童处理过的视频，要比原来清晰很多。

她毕竟是个普通人，看完后不解地问道："周队长，您让我看这个是什么意思？难道推我下去的人就在里面？"

周昊宇最后定格了男子的身影，问道："你对这个人有印象吗？"

徐琳琅想了半晌，还是摇了摇头，说："当时天桥上有很多人，我手里提着东西，一直看着脚下的台阶，没有注意到身边有什么人。"

对于徐琳琅的反应，周昊宇也不意外。"等等！"徐琳琅拦住了正要关闭视频的他，又认真地看了看，忽然说道，"我差不多就是从这个人站的位置摔下去了。"

周昊宇和申童对视了一眼，徐琳琅疑惑地问道："周队长，难道我真是被这个人推下去的？"

周昊宇不置可否地道："现在还不好说，我们只是想寻找更多的线索。"

徐琳琅满面感激地道："谢谢，我还以为我这样的小事你们不会管呢，没承想你们还为我这事跑前跑后地调查，你们真是人民的好警察！我要送个锦旗给你们刑警队！"

一句话把二人说得有点惭愧了，周昊宇忙摆摆手道："徐女士，不必，真的不必，你这个案子可能与我们正在侦办的另一起案件有关，等我们抓住了人，一定把伤害你的这件事弄清楚。"

徐琳琅不解地看着二人，周昊宇不欲多说什么，忙起身告辞。

也许，真是"多行不义必自毙"吧，在周昊宇查视频的同时，又得到了一个令他振奋的消息。这个消息是从展文睿那一组传来的，有一个完全符合凶手画像的人进入了警方的视线。

第十五章　就地击毙

展文睿将查到的人员信息发了过来。长春路文汇街翠微胡同三十五号的一户居民，户主人名叫李传新，男，三十二岁，某装修公司工人，身高一米七四，体型偏瘦，本地人。十三岁时丧父，母亲一人独立将他抚养长大，高中毕业的他前后做过很多工作，因为没有学历和技术，只能从事文化要求不高的工作，现在九夷区长春路附近的福源装饰有限公司做装修工人。结婚三年无子，今年六月底，他的妻子回了娘家，紧接着母亲就因脑溢血而去世，李传新现一人独居。

李传新与周昊宇推断出的嫌疑人背景资料极度吻合，经申童处理过的图像与李传新的照片相似度也很高，他的嫌疑陡然间上升了。

只要锁定了目标，寻找证据就是刑警的强项了。刑警队的做事效率是毋庸置疑的，此后不断有李传新的情况汇总到周昊宇的面前。

长春路文汇街翠微胡同，离庄小美的死亡现场约步行十几分钟的路程。如果骑电动车，最多五六分钟。李传新在庄小美案发前一段时间的工作地点，便是位于景阳路四十二号的兴盛源小区九号楼九〇三室。他每天上班都会穿过附近的巷子去开工。他是土生土长的本地人，对于案发地段的地形非常熟悉，对于本地的风俗也是了解的。从这一点上他具备了周昊宇分析出的一条特征：凶手的居住区域大致就在案发地附近，本地人或长期居住在本地，对案发地段很熟悉。从事的职业也基本上符合周昊宇对于凶手职业特征的分析。

李传新的父亲在他十三岁的时候因病去世，只留下母子二人相依为命。李母没有多少文化，靠在锻造厂做模具工的工资，一个人把李传新抚养成人。因为长期从事体力劳动，李母体格粗壮，性情泼辣，是附近有名的悍妇，等闲人是不敢招惹她的。如果有人得罪她，她能坐在胡同里把这人的十八代祖宗都骂一遍。

因此，李传新从小的性格便沉闷而压抑，高中读完没能考上大学，便放弃了复读，开始了他的打工生涯。他先后做过不少工作，两年前进入长春路上的福源装饰公司工作，当了一名装修工人。

李传新性格内向，不善言谈，除了一起工作的同事外，没什么朋友。他是三年前结婚的，妻子叫黄金花，贵州人，是从偏远省份到海曲市的务工人员。两人认识半年后就结了婚。婚后的第一年，一家三口过着平静的生活，但从第二年开始,家里便时常传出吵架声和谩骂声。之后便时常听到李母大嗓门的叫骂声。究其原因,大约是因为媳妇进门两年了,没能为李家添上一男半女。

今年六月二十六日,李家又传出了吵骂声。因为邻居对他们家的争吵已经习以为常,便没有人再去留意吵架的内容。只是这次的争吵结果与以往不同,黄金花当天夜里就离开周家,据李传新说是回了贵州娘家,而李母则在媳妇离去后就突发脑溢血住进了医院,没过两天就去世了,就剩李传新一个人独居。

这些情况都是吴向东等人从周家邻居口中得知的,而展文睿则秘密调查了李传新公司的同事,自从李家出事后,李传新就更加沉默了,一天也难得说几句话,还时常发呆,干活时魂不守舍,一点动静就能把他吓得变了脸色。一起干活的同事知道他家里遭逢大变,一直劝慰他要想开点。

从种种迹象来看,李传新不论从居住区域、个人特征还是家庭背景以及案发段的心理状态,都越来越接近周昊宇的分析。

这令周昊宇异常兴奋,在立下的军令状的限期前,终于在茫茫人海中聚焦到了具体嫌疑人。

不过,兴奋之余,周昊宇也在心里暗暗告诫自己,虽然就目前掌握的信息,李传新完全符合凶犯特征,但是,不能因此把他当作凶手,抓人还是需要扎实的物质证据。

这个消息对于张显来说不啻注入了一支强心针,他虽然极力控制着自己的情绪,周昊宇还是看出来他恨不得将嫌犯撕得粉碎。周昊宇从警多年,完全能理解他的感受。

怎样才能找到物质证据呢?这让周昊宇感到有些棘手。在没有证据的情况下,申请搜查令肯定不会被批准。心理犯罪的案件并不像寻常的案件,会留下许多生物证据或物质痕迹,他唯一从现场带走的东西就是薛菁的手枪。但他也很可能带在身上,不会放在家里。唯一能期待的就是,能在他家里发现他从受害者身上取走了警方没有发现的物品。张显为此事也急得火上房一样,嘴角都起了泡。他看到周昊宇为了取证的事为难,便默默地离开了。

不多时,周昊宇接到了张显的电话,说他找到证据了,原来他带自己的队员趁李传新上班家里没人的空,进入了李家秘密搜查,虽然没有发现几名受害者的东西,却在李家正房的门上和墙边发现了大量疑似喷射状血迹的物质。虽然门被重新油漆过,门边的墙上也被重新粉刷了一大片,但还是逃不过张显的眼睛。他现场取证后立即交给了自己队里的法医,经法医证实是人类的血液，进一步的生化检验正在进行。从他拍的照片来看，血液的痕迹是在正房门的背面和门边的墙角上发现的，这些血液呈喷溅状。从门和墙角发现血液的位置看，很像是一个人的头部受到重击后喷溅出的血液；从血迹的数量来看，人应该受伤很重。

一种判断在周昊宇的脑海中形成。"神童，我要知道李妻黄金花的信息，并联系上她在原籍的家人。"周昊宇向申童简洁地说道。

申童嘴里叼着棒棒糖含糊地道："没问题，稍等。"只要是记录在网上的信息，没有什么可以难倒申童，很快他就向周昊宇汇报道："我刚才联系上了黄金花在贵州原籍的父亲，他说黄金花没有回去，从今年的六月份联系过一次后就没再联系，因为平时几个月不联系也属常事，所以他并不知道黄金花的近况。周队，你是不是怀疑那些血迹是黄金花的？"

周昊宇不答，只是微微皱起了眉头。申童又道："周队，我要不要联系贵州当地的警方，请他们采一下黄金花父母的DNA，把数据传过来，我们与门上的血迹做一个比对，看看是不是黄金花的？"

周昊宇看申童已经领会了自己的意思，便点头让他着手去做。

很快，周昊宇接到了肖楠的汇报，不知道是不是李传新发现了监视他的刑警，还是觉察到了危险正在迫近，下午还没下班，李传新就离开了他工作的地方，打车直接往火车站的方向而去。他向周昊宇请示，是不是立即动手抓捕？

"不行！"周昊宇断然否决了。张显在李家并未发现薛菁的手枪，如果李传新真的是杀害薛菁凶手，那他身上很可能带了手枪，在人口密度那么大的火车站动手，仓惶之下布置不及，万一他要是持械拒捕，很可能会伤及无辜市民，那事情可就严重了。

周昊宇想了想，立即派刑警队的董维新到火车站待命，找机会把李传新身上带的手枪扒来。董维新原来在反扒大队工作，因为工作的关系，他练就了一项绝技——空空妙手。周昊宇把这项任务交给了他，如果他能神不知鬼不觉地把李传新身上的手枪搞到，那么刑警进行抓捕的时候就可以减少伤亡。

就在董维新刚刚就位的时候，李传新所乘的出租车改变方向，往家里的方向驶去。这倒是一个抓捕的好机会。周昊宇立即在周家的小院里布置好了行动组，就等李传新一进入小院就地控制住他。

十七点五十七分，李传新所乘坐的出租车驶进了他家所在的巷子。他在离家还有十几米的地方下了车，径直走向自己家的大门。因为时间过于仓促，刑警队来不及清场。这个时间段正逢下班时间，刑警队只能派人在巷子的几个入口处拦住了试图进入巷子的居民。已经在巷子的居民，便被刑警队的人通知待在家里不得外出。如果一旦李传新执械拒捕，可以把人员的伤亡降到最低。

也许是做贼心虚，也许是李传新看到平时热闹的巷子突然变得异常安静，不安的他在快走到大门口时突然改变了方向，快步向巷子的另一个出口跑去。

不能让他走出控制区，随着周昊宇一声简短的命令："尽量抓活的，行动！"埋伏在各处的人员同时行动，包抄李传新。

李传新发现了周昊宇等人，拔腿就跑，几个人紧追在后。这时，从前面的路口拐出一个抱小孩的老太太。周昊宇一看，坏了。如果在无路可逃的情况下，李传新把二人劫为人质，事情就难办了。他不由得举起了手中的枪，瞄准了李传新的腿。

一声枪响后，李传新应声倒地。周昊宇回头看时，跟在他身后的张显手中的枪口还在冒着烟气。

几人围上前去查看，李传新头部中弹，鲜血正从伤口汩汩涌出，染红了道路。肖楠上前把他翻了过来，人已然没救了。

人的脑干是神经中枢，中了一枪焉有活命的道理。周昊宇看向张显蹙眉道："为什么不留活口？我们要是找不到证据证明他就是凶手，你这可是故意杀人。"

张显指了指前面已经吓傻了的祖孙俩："我要是不开枪，等他把这祖孙俩当成了人质咋办？他身上可有枪！再说，我相信你的判断，他一定就是凶手。"

虽然张显前半句说得没错，周昊宇还是苦笑了一声，如果真找不到扎实的证据证明李传新就是凶手，他可就真没法交代了，他有点后悔让张显加入抓捕了。

他俩说话，手下的人却也没闲着，肖楠把李传新身上摸了个遍，道："周队，枪没在他身上。"

刑警们迅速封锁了现场，尸体也被白布盖了起来，以免引起市民的恐慌。"把技术人员调来，彻底把周家搜查一遍。"周昊宇命令道。

周家的小院半新不旧，与大多数的城中小院一样，小院不大，地面上主要的路线铺着残旧的红砖。其余的地方都种上了蔬菜，在院子的西南角有一个旧式厕所，散发着难闻的臭味。

屋子里面乱七八糟的没人收拾，吃剩的一次性饭盒随意丢在桌上，一股馊味引来了无数乱飞乱舞的苍蝇。周昊宇还是对堂屋门上的血迹非常关注。门已经重新油漆过,跟其他的门窗形成了鲜明的对比,门背面的血迹已用显影剂显现出来,在门上及附近的墙面上形成了大面积的喷射状阴影。周昊宇一边看着法医取样,一边向张显问道:"血迹都被处理过了,你是怎么发现的?"

张显道:"从我们对他的调查结果来看,我有理由怀疑他的妻子并非是回了娘家,而是遭到了他的杀害,所以我在秘密取证的时候就特别注意这方面的线索,还特意带上了血液显示剂,你看——"张显指着房门和旁边的墙壁道:"这两个地方显然才重新整修过,以他家最近的经历来看,他怎么会有闲情逸致对房子进行整修呢?他把门重新油漆过了,这一片的墙也重新粉刷过,可是别的地方老样子,这样就与门和墙形成了鲜明的对比,于是我仔细地勘查了这片区域,在墙壁与下边踢脚砖接茬的地方,发现了一些暗褐色的东西。我怀疑是陈旧的血液残留,于是就用技术手段取了样,回去让技术部门进行了分析,结果果然是人血。你看这门上与墙上大片的血斑,肯定不是意外弄伤留下的。"

刑警队员对周家进行了地毯式搜索,很快,就有刑警队员在李传新卧室床底下的一个鼠洞里,发现了一个黑色塑料袋包成的硬物,打开一看,正是薛菁丢失的配枪和一个弹夹,七发子弹一颗不少。

看到这个,周昊宇长长地松了口气。丢失的枪支弹药找到了,子弹一颗不少,这不仅解除了对社会的危害,也从侧面证明了杀害薛菁的就是李传新。

周昊宇向院子里的肖楠大声问道:"李传新用什么交通工具?"

肖楠接口道:"他上下班都骑的是电动车,没见他使用过别的交通工具。"

申童在一旁接口道:"李传新的名下没有登记车辆,他也没有机动车驾驶证,电动车目前不用登记。"

周昊宇在院子里转了几个圈,最后站在了一片菜地面前。里面种着一架黄瓜和西红柿,还有两排大葱,因为无人采摘蔬菜都老了,野草疯长。周昊宇回到李家,把桌上的剩菜翻找了一遍,里面有拌豆腐丝、番茄炒蛋、凉拌黄瓜。

他又回到了院子里蔬菜地边,将一棵长势旺盛的野草拔了出来,盯着草根看了几眼,然后站起身来,拍拍手上的泥土,招手叫过来几名刑警队员,指着蔬菜地道:"把这个地方挖开,看看下面有什么东西。"

几人从车上取来了备用的铁锹,开始动手挖起来。随着挖掘工作的深入,一股令人恶心的臭味越来越浓烈地刺激着人的嗅觉。在刑警队待久了的人都对这种气味很熟悉,是尸体腐烂的气味。挖下去有半米多的时候,"队长,有东西。"一名队员的铁锹碰到了异物。说完,他扔掉了手中的铁锹,跳下去用手扒开浮土,随着浮土的清理,一个方形的塑料包露了出来,分三段用绳子捆绑着,旁边还有一个大号的编织袋。几名队员费了大力气把包裹弄到了地面上。

周昊宇向叶鸿道:"下面是你们的活了。"叶鸿把包裹打开,一具已经高度腐烂的尸体出现在大家的面前。

张显看着周昊宇问道:"你行啊,眼睛快超过探敏仪了。"

周昊宇道:"还是没你的眼睛厉害。"

展文睿看向周昊宇的眼里都是佩服,问道:"周队,你是怎么确定这下面埋着尸体的?"

旁边的警员也放下了手中的工作,竖起耳朵仔细聆听。

周昊宇微微一笑道:"从那墙上和门上残留的血斑和位置分析,这是一个一米六左右的人头部遭到重击后喷溅留下的,这么大的出血量,人也一定凶多吉少。李传新曾向邻居说妻子回了娘家,可我们联系上了李妻在贵州的家人,他们已经有两个月没有和李妻联系,并且李妻也没有回娘家。我在李传新家的衣柜里没有看到黄金花的任何衣物,显然黄金花没生活在这个家。所以我判断,黄金花已经遇害的可能性比较大。这是第一点。"

周昊宇顿了顿,接着道:"第二,假如我的分析成立,那黄金花的尸体怎么处理的?李家没有大型的交通工具,加上这里居民密集,又都相互熟识,给他远距离抛尸造成了很大的困难,所以就地掩埋的可能性很大。"

一名队员问道:"队长,院子这么大,你怎么能这么准确地找到埋尸地点呢?"

"很简单,你们看,这一片的蔬菜显然与周围的蔬菜不是同一个时间段栽种的。周围的菜已经老在了上面,而这一片新栽种的菜正在开花,还没有结果,明显与周围不同,这是第三点。还有就是,尸体腐烂会产生很明显的尸臭,虽然他埋得比较深,这种气味会小一些,但并非没有,如果有人来家里就会注意到。如果他时常在这片蔬菜上浇些粪便,就可以向别人解释气味的来源了。再者说,尸体腐烂也会令土壤变得肥沃,所以这一片的蔬菜较别处的长得要好。菜地因无人打理而杂草丛生。他平常打包回来的菜也是拍黄瓜、西红柿炒鸡蛋,既然爱吃这些菜,为什么院子里种的黄瓜却老了也未动?显然他对这些东西有顾忌,不愿入口。所以菜地下面埋着什么也就不难猜测了。"

一直默不作声的王晓妍道:"常人看不出区别的地方,在他的眼里就像是土豆和黄瓜的区别那么大。把所有不合常理的地方串连起来,就离真相不远了。"

周昊宇微笑道:"你还是那么善于总结。"

技术人员把能带回去的东西全都装进了证物袋,准备带回去仔细分析。

一名刑警队员跑进来,小声向周昊宇说道:"周队,你快出去看看吧,张队长在外面接受记者的采访呢!"

周昊宇的眉头蹙了起来,快步走出了小院。

现场击毙嫌疑人的事可不多见,门外早就被闻声而动的记者围了起来。只见张显站在警戒线的边缘,对着一大帮记者的摄影机和麦克风正侃侃而谈。

一名记者问道:"张队长,据说刚刚被警方击毙的就是最近杀死多名孕妇的连环杀手,确定吗?"

张显道:"没错,我们已经在嫌疑人家里发现了不容辩驳的铁证,证明被警方击毙的李传新就是杀害两名孕妇以及杀害一名女警的变态连环杀手。"

他的话音刚落,一名记者就抢着问道:"警方发现了什么证据,张队长能透露一下吗?"

"我们在嫌疑人的家里发现了被害警员丢失的警用配枪和一具掩埋在院子里的尸体,这就是他不能脱罪的铁证。"张显铿锵有力地说道。

"尸体的身份确认了吗?与犯罪嫌疑人是什么关系?"记者问道。

"初步判断,尸体是犯罪嫌疑人的妻子,但这需要我们的技术人员进行最后的确认。"

又有一个记者问道:"听说嫌疑人当时差点劫持了人质,是一名警察在关键时刻,一枪就击毙了凶犯,能透露一下这名神枪手的名字吗?"

"是我开的枪。"张显颇为自豪地说道。

"既然他身上没有武器,警方为什么不留活口,以便让公众知道他的作案动机?"也有记者提出的质疑的声音。

张显目光炯炯地看向那名记者道:"因为他抢走了被害警员的配枪,在他有可能危害到人民群众的生命安全时,我们的第一选择就是保证市民的安全,而不是优先考虑凶犯的安全。"

看到周昊宇走来,部分记者们又把采访的目标转向了他,纷纷向他发问。而周昊宇的态度则与张显不同,对面前的记者道:"案件的取证工作正在进行,其他的暂时无可奉告!"说完拉着张显回到了小院。

周昊宇向张显道:"现在我们的取证工作还在进行,还有很多不确定的因素,不要对记者透露过多的案件信息。"

张显不以为然地道:"我也是想告诉海曲的市民,那个连环杀手已被正法,以后就不用生活在恐慌当中了。"

他这么说,周昊宇也有些无奈,只得再次叮嘱道:"不要再说什么了,等待取证的结果吧。"

张显看到他的表情,便又道:"从他家里挖出的尸体和找到的薛菁的配枪,这就是铁证。你啊,就是太小心了。"

周昊宇在心里叹了口气,便闭口不言了。

在没有任何物证的情况下,仅凭心理分析就把凶手从人海中找了出来,这对于刑警队来说还是第一次。周昊宇心里也是高兴的,不仅找回了警员薛菁的配枪,还发现了一起被隐藏的谋杀案,还在限期之前破了案。更重要的是,他将犯罪心理学应用到实际的案例中,得到了很好的效果,这使得他在与犯罪者的斗争中又掌握了一项有力的武器。不过,他在高兴之余还是有遗憾的,犯罪嫌疑人当场被击毙,无法分析他心理的形成。没有拿到嫌犯认罪的供状,就无法亲耳听到他交代前两起案件的细节,这对于周昊宇来说是一种缺憾。

得到破案的消息,康维生也长长地松了口气,他把周昊宇叫到了自己的办公室,问道:"案子破了?"

"您不相信我破案了?"周昊宇反问道。

康维生看着他,问道:"说说你们掌握的证据。"

周昊宇便将整个案件的侦破过程详细地向康维生汇报了一遍:"我们已联系上了黄金花在贵州的家人,请当地的警方检验一下 DNA,然后与我们发现的尸体的 DNA 进行比对,以确认尸体的身份。"

"有结果了吗?"

"还没有,贵州那边的结果还没有传过来,我们也正在检验 DNA,结果很快就会出来。"

"你们发现了薛菁丢失的配枪,那也只能证明薛菁是他杀的,有证据能证明另外两名死者也是他杀的吗?"康维生一针见血地指出了案件的要点。

"我让他们把能带回来的物证都带回来分析,不过,前两起案件他没有在现场留下任何可以指证他的生物证据,现在只能寄希望于他从现场带走了东西,就像薛菁的枪一样。另外,相同的受害人选择、相同的作案方式,从犯罪行为学上,我们也可以做一个系列犯罪推定。您从事刑侦工作多年,也知道这种心理犯罪的案例的取证工作有多难,我们找到他也只是凭借心理分析,而非通过物质证据。"

"正是因为你找到他全凭心理分析,我才不得不提醒你,现阶段心理分析是不能成为指证他的直接证据,你还是得尽快找到支持的物质证据。"康维生提醒道。

"我们正在努力。"

"既然没有过硬的证据,为什么对记者言之凿凿,说他就是凶手?"康维生不满地问道,"不要因为限期快到了,头上的压力大就急于结案。我说过多少次,对媒体要慎重,你没记在心里吗?"

周昊宇不能说这是张显的个人行为,便低下头默不作声。康维生接着说道:"我知道这不是你说的,可你不要忘了,你是案件的负责人,连手下的舌头都管不好,还能管好别的吗?"

周昊宇只得答了声:"是!我以后会注意。"

"尽快理清案子,不要再出岔子。"康维生最后说道。

现场击毙嫌犯,又在嫌疑人的家里挖出了一具尸体,加上张显给记者透露了大量信息,一时间,案件和警方的行动通过媒体传遍了整个海曲市,也成了海曲市民们街头巷尾热议的焦点话题。

在周家找到了薛菁的配枪,还有在院子里挖出的尸体以及李传新最近的表现,也只能证明这两起案件是他做的,那前面的两起命案怎么办?

周昊宇在心里暗暗着急,外面的消息传得这么快,如果找不到李传新杀害前两名死者的证据,对市民可就难以交代了。

痕检和法医们都在忙碌着,法医很快确定了李家院里掩埋的女尸的个人信息,女尸体高一米五九,二十六岁,死亡原因是重度颅脑损伤,凶器就是跟女尸一起挖出的一柄带血的铁锤,死亡时间在六月二十六日,也就是李传新向邻居说妻子回娘家的前一天。这些信息与刑警队掌握的黄金花的信息基本相同。

很快,贵州警方就传来了黄父的DNA资料,法医把黄父、黄母与小院发现的女尸以及周家墙壁上发现的血迹的DNA进行了比对,最后证实,女尸就是黄金花,墙上的血迹也是她的。

周昊宇根据从李家邻居调查得到的信息,大致还原了几起案件的起因及经过。

贵州籍女子黄金花来海曲打工，认识了李传新，二人匆匆结婚。可是婚后三年，黄金花都没有怀孕生子，这让寡居多年，守着独苗儿子长大的李母难以容忍，成天说难听的话呛儿媳。起初儿媳不敢还嘴，后来矛盾升级，黄金花去了医院检查，结果黄金花身体没有问题，问题出在李传新身上。警员查到了黄金花的检查记录，证实了周昊宇关于二人矛盾根源的推论。

得知不孕的原因是丈夫，黄金花积压许久的委屈和怨气终于爆发了，她把这几年李母骂她的话统统还了回去，还说要跟李传新离婚，让周围的人都知道他没有生育能力。

这些话对于一个男人来说是天大的侮辱，暴怒之下，李传新随手拿起扔在门边的铁锤砸向黄金花的头。

清醒过来的李传新意识到自己闯下了弥天大祸，可大错铸成已无法挽回，只能想着如何善后。他没有大型的交通工具，无法把尸体抛向远郊，只好在自己家的院子里挖坑掩埋，又在上面种上了蔬菜。后来院子里尸体腐烂的臭味发出，他便浇些粪水来掩盖气味。

李母虽然泼辣，但家里发生了这样的事情，由于惊吓过度，没几天她就突发脑溢血，带着遗憾过世了。

李传新失去了相依为命的母亲后，把这一切的愤怒都归结于自己不能生育这件事上，他的心理开始扭曲，看到大肚子的孕妇就一腔怒火。若是遇到合适的作案环境，就抑制不自己的愤怒而犯案。

于是，他将徐琳琅推下了天桥，之后越来越疯狂，升级到了杀人，庄小美、林瑜、假扮孕妇的薛菁都成了他宣泄的牺牲品。

嫌疑人已被现场击毙，又拿到了他犯罪的证据，结案也就简单多了。在限期前破了案，对市里有了交代，笼罩在周昊宇心头的阴云也消散殆尽。公安局也欢欣鼓舞，并报送省厅为刑警队请功。

这是一起由心理需求引发的系列杀人案件，也是单纯以心理分析来锁定嫌疑人并侦破的，这样的典型案件引起了省公安厅领导的兴趣，要求周昊宇将整个案件的侦破过程写一份详细的汇报材料，作为经验交流用。

刑警队一片欢欣鼓舞，中午的时候，一个戴棒球帽的青年男人在刑警队玻璃门外张望。他手里提着两个打包好的泡沫箱，值班员看到忙过来问道："你找谁？"

男人朝手中的泡沫箱努了努嘴："这是刑警队一位姓肖的警官订的菜和

饭,麻烦您叫他一下。"

刑警队订饭这样的活,一般都是值班员来做,若是周昊宇特意订的,一般都是肖楠去办,值班员便说道:"我知道,你给我吧。"

那男人将手中的一个箱子递给了值班员,用空出来的手拎起地上的另一个泡沫箱说道:"你一个人拿不过来,我帮你送进去吧。"值班员看看这三个箱子,自己也确实拿不过来,便让他把东西送了进来。

申童从办公室里出来,正好撞见二人,他深深地吸了口气:"好香!又是好吃的,谁订的?"

值班员道:"说是肖先生订的,肯定是周队看咱们破了这么大的案子,让肖楠订桌好菜犒赏咱们吧。"

"有道理。这回破了连环杀害孕妇的案子,周队肯定能当选咱们省里的十大优秀刑警。到时候,再敲他顿大的。"

值班员笑道:"是啊,哪回破了案,周队都得大出血。你敲周队的时候,别忘了叫上我。"

申童做了个OK的手势:"没问题。"申童说完,一眼瞥见那送餐员还站在那里听他们说话,眼睛好奇地四下张望,便道:"好了,把东西交给我,你可以走了。"

送餐员把东西递到他的手里,满脸堆笑地说道:"你们有没有要扔的垃圾,我可以代劳。只是麻烦您给五星好评。"

"不用,我们自己扔就行。"申童目送送餐员出了刑警队所在的楼层,跟值班员说道,"你看,现在为了要好评,都可以帮咱们扔垃圾,工作不易啊。"

"谁说不是呢。"值班员附和道。

这些菜是周昊宇特意订的,自己内部先小小地庆祝一下,等局长一发话,局里再为他们大大地庆祝。

杜若在为周昊宇高兴的同时,也对这个案子产生了浓厚的兴趣。杜若读书的时候兼修了心理学,周昊宇就把案子情节详细地讲给她听,在分析李传新变态心理的形成原因时可以听取她的意见,以充实自己向省公安厅汇报的材料内容。

在听完周昊宇的叙述后,杜若沉默了半晌。周昊宇奇怪地看着她道:"怎么了?有哪里不对吗?"

杜若这才醒过来,忙道:"变态心理的形成并非一朝一夕,而是由一系列的刺激引发,多与童年的经历有关,在他的成长过程中会显露出一些异于常人的行为。李传新虽然十三岁丧父,但那个时候已经过了异常心理形成的关键几年,他却依然变成了这样,所以我对他的成长经历反而更感兴趣了。我建议你在写报告的时候,详细地调查一下他的童年经历,报告中加入这一部分,你的分析报告就更加完整,更加真实可信。"

杜若的意见很中肯,周昊宇点头称是。

第十六章　杀人灭口

周昊宇父母留下的房子离长春路不远，小区是三十几年前建的，没有保安和物业。房子外墙的墙皮已经被风雨侵蚀得斑斑驳驳，楼道的声控灯已经坏掉了，再大的动静也不能让它亮起来。

周昊宇打开了门，一股霉味扑面而来，他径直走到窗户前，开窗让新鲜的空气进来。屋里简单的家具上落了厚厚的灰尘，正面墙上挂着的父母遗像也满是灰尘。周昊宇打开卫生间里的水龙头，放出来的水满是铁锈。他等水清了之后才洗了一块毛巾，返身回到客厅，将父母遗像上的灰尘擦拭干净。他久久地站在遗像前凝视着黑镜框中的人。

镜框中的男人四十多岁，样貌和周昊宇非常相像，一身威严的警服让他显得英气不凡，旁边是一个四十多岁的中年女子，姣好的容貌，温婉的气质，观之可亲。

爸、妈，儿子好久没有回来看你们了，我刚破了个大案子，局里要向省厅为我请功。爸、妈，你们的儿子有了心爱的女人，等结了案我就带她来见你们。她是个好姑娘，我想你们会喜欢她的。周昊宇站在父母的遗像前，在心里默念道。

他又深深地看了一眼父母的遗像，最后关上门，走下楼去。就在他打开车门刚要坐进车里的时候，身后传来一个女声："昊宇哥哥！"

周昊宇转过身，循声望去。一个中年女子站在离他不远的地方，她手里提着一个塑料袋，袋子里飘出一股卤肉的味道，看来是刚购物回来。

女子头发散乱，一脸油光，看不出具体的年龄，身高不到一米六，一件碎花棉布衣裙套在臃肿的身上，脚上穿着一双拖鞋。

要不是那一声"昊宇哥哥"，周昊宇真不能把眼前的女子和他记忆中那个扎着两个蝴蝶结、一笑就有两个小酒窝的小女孩联系在一起。"雯雯，是你吗？"周昊宇问道。

女子闻言，脸上现出一丝既尴尬又羞涩的笑容："是我，昊宇哥哥，好久没见了，你认不出我了吧！"

"是啊，有好几年没见了，你什么时候回来的？"周昊宇笑问道。

"我回来两个月了，你很少回来，也见不到你。"丁雯答道。

"嗯，我太忙了，也回不来几次。前年你结婚的时候正好赶上我有案子，也没能去参加你的婚礼,听丁叔叔说你嫁到了简宁,这次回来好好陪陪你爸爸。"周昊宇说道。

丁雯跟周昊宇是邻居,比周昊宇小三岁,从小就跟在周昊宇的屁股后面。周昊宇是家里的独子,没有兄弟姐妹,便把丁雯当作自己的妹妹一样爱护。母亲遇害、父亲牺牲后,周昊宇去了省城上大学,毕业后就在刑警队工作,从此就住在了刑警队的宿舍,很少回家来,两人便没见过几面了。前年丁雯结婚,周昊宇也因为有案子没能参加她的婚礼,只是包了个厚厚的红包给她,像哥哥送妹妹出嫁一样。只是两年没见,那个活泼明丽的女孩变成了眼前的样子,让周昊宇着实不敢相信自己的眼睛。

丁雯"嗯"了一声,接着又道:"我这次回来就不走了,我要好好陪陪爸爸。"

周昊宇一愣,丁雯苦涩地笑了笑,说:"昊宇哥哥,我要离婚了。"

"怎么会这样?"

"你看看我现在的样子,他已经看不上我了。"丁雯下意识地看了一下自己的身体。

刚看到她时,周昊宇还以为看到了一个中年妇女,怎么也不能跟他记忆中那个还不到三十岁的年轻女子联系起来。

"你是不是怀孕了?如果是的话,他是不能跟你离婚的。"

丁雯苦笑着摇了摇头,道:"要是的话他也不会跟我离婚了。"

"你怎么会把自己弄成这个样子,你以前那么漂亮,发生什么事了?"

丁雯听他这么问,眼圈立时红了,咬了咬嘴唇道:"结婚后我也不知道怎么回事,身体迅速变成这样,也一直没有怀孕。我就去医院检查,检查结果是内分泌出现了异常,子宫里长了个东西,怎么治疗也不见效果,他对我就越来越冷淡,后来他又有了别的女人。"看到周昊宇像看到了亲人一样,丁雯眼中的泪水忍不住流了出来。

"雯雯,别哭,现在医学这么发达,身体有病,会治好的,再说又不是什么严重的病。"周昊宇安慰道,"如果信得过我,我在医院有认识的人,我可以帮你找个好大夫。"

丁雯点了点头:"我没有你的电话,你那么忙,去公安局又怕找不到你。"

周昊宇把自己的电话留给了她,道:"我联系好了大夫就通知你。"

丁雯点头道:"昊宇哥哥,到我家去吃饭吧。"

"不了,今天晚上我们公安局有聚会,时间快到了,我得走了,我一直把你当我的妹妹,你别跟我客气,有什么事就给我打电话。最近海曲不太安定,你要注意安全。"周昊宇看看时间道。

丁雯见留他不住，便回去了。周昊宇直奔聚会的地点而去。

晚上，公安局为刑警队庆功，席上推杯换盏、觥筹交错，大家都尽兴而归，只有王晓妍的脸上看不出欢喜的表情，不多说话，只一个人低头喝茶。

这自然逃不过周昊宇的眼睛，散场后他把王晓妍叫住，问："晓妍，一起走走吧。"

两人漫步在人行道上，时值秋中时分，海滨城市已微微有点凉意。王晓妍一直没有说话，只是低着头向前走。周昊宇问道："晓妍，你怎么了？有心事？"

王晓妍摇摇头默不作声。周昊宇又问道："案子破了，你怎么还闷闷不乐？有什么事就告诉我，别一个人憋在心里。"

王晓妍抬起头看了看他，最后，下了很大的决心似的问："你真的肯定被击毙的李传新就是我们一直在追捕的连环杀手吗？"

周昊宇被她问得一愣，不由得反问道："为什么这么问？难道他不是吗？"

王晓妍道："我知道这个案子让你寝食难安，找到李传新后，他符合你对嫌疑人做出的所有特征描述，你在心里已经认定了他就是你正在追捕的凶手，你有没有想过其他的可能？"

周昊宇停住了脚步，诧异地看着她，道："晓妍，你是不是发现了什么疑点？"

王晓妍道："我知道在这个全局欢庆的时刻，我不该说这些，不应该扫你的兴，可是昊宇，我确实发现了不对劲的地方，本来我想自己核实后再告诉你，既然你问起来，我就如实相告了。"

"哪个地方不对劲？一定要告诉我。"周昊宇急忙问道。

"这里不是说话的地方，咱们回队里再说。"因为是聚会，两人都没有开车，周昊宇立即叫了一辆出租车回了刑警队。

二人一路都默默不言，下车后直接去了王晓妍的办公室。王晓妍进门后顺手将门反锁，又特意把百叶窗放了下来。周昊宇看她这样郑重也不作声，只静听她的下文。

王晓妍打开一个锁着的抽屉，拿出几个证物袋。王晓妍把物证推到周昊宇的面前，道："你好好看看。"

周昊宇不解地拿起来翻看，越看越心惊。最后他一屁股坐在了椅子上，额头上的冷汗涔涔而下。他抬起头盯着王晓妍问道："这些东西的真实性你都核实了吗？"

王晓妍指着其中一件道："今天下午我核实了这个，并且拿回了监控录像。"

周昊宇目光一凛，急忙问道："这件事还有谁知道？"

王晓妍摇摇头道："除了我之外，没有第二个人知道！发现有问题之后，这些东西便都在我手里了。我是痕检组的组长，我保证除了我之外没人看过这些东西。"她又拿出一个硬盘道："这是监控录像，是原盘，他们没有备份。"

周昊宇感激地看了一眼王晓妍道："晓妍，谢谢你！"

王晓妍叹了口气道："你我之间还用得着说谢字吗？只是，这些东西的发现，意味着什么你很清楚。"

周昊宇无声地点了点头，大脑在急速地飞转着道："如果这些东西都属实，那事情就复杂了。"王晓妍看着他道："可不是嘛，现在不光是我们海曲市，就连省厅都知道案子破了，凶手李传新被警方当场击毙，还要你写汇报材料。如果在这个时候发现结错了案，你怎么收场？"

周昊宇沉默了，这对他是一个严峻的考验。这个案子影响之大，不仅仅是海曲市，连省厅都介入进来，刚刚在自己手中结了的案子又被推翻，这不是他个人颜面的问题，而是关系到海曲市公安局在公安系统中的形象问题。

王晓妍一直用一种复杂的目光盯着周昊宇。周昊宇感受到了，抬起头对王晓妍道："晓妍，这件事情先不要告诉任何人。"

王晓妍点点头算是答应了。周昊宇郑重地向王晓妍道："晓妍，你相信我，如果真是我结错了案，我一定会堂堂正正地改正，我没有忘记自己进警队时的誓言！"

听到周昊宇这样说，王晓妍心里一宽，道："我掌握的证据至少证明薛菁不是李传新杀的，可她的枪为什么会出现在李传新的家里呢？我想你比我更清楚是怎么回事，所以，现在这个局面对我们也未必全无益处，至少可以麻痹对方，方便我们接下来调查。"

"你说得没错，明天我们先核实李传新的情况，如果证明我真的结错了案，我会向局长汇报。不论局里给我什么处分，我都会继续追查下去，直到将凶手绳之以法。"周昊宇坚定地向王晓妍说道。

"不，你不能这么做！"倒是王晓妍急了，说，"如果我发现这些证据就是要把你逼到如此境地，我情愿自己眼睛瞎了。"

周昊宇苦笑道："晓妍，别瞎说。就算你想维护我也不能这样咒自己。你想过没有，就算你没有发现这些物证，事情也不会因此而结束。凶手还会再犯案，到那个时候，所有的人都知道我周昊宇结错了案子。相信我的只会认为我只是一时不慎而结错了案，而不相信我的人则会认为李传新是我为了在限期内破案而找的替罪羊，那样事态会严重到不可收拾的地步。现在你发现了，还告诉了我，这是在帮我亡羊补牢，你不知道我心里有多感谢你。"

王晓妍又何尝没想到这些，道："昊宇，你先不要告诉局长，这个案子我们暂时将错就错，反正李传新也是杀人犯，我们又没有冤枉他，就暂时先让他多背一项罪名，我们还有机会，我们可以暗中调查，在凶手下一次作案前抓住他，然后再把事情说明，这样既解决了眼前的难题，又清除了案件的后遗症，你看怎么样？"

周昊宇摇摇头道："这怎么行，错了就是错了，不能为了掩盖自己的错误而犯更大的错误。"

"昊宇，我知道刑警警服对你意味着什么，我决不能让你离开刑警队，以你我这么多年的情分，你信我，我们一定能挽回局面，在凶手下一次犯案前抓到他。"王晓妍抓着周昊宇的衣袖，恳求道。

看到她这样，周昊宇心里怎能不为所动。"晓妍，对不起，我……"满腔的言语，周昊宇却说不出口，只能叹息了一声，挤出了这句话。

"昊宇，你把我的格局看得也太小了，在我心里，有一种情义比任何感情都珍贵，那就是惺惺相惜，就像我们之间一样。"王晓妍看着他一字一顿，无比认真地说道。

"好，我答应你！我会谨慎处理，我保证刑警队什么都不会变，一如既往，"周昊宇看着她，坚定地道，"我们永远都是可以信赖的知己，是可托生死的朋友。"

"记住你说的话，不能食言。"王晓妍又强调道。

第二天，周昊宇斟酌再三，还是敲开了局长办公室的门……

几天后的晚上，张显拎着一包下酒菜走进了周昊宇的办公室。他看到坐在桌子后面的周昊宇，把下酒菜放到茶几上，笑道："今天这么有兴致，请我来小酌。"

周昊宇并不站起来，只冲他微微一笑，指着面前的椅子道："坐。"

张显在他面前的椅子上坐下，大咧咧地靠在椅背上，道："怎么，汇报材料写完了？"

周昊宇苦笑道："凶手都没抓住，案子也没结，我不知道汇报材料该怎么写。"

张显脸上的笑容一滞，道："案子没结？凶手不是被我们击毙了吗？"

周昊宇从抽屉里拿出一个证物袋放在张显面前，示意他拿起来看看。张显狐疑地看着周昊宇,手却本能地拿起了袋子。他隔着袋子看向里面的一张纸片。那是一份海曲市中医院的病例,他翻开病例,上面有医生龙飞凤舞的笔迹,就医人是李传新,原因是脚踝扭伤,时间是七月二十七日。医生给李传新开了些消肿消炎止痛的药和一瓶红花油。

张显不解地看着周昊宇,问道:"这是什么意思?"

"上面的日期就是第一起孕妇被杀的案发当天,他不可能在晚上出去作案。"周昊宇苦笑着说道。

张显想了想道:"你确定病例上的这个人就是被我们击毙的李传新吗?"

"这份病例是在李家发现的。"周昊宇道,"我们找到了当天接诊的医生进行过确认。并且,我们也找到了李传新的同事,据他的同事说,那天下午四点多,李传新踩着一个凳子刷墙,不小心摔了下来,扭伤了脚踝,当时就肿得像面包一样,疼得站都站不住,还是他送李传新去的医院和回家,还在外面买了晚餐给他。之后李传新足足休息了三天,才一瘸一拐地去上班。"

"他不会是装的吧,原本没那么严重,就是为了晚上出来犯案故意撇清自己。"张显提出了另一种可能性。

"医生给他拍了片子,他骗不了人。再说,如果他拖着伤脚外出作案,一旦受害人反抗得厉害,他是没有能力控制住的,再说第一个受害人出现在那一片纯属偶然,没人能事先计划好在那个时间段杀她。"

"那你的意思是说,李传新不是我们要追捕的那个连环杀手了?"张显反问道。

周昊宇没有回答他,而是说道:"至少这个能证明庄小美不是他杀的。"

张显看着周昊宇道:"这事还有谁知道?"

周昊宇摇了摇头:"这又不是什么好事,不需要尽人皆知。"

"那就好。"张显透过办公室的百叶窗向外看了看,外面大办公室里空无一人,他把身子向前凑了凑,压低了声音道,"你打算怎么办?"

见周昊宇表情凝重,若有所思。张显说道:"昊子,既然你把这件事告诉我,就证明你没把我当外人,做哥哥的就实话实说了。李传新即使没有杀庄小美,但他老婆和薛菁毋庸置疑是他杀死的,这就足够定他的死罪了,加上人已经被击毙了,不在乎多项罪名。"

周昊宇苦笑道:"可我们是刑警,对证据不能视而不见。"

"以当前的形势,即使李传新不是凶手也得是凶手!何况他确实是个杀人犯。市里的破案期限已到,就是现在的舆论压力,如果不结案,你和局长都难以交代,弄不好就会被免职,即使不被免职,以后再想往上升就难了。这且不说,连省厅都知道结了的案子,能是说推翻就推翻的吗?不能!听哥哥一句劝,就算李传新真的冤了也得冤了,何况他也不冤。"张显语重心长地分析道。

周昊宇看着他道:"不只是这个证据,还有别的证据。"他把另一个装着纸片的证物袋放到了张显的面前。张显疑惑地拿起来,那是一张超市的购物小票,所购物品是毛巾、牙刷、啤酒、小菜等。他把证物袋抛到桌子上,不解地看着周昊宇。

"你再仔细看看时间和地点。"周昊宇提醒道。

张显又拿起来仔细地看了一遍,超市的名字叫佳客隆,时间是十月四日二十一点四十九分零十七秒。看他还是没看明白,周昊宇提醒道:"这是李传新的购物小票。"

张显脸色一变,道:"你确定是他的,不是别人的吗?"

"这是在李传新家抽屉里发现的,我已经通过超市的监控确认了。李传新是二十一点十八分进入的超市,二十一点四十九分在收银台结账,然后骑电动车回家。薛菁被害的时候,他还在两公里以外的超市购物,所以他不是杀人凶手。"周昊宇语气缓慢,一字一句说得非常清晰。

张显不说话了,似乎是在沉思,忽然道:"如果薛菁不是他杀的,那是谁杀死了薛菁?"

周昊宇直视着张显道:"我也想知道,但我更想知道的是,既然李传新不是杀死薛菁的凶手,那薛菁丢失的配枪怎么会出现在李家的床底下?"

张显微微侧头,避开了周昊宇的目光,喃喃地道:"怎么会这样?"他马上又说道:"会不会是薛菁被害后,李传新到过现场,从薛菁身上拿走了她的枪呢?"

"不可能!"周昊宇斩钉截铁地说道,"李传新从超市回家的路上都有监控,里面都有他的身影,当他进入巷子后没了监控录像,但是,那时我们已经赶到雁栖湖公园,他也没有机会接触到薛菁的枪。"

张显喃喃地道:"这是怎么回事呢?"

周昊宇突然反问道:"难道你不知道?"

张显被他这突兀地一问,一时没反应过来。"我怎么会知道?"随即张显有些急了,道,"昊子,你什么意思?"

"张队,我的意思你明白。"周昊宇继续说道,"既然薛菁不是李传新杀的,薛菁丢失的枪出现在他家,这明显是栽赃,想让李传新替他担下杀害薛菁的罪名,谁有这样的机会呢?"

张显一脸恼怒地道："我怎么会知道？"

周昊宇继续说道："有谁知道我们把怀疑的目标锁定在了李传新身上呢？目标锁定后，他的人和家一直都有我队里的人在监控，进去过的人只有你和你队里痕检组的技术员陈原。"

"你这是怀疑我了？"张显急了，霍地站了起来，道，"除了我之外，你队里的人也进去过，就不能是他们吗？周昊宇，我没想到你会把矛头指向我，怀疑人总是需要证据的吧，你有什么证据怀疑我？你别忘了，薛菁被害的时候，我可是跟你、肖楠，还有小展在一起。"

"你是一个老刑警了，找个时间证人，打个时间差，这一点难不倒你，你不过是跟我们玩了一个小把戏，造成了我的错觉而已。"周昊宇淡淡地道。

"什么错觉？什么小把戏？我听不懂你说什么。"张显脸上一副不屑的表情。

"薛菁有两部电话，有两个号码，一个是众人皆知的工作号，一个是只有少部分人知道的生活号。你杀害薛菁后，把她那个装有生活号码的手机带在了身上，而把那个工作号的手机留在了现场。然后就拎着事先买好的下酒菜来到我这里，聊了几分钟后，借去洗手的机会，用你身上那部手机拨打了薛菁丈夫的电话，接通后，故意让他听到里面窸窸窣窣的声响，之后便把电话挂断了。因为薛菁是刑警的缘故，她的丈夫对电话特别敏感，他怕薛菁有事，就把电话回拨过去。这里你已经把手机关了，薛菁丈夫又拨打了薛菁的工作号，没人接听。他这时真慌了，就给薛菁的搭档打了电话，得到的回答是他们没有任务，她的丈夫这样就更不安了，万般无奈下给你打了电话，就是那个你当着我们的面接的电话。接着你就当着我们的面装模作样地打薛菁的工作电话，她的电话自然是没人接的。因为这个时候她已经被害了。"

周昊宇抬起手止住了张显想要辩解的欲望，继续说道："之后，像是突然想起了一样，告诉我薛菁可能扮成孕妇，去街上钓凶手。前几天，你已经在我这里说过薛菁最近在扮孕妇钓凶手，这不过是你计划中的伏笔，所以你现在有说法并不显得突兀。如你想的一样，我们成了你不在犯罪现场的时间证人。你向我们提供了薛菁工作用的手机号，让我通过定位，找到了薛菁所在的大体位置，你把我们都支向了别的方向，自己找到了薛菁，把在你身上的薛菁的另一部手机放回到了薛菁的口袋里。"周昊宇把两份通话记录摆在了桌子上："薛菁的通话记录证明了我的推断。"

张显冷笑道："就算通话记录显示是这样，你这些也不过都是推论，你怎么证明那个打给薛菁丈夫的电话是我打的，而不是薛菁在遇袭时打出的

第十六章　杀人灭口

电话？"

"如果是薛菁遇袭时用她的生活号拨打了丈夫的电话，那电话就应该掉在现场周围而不是装在薛菁的衣兜里。而情况恰恰相反，薛菁的另一部电话掉在草丛中，而在紧急状况下使用的电话却好好地装在衣兜里，这本身就违背常理。还有，那次通话是通过公安局所在的基站拨出的，而不是在案发地雁栖湖所在的基站拨出的，这一点你是没办法改变的。你拿走薛菁的枪，一是为了栽赃给我们可能怀疑的人，二是为了给击毙他灭口提供充分理由。击毙一个身上携带着杀伤性武器的犯罪嫌疑人总比果断打死一个手无寸铁的嫌疑人更理直气壮。"

"我与薛菁的关系一直很好，我为什么要杀薛菁？我的动机是什么？杀人是要有动机的。"张显反问周昊宇道。

"为什么要杀薛菁？为了保住你的前程。"周昊宇冷笑道，"前些天我们破获了九夷区青鸟度假村的地下黑拳团伙，并且打掉了为他们提供保护的青鸟派出所所长赵刚以及四名涉案民警，虽然赵刚并不知道你也牵扯其中。可是我知道，以他们的职位，不可能让这个地下黑市拳场隐藏这么久，上面肯定有人为他们提供保护，我的视线就落在了九夷分局的中层身上。这个时候就发生了薛菁的案子，一开始我并没有把这两件事联系起来，直到我发现了李传新不是杀害薛菁的凶手而又在李家发现了薛菁的枪，我就把目光聚焦到了你的身上。我询问了薛菁的丈夫，他说薛菁被害后，他的家里曾经被盗过，除了少量的现金外，家里被翻得乱七八糟，像是盗贼在找什么似的。他曾向你说过，可这件事你在我这里也只字未提。后来，我查到薛菁就是青鸟度假村老板的表妹。度假村老板交代，为度假村提供保护的民警就有她一员，但青鸟度假村的老板只知道薛菁用钱打通了上面的一层关系，但具体是谁他也不清楚。薛菁只是分局刑警队的一名普通警员，她没有那么大的权力为度假村提供庇护，我们想到她的上面肯定还有人参与其中。度假村被我们扫了之后，知道你参与其中的只有薛菁一个人了，如果我们查到她与这件事的关系，就会通过她查到你，所以你就想办法除去她。王晓妍的私自行动给了你灵感，你想到了最近的连环杀人案，林瑜的死亡现场你是亲历过的，而庄小美的现场情况你是通过案发地派出所的警员孙明光和你们分局的法医陆显亮了解到的，于是你准备好了假扮孕妇用的物品，然后把薛菁约了出来，在她不备的情况下，以极快的手法扭断了她的脖子，之后对现场进行了伪装，最后又找到了我和肖楠，还有小展这三个重要的时间证人为你做证。之后的事情我刚才都说过了，我想就不用我再重复了吧。"

"不管你推断得多么合理,你没有直接的证据指证我。"张显一脸淡定地道。

"你是刑警,当然知道如何消除对自己不利的证据。那个从公安局所在基站用薛菁手机打出的电话是证据之一,薛菁的枪在李传新卧室的床底下被发现,枪外面是一个装垃圾用的黑色塑料袋。我们在这个黑色的塑料袋上发现了微小的皮屑,经过技侦的分析比对,证实与你的 DNA 完全相同。从我们找到这个黑色塑料袋后,你就没有接触过它,如果薛菁的枪不是你包在塑料袋里的,里面怎么会有你的皮屑?这是证据之二。也是你无法推翻的铁证。"周昊宇面无表情地说道。

张显的脸立刻变了颜色。周昊宇把一张鉴定报告放在了他的面前,说:"你是刑警,不会不知道这个埃德蒙 洛卡尔的物质交换定律吧。"

张显的脸立时变得苍白,一屁股坐在了椅子上。他的大脑在急速地飞转着,试图应对这个他意料之外的结果。"为了让我相信薛菁与庄小美是被同一个凶手杀害的,你以查案为名去了庄小美的家,趁平建军不注意,从他家拿走了庄小美的一副耳环,你想得很好,你加入了专案组,我这里只要能锁定一个嫌犯,你就能第一时间知道,然后你就把薛菁的枪和庄小美的耳环放进嫌疑人家里,然后在抓捕的过程中找机会把嫌疑人击毙,这样就让这个嫌疑人替你背起杀害薛菁的罪名,且死无对证。你急着给媒体透露信息,倒不是为了争功,而是你想利用舆论和限期破案给我压力,这样即使我发现案情另有真相,为了自己的前程也不会揭穿,只能将错就错。"

张显听他说完,扭头看了看外面空无一人的大办公室,他似乎是看到了一丝希望:"昊子,刚才你说没有其他人知道这件事,你晚上找我谈也没让别人在场,我知道你还是在意我们之间的兄弟情义。哥哥在这谢谢你了!兄弟,现在这种形势,事情抖出来,我固然是没有好结果,对你也没有半点好处,不如将错就错,你就当没看过这些,我调我手下的人全力帮你把那个杀人犯抓捕归案,给他安个别的罪名,这件事也就算是圆过去了。当然,我会对你这份情义做出补偿,以前我得到的都是你的,虽然不多,但是足够你在市中心最好的地段买套复式结构的房子,你看行不行?"

周昊宇淡淡地道:"我今天晚上费尽唇舌跟你说这些,就是看在我们以前的情分劝你自首,争取从宽处理,不是用这个跟你谈条件、拿好处。"

"昊子,我去自首,就会让人知道你结错了案,这对你一点好处都没有,你放我一马,哥哥记住你这份情义,咱们容当后报。"张显央求地说道。

周昊宇坚决地说道:"现在你只有两条路走,一条是你自首,另一条是我抓你归案。你自己选吧！"

"昊子，你非要这么做吗？"张显见他不为所动，一边说一边把手伸向了裤兜。

"别动！"周昊宇虽然坐在椅子上，但抬起的右手里握着一把子弹上了膛的手枪，枪口正指着张显的要害。张显也是个老刑警，他能一枪击毙李传新，枪法不容小觑。所以为了避免不必要的麻烦，周昊宇早有准备。

周昊宇的枪法在海曲市公安局是有名的，很少有人能从他的枪口下逃脱，张显绝望地道："你真要把我逼上死路吗？"

"你明知道李传新不是杀害薛菁的凶手，可你还是一枪打死了他，你给过他活路吗？双手抱头，别逼我开枪。"周昊宇站起身来，缓缓绕过面前的桌子，靠近了张显。这时门突然开了，王晓妍端着枪从外面进来，张显拼死一搏，一个反手把王晓妍的枪抓在了手里，身体迅速后转，左臂环住了王晓妍的脖子，右手的枪顶在了王晓妍的太阳穴上。

周昊宇的枪法虽好，但张显的身手很快，他又怕伤到王晓妍，也不敢冒险开枪。"放开她！"周昊宇吼道。

"你放我走，我就放了她，不然，我就让她陪我一起死。"张显恶狠狠地威胁道。

"张显，你也是干这行的，你认为我会放你走吗？"

"换了别人你可能不会，可是她就不一样了。她对你的情义尽人皆知，你不会眼看着她去死，你不会做被所有人唾弃的事，周昊宇，你是个聪明人，你不会做那样的傻事。"张显左臂用力，把王晓妍勒得更紧了。如果周昊宇有软肋，那么现在他手中的王晓妍就是，张显为自己能抓到王晓妍而得意。

王晓妍似乎并不在乎自己的安危，只是目不转睛地盯着周昊宇。周昊宇大脑飞速地旋转着，脸上坚定的表情慢慢地在瓦解，紧绷的身体在不自觉地变软，枪口也在慢慢下垂。

"把你枪里的弹夹卸掉，跟枪一起扔到远处！"张显用力勒着王晓妍。王晓妍的脸涨得通红，张显观察到了周昊宇的身体语言，知道有王晓妍在手，周昊宇不敢贸然与自己交手："再不扔掉，她的脖子就会断！"

"好！"周昊宇脸上的表情非常复杂，有不甘、有无奈，更有恼怒，但只得卸掉了枪中的弹夹，跟枪一起扔在地上，并抬脚将它踢到远处，"好了，你放了她，我放你走。"

张显脸上露出了一丝得意的笑容，拉着王晓妍向后退了两步，向周昊宇道："我怕你外面有埋伏，要她送我一程，等我安全了，我就会放了她。"

"张显，如果你伤了她，就算你跑到天边，我也一定不会放过你！"周昊宇看向张显的目光冷得像是结了冰，刺得张显心头不由得一寒。

"把枪放下，这是你唯一的出路。"张显身后响起了康维生威严而浑厚的声音。康维生的出现让周昊宇心头一震。

张显看到他，明显慌了，道："康局长，你别逼我，不然我跟她同归于尽！"

康维生微微冷笑道："也不看看这是什么地方，你觉得我能让你走出公安局的大门吗？"周昊宇听到这里心一急，声音不由得提高了几个分贝："局长，不能让他伤了晓妍，放他走，我保证会将他缉捕归案！"

"你闭嘴！我要的是他伏法！还有人能在这里跟我谈条件，真是笑话。"康维生冷冷地说道，对王晓妍的境遇视而不见。

张显看到康维生的态度如此坚决，绝望的表情浮上脸颊，心里着实慌了。

"康叔——"周昊宇也急了，道，"求您不要牺牲晓妍！"王晓妍看向周昊宇的眼中满是欣慰，她一直掰着张显左臂的手臂垂下，手中突然多了一物，以迅雷不及掩耳之势扎向了张显的腰间，张显只觉腰间一痛，一股强烈的麻酥感在身体内扩散。他低头一看，王晓妍手中一个大号的注射器已扎在了他的腰间，顿时恼羞成怒。"你暗算我，去死吧！"他在狂怒之下扣动了抵在王晓妍太阳穴上的手枪。

这只是一瞬间的事情，周昊宇来不及阻止，手里没有能还击的武器，情急之下，只得顺手抓起桌上的一个水杯向张显扔了过去。张显的枪口就顶在王晓妍的太阳穴上，只要扣动扳机，王晓妍必死无疑。

可现场的情况却出乎所有人的意料，手枪只轻轻地响了一下，并没有子弹射出，在场所有人都一愣神的时候，周昊宇扔出的水杯击中了张显的左颊。就在这一愣神间，王晓妍迅速掰住了张显环住她脖子的几根手指用力向外扭去，身子一旋脱离了他的控制。她双臂用力地把张显的胳膊向后扭去，脚下一绊，一个小擒拿把张显扑倒在地上。周昊宇立马赶到，一脚踢飞了张显手中的枪，上前按住了张显。张显反抗的力气明显弱了很多，王晓妍腾出手来，拽出别在腰间的手铐，将张显双手反铐在背后，又把他装在裤兜里的手枪也收缴了。

周昊宇这才看向王晓妍，关切地问道："你没事吧？"

王晓妍耸耸肩，给了他一个无比灿烂的笑容："我没事。"

周昊宇想把张显从地上拉起来，张显却已经处在瘫软状态了，躺在地上像一摊烂泥。周昊宇又问道："你给他弄的什么？麻药？"

第十六章 杀人灭口

"是,这种麻药见效神速,是从叶鸿那里弄来的,不过,药劲过了就没事了。"周昊宇任由张显躺在地上,他把王晓妍从地上拉起来,上下打量了她一番,确认她没事后才又问道:"刚才那枪是怎么回事?吓死我了。"

王晓妍咯咯一笑道:"有你在,我的枪就只是个唬人的摆设,要是弄不好还会成为他手中的利器,所以我就没装子弹。"

"你呀,为什么不暗示我?我都快被吓死了。"

王晓妍嗔怪道:"我的反应连局长都看明白了,就你没明白。"

在一旁的康维生咳嗽了一声,捡起了被周昊宇踢飞的手枪。康维生向王晓妍调侃道:"这叫关心则乱!他还以为我为了抓人要牺牲你呢!"王晓妍的脸霎时间就红了。

"抓捕这么危险的人物,怎么只有你跟王晓妍,要是他看破了你的计划怎么办?这会发生不必要的流血牺牲,你太大意了!这点我要批评你,以后再也不许这么蛮干!"康维生黑着脸说道。

周昊宇也为自己的鲁莽感到后怕,忙答应了,接着正式汇报道:"局长,现在几起案件理清楚了,九夷分局刑警队长张显就是杀害薛菁的凶手,他对所犯下的罪行供认不讳;李传新则是杀害他妻子黄金花的凶手,而庄小美以及林瑜案的凶手至今逍遥法外,我愿意为我在这几起案件中犯下的错误承担一切后果,不管是降职还是免职,我都接受。"

王晓妍听他这么一说,直接急道:"昊宇,你——"周昊宇摆手止住了她的话头。王晓妍又转向了康维生:"局长,他是您一手培养起来的,刑警队不能没有他!"康维生同样摆手止住了她,指着地上的张显问道:"他怎么样?需要就医吗?"

"不用,一会药效就过去了,他自然会醒过来。"王晓妍还想说点别的,康维生道:"你去调集刑警队最精干的力量看管张显,先不要有任何动作,也不许向任何人透露消息。"王晓妍深深地看了周昊宇一眼,答应一声出去了。

康维生没有理周昊宇,而是拿出手机,简短地对他的秘书道:"立刻召集所有中层干部和各分局中层,半个小时后在五楼会议室开会,任何人不得缺席!"

他转头向周昊宇道:"一会开会时,把嘴给我闭上,听命令即可!"

半个小时后,所有与会人员都坐到了公安局五楼的会议室,几位副局长都急匆匆地进了会场。没有看到张显的影子,九夷分局的孙局长有点急了,几次拨打张显的手机都无人接听,到最后干脆关机了,这让他有些恼火。于是他悄悄地问正在准备会议记录的局长秘书道:"我们局刑警队的张显通知到了吗?"

"不用通知他,他不会来了。"康维生沉声说道。

孙局长有些诧异,他不解地看着康维生和跟在他身后走进来的周昊宇。康维生走到了他的位置上,不怒自威的目光扫过众人的脸颊,会场里霎时安静了下来。

康维生清了清嗓子道:"今天夜里紧急把大家找来,是因为有一件重要的事情要向大家宣布,九夷分局刑警队队长张显涉嫌杀人、栽赃、渎职、收受贿赂、为犯罪分子提供保护和情报等多项罪名,现已被收押。"

康维生的话出乎所有人的意料。在座的人中除了周昊宇,都愣住了。前些天局长还对张显主动请缨协助专案组赞赏有加,才过了没多久,他身上怎么就多了这些罪名?并且每一项的严重程度都超乎大家的想象,只是碍于会场纪律,只能把这些疑问咽了回去。作为张显的直属领导,孙局长一脑袋的问号:"您能说得具体点吗?他杀了谁?又栽赃了谁?"

"张显就是杀害九夷分局刑警队民警薛菁的凶手,他模仿最近时常出没的连环杀手,以相似的作案手法杀死薛菁后并拿走了她的枪,造成了凶手持有武器的假象,再利用协助市局刑警队的机会,随时掌握案件的侦破进度,在刑警队锁定嫌疑人的第一时间,把他拿走的薛菁的枪放入李传新家,以图嫁祸给李传新。抓捕犯罪嫌疑人李传新时,在明知他身上没有武器的情况下却一枪将其击毙,使案件死无对证,并替他承担下了杀害薛菁的罪名。"康维生的一席话让大家咋舌,众人都是一脸的疑惑。

孙局长更是不敢相信,问道:"局长,杀害薛菁的凶手不是那个杀害孕妇的连环杀手吗,在前几天刚被张显击毙了,怎么张显又变成了凶手?有证据吗?"

"证据确凿,千真万确!"康维生斩钉截铁地道,"他对自己杀害薛菁一事供认不讳,并且对他所犯下的另一起案件也一并承认了。"

大家都面面相觑,孙局长又问道:"另外的案子?什么案子?"

康维生有些不满地看着他道:"半个月前,刑警队在你九夷分局的辖区内破获了一起特大地下黑市赌拳案,抓获参赌人员四十七人、赌资三百余万元,涉嫌为这个地下黑市拳场提供保护的警员五人,张显和被他杀害的薛菁也有参与其中。"

"难道他杀害薛菁就与此事有关?"

"地下黑市拳场的策划人与薛菁有着密切的联系,他就是通过薛菁买通了身为九夷分局刑警队长的张显,但他却并不知道为他提供庇护的人的身份。所以案件告破后,张显怕策划人供出薛菁,而我们会通过薛菁找到他,所以

第十六章 杀人灭口

他就模仿前段时间杀害孕妇的行凶方式杀害了薛菁，想鱼目混珠，把自己做的案子嫁祸到凶手身上。上次开会，他积极地要求协助破案，不过是想借职务之便，掌握刑警队的破案进度，为他的嫁祸行为提供便利。将李传新击毙后，在还没有掌握足够结案证据的情况下，又违反命令大肆向媒体发布消息，试图用舆论和市委限期破案的压力，促使刑警队尽快结案。可惜他当了这么多年刑警，竟然不相信法网恢恢、疏而不漏的道理。"

"那我们向媒体公布的案件信息以及结案报告怎么处理？省厅都介入了此案，我们怎么向省厅和市委交代？"常务副局长郝副局长皱着眉头问道。

"在张显做了这一切后，刑警队的周昊宇发现事有蹊跷，很多案件中的细节对不起来，便怀疑问题出在内部人身上，于是秘而不宣，开始暗中调查。这时刑警队的王晓妍在分析从李家带回的物品时，同样发现了在薛菁被害的那个时间李传新没有作案时间，她及时向队长周昊宇做了汇报，二人在经过秘密取证后，便向我汇报了这一情况。为了不惊动隐藏在我们身边的嫌犯，也为了取证的方便，我便让他们一边按犯罪嫌疑人的预想，对外宣称薛菁是在执行任务的时候被连环杀手杀害，一边以李传新就是连环杀手被击毙结案来麻痹他。在取得了所有可供指证他的证据后，今天晚上，在刑警队长办公室将他秘密抓捕，他对所有犯罪事实供认不讳。"康维生说完，扫视了一下在座的众人，接着道，"这是个案中案，犯罪嫌疑人不过是想移花接木，让另一个凶手承担起他所犯下的罪行，而我们就将计就计，一举将犯罪嫌疑人抓获。"

"那也就是说，张队长，哦，不，是张显，他是杀害薛菁的凶手，而李传新是连环杀手，那不是呈送省厅的报告要重写了？"有人担忧道。

"你只说对了一半，薛菁是张显杀的，李传新也只是杀死了他的妻子，至于连环杀手，他并没有落网，他还混迹在人群中，等待我们去把他识别出来。"康维生说道。

康维生的话引起了一片哗然。"那在李传新家里发现的另外一起案件中受害人的物品又怎么解释？"有人问道。

康维生看了一眼周昊宇，周昊宇接过话来说道："张显为了让李传新背起所有的罪，利用职务之便，借查案为由去了庄小美家，偷了第一死者庄小美的耳环，将耳环与薛菁的枪一起放到了李传新家。这一点得到了庄小美丈夫平建军的确认。至于怎样呈送省厅，我自有说法，不劳大家费心。"

一向以耿直出名的督察处处长田南山发出质疑的声音："康局，如果李传新只杀了他的妻子，而另外两起案子不是他犯的，那也就表示刑警队之前对连环杀手做出的特征分析和动机分析都是错误的,耗费大量的警力在一条错误的道路上走了很久,以至于这一段时间都停止了追捕真正凶手的工作,我想问的是,刑警队还能在杀手再次作案前将他缉捕归案吗?"

问题相当尖锐,周昊宇不得不表态:"田处,既然我们发现了蹊跷,就不会放弃追查,只不过前段时间为了麻痹对手而将调查转入了地下。我承认我之前的分析有失偏颇,对此我会做出书面检讨。对于凶手的特征和动机,我会重新调整调查方向,在最短的时间内将凶手绳之以法。"

巡警大队队长于峰站出来道:"虽然刑警队对凶手的特征分析有失准确,不过也歪打正着,如果不是那些分析和排查,只怕李传新这个杀妻的凶手就真的逍遥法外了。再说,在座的都是从警多年的老人了,虽然分属不同的部门,有不同的职责,但谁又能打破周昊宇的破案纪录呢?在这里我想问一句,如果真如市委的限令上说的,周昊宇被免职,谁主动站出来接过这个担子?谁愿意?说话呀!说别人的时候都咋呼得欢,需要自己出力的时候就往后撤。"

没人接他的话,周昊宇向他投去感激的目光。于峰又说道:"局长,接下来又是我们打硬仗的时候了,在案件侦破前,我会把巡警队所有警力都撒出去,进行二十四小时全天候无死角的巡逻,不给凶手留下再次犯案的机会。"

"好!"康维生大声赞道,看向了大家。于峰的话也激起了大家同仇敌忾的决心,纷纷表示,保证在自己的辖区做好安全巡查工作,只要刑警队需要,会无条件地协助。

这样的结果,是康维生希望看到的,但他也知道一些人会言不由衷,道:"说到底在座的都是一家人,只是分工不同而已,一荣俱荣、一辱俱辱,谁都不要想着隔岸观火、独善其身。我会向市委和省厅汇报,刑警队现在的任务是集中精力侦破手中的案子。九夷分局局长孙长胜,你对张显和薛菁的堕落,负有不可推卸的领导责任,先暂停所有工作,写份书面检查给我,等局党委开会研究后再做处理。刑警队长周昊宇没有在限期内破案,也要写一份书面检查交给我。"

对于他这样的安排,没人能说什么,毕竟主要责任不在自己身上。"今天的会议内容需严加保密,除了刑警队需要参与调查的人员外,知道的人仅限于本次参会人员,不得外泄。"康维生又一次强调了纪律。

第十七章　神奇催眠

夜已过半，刑警队重案组的成员都集合在会议室中，周昊宇把昨晚发生的事情简单地介绍了一下。前些天还欢庆胜利，现在却出现了如此复杂的局面，除了王晓妍之外，所有人都吃了一惊。周昊宇道："我们与这个连环杀手的战斗还在继续，大家稍作休整，我会重新对凶手特征进行描绘，以求尽快将他抓捕归案。"

王晓妍道："从即日起，刑警队全体人员取消休息，二十四小时待命。"

肖楠不满地向周昊宇道："周队，这么危险的抓捕你只带晓妍，是不是你一直都没有信任过我们？"

他的话也正是吴向东几人心中所想，只是没有问出口。"当然不是！"周昊宇斩钉截铁地说道，"我之所以没有告诉你们几个，一是从保密的方面考虑，二是想让你们休整几天，好有精力投入新的调查中去，接下来的任务非常艰巨，我得保证你们几个有一个良好的精神状态，毕竟破案靠的不是我一个人，而是大家。"

苗靖问道："周队，那我们下来的工作该如何开展呢？"

周昊宇双手交叉在身前，道："我会重新对凶手做出新的模拟画像，现在一切要从头开始了。"

王晓妍问道："你想从哪入手？"

周昊宇不无忧愁地道："对于这种系列案件，第一起案件的信息至关重要，我第一次对凶手的动机分析有失偏颇与没有得到第一现场的相关信息有关。可是第一现场被破坏了，而目睹第一现场的庄庆彬又因为受了刺激什么都想不起来，要是他能记起来就好了。"

展文睿若有所思，抬起头说道："周队，上次在医院，你不是能让受害人回忆起当时的情景吗，现在你也可以用那种方法试试。"

周昊宇摇摇头道："那只不过是一个小技巧，对于庄庆彬的这种情况，效果并不理想，我试过了。"

一直没出声的墨语突然道："我知道一种方法能帮助他想起当时的场景。"

"什么方法？"肖楠急忙问道。

"催眠！"墨语道，"催眠可以让人记起被遗忘的记忆。"

肖楠撇着嘴道："才子，你电视剧看多了吧，不靠谱。"

墨语急了，道："你才不靠谱，孤陋寡闻的烂木头！催眠术不仅能帮人找回失去的记忆，还能改变人的记忆，我在大学时就见到过出神入化的催眠术，现在想起来还历历在目。"

周昊宇道："催眠术我知道，只是不知道谁有这个能力？才子，既然你见过，那一定认识施展催眠术的那个人，是谁？人可不可信？能不能联系到他？"

"人倒是可信，只是我跟她也失去联系了，要联系上她可能得费点事，至于她肯不肯帮忙，这我就不敢说了。"

一直没有作声的申童道："你只要告诉我名字，我很快就能找到他。"

苗靖笑道："就是，你别忘了咱们有这个电脑神童呀！别说在海曲，只要在地球上，有名字就能找到。"

"找你肯定能找到，就是不知道她愿不愿意帮忙。"墨语不无担忧地说道。

"关键是他有没有那个本事！"肖楠道，"我们以刑警队的名义请他，还怕他不来？"

"她的能力超乎你想象。只是，如果她不肯帮忙，别说刑警队，就是公安局的名头也没用。"

"这个人是谁啊，这么牛？是没本事才用个性的名义来推搪吧！"沈博闻不以为然地道。

墨语不再与他作口舌之争。周昊宇道："我倒是对你说的这个人越来越感兴趣了，他是谁啊？我让神童查一查。"

"她叫杜若，是我在 S 大时的学妹，家也是海曲的。"

一听到这个名字，众人都一愣，周昊宇和肖楠对视一眼，一脸不可思议。苗靖忙调出手机中她与杜若的一张合影，向墨语问道："才子，是她吗？"

这回换墨语吃惊了，墨语仔细地把照片看了一遍，说："是她。怎么，你们认识？"

"原来是她！不只我认识，在座的也只有展文睿和沈博闻不认识她了，她可是咱们刑警队的老朋友呢！"苗靖说道。

"如果是她，事情就好办了，我也相信她有这样的能力，剩下的事情交给我来做。"周昊宇欣喜地道。

会议结束，人皆散去，肖楠对催眠术却充满了好奇，他拉住了正要离去的墨语："才子，给我讲讲你目睹的催眠术呗！"

墨语笑眯眯地道："想听故事？有什么好处吗？"

肖楠上来勾肩搭背地拉上墨语道:"当然有好处,明天给你买你喜欢的抹茶布丁,这总行了吧?"

"这还差不多。"墨语笑道,"想听故事也行,但是你得告诉我,刚才苗靖说杜若是刑警队的朋友,这是怎么回事?"

肖楠不便细说,便说道:"在以前的一个案子中认识的,只是不知道她还有这个本事,你说你见过她的催眠术,是怎么回事?详细说说。"

还没等墨语开口,周昊宇的声音在身后响起:"才子,这么晚了还不回去,又在这儿跟肖楠磨牙呢。"

墨语笑道:"这不是肖楠对催眠术的事情兴味正浓,正缠着我要听故事。"

其实周昊宇也并非不感兴趣,只是当着大家的面不好意思问而已,现在肖楠提起,便也坐下来笑道:"既然他这么感兴趣,你就给他讲讲吧。你跟杜若是怎么认识的?催眠术又是怎么一回事?"

一说到这个,墨语来了兴致:"我跟她是一个大学,又是一个学院,只是不同专业而已,毕业后就失去了联系。但她却一直留在我的记忆中,挥之不去。"

肖楠取笑道:"看你那自我陶醉的样子,肯定在大学时就是她的追求者之一了。"

"你想错了!"墨语断然答道,"我还是通过她男朋友才和她有来往的,我和她男朋友也算是哥们,朋友妻,不可欺,这点我还是能做到的。"

墨语并不知道周昊宇跟杜若的关系,所以只当是讲闲话一样无所顾忌地说出来。周昊宇听到"朋友妻"这句话时,心里有点不舒服,便默不作声。

肖楠敏锐地观察到了周昊宇的反应,他也不好再问下去,免得墨语在不知情的情况下说出让周昊宇尴尬的话来。墨语似乎沉浸在对往事的回忆中,并未发现二人的神态有异。他继续说道:"当年中文系美女如云,可真正算得上才貌双全的却也不多,杜若算是其中一个。虽然她为人恬淡、行事低调,不过她身边的追求者也如过江之鲫,我这个朋友便是其中最执着的一个。"

"哎,说了半天,他也只是一个追求者,什么朋友妻,简直是扯淡!"肖楠笑骂了墨语一句。

墨语也笑了:"看我朋友那么执着,我当然是成人之美。后来跟她有过一段时间的来往也是通过这位朋友。"

"后来怎么样了?说来听听。"肖楠像是小孩听故事一般,时刻以发问的形式引导着他的讲述。

墨语谈兴颇浓,他喝了一口杯里的水,咂了咂嘴道:"这就说来话长了。

在大学时，除了学生会下属的几个官方团体外，还有不少非官方的民间社团组织，这些社团都想在人才济济的大学中崭露头角，所以各个社团都在招兵买马，积极拉拢人才，发展壮大。当时我所在的宣传部是官方团体，在这么激烈的竞争中也得想尽办法挖人。"墨语顿了顿，接着道："当时在学校论坛的文学版块有一个非常有名气的写手叫子夜，不光是在学校的论坛，就是各大杂志和文学刊物也常有作品刊登，宣传部就想把这个子夜拉进宣传部以扩大在学校的知名度。"

他说到这里，周昊宇和肖楠心里都明白了，子夜就是杜若。二人对望了一眼并不说破，静听墨语的下文。

"谁知道这个子夜非常神秘，几乎没有人知道她的真实身份，我们部长就把找出子夜的任务派给了我。她的文章我看过，写得相当不错，有深度、有内涵。我就浏览了她文章后面的所有跟帖和回复，想从中找出关于她个人信息的蛛丝马迹。"

肖楠调侃道："别看你学的是新闻，那时候就具备当警察的潜质了。"

墨语也不以为忤，叹了口气道："我查看了她所有的回复，涉及文章的跟帖都仔细回复了，凡涉及她个人的跟帖就含糊而过，并不正面回答，很难看出她的身份信息，这让我非常失望。就在我快要放弃的时候，无意中对那个朋友说起这事，他才说出了子夜的真实身份，就是杜若。"

墨语看到二人并无反应，略略诧异，随即笑自己，故事讲成这样，任谁都猜到了。他接着道："我找到杜若，说明我的来意，诚心邀请她加入宣传部，开始她还推辞，几次下来她看我比较有诚意，也就答应考虑一下，可惜后来发生了些事情，她也就没能成为我们宣传部的一员。"

"后来发生了什么？"肖楠问道。周昊宇虽没有说话，也竖起耳朵仔细倾听。

墨语似是回过味来了，笑着向肖楠道："你怎么对她的事那么感兴趣，不是对她有意思吧？"

肖楠含糊道："你想哪去了，好奇不是咱们刑警的天性嘛。"

"天性？你的天性是对美女好奇吧！如果你真有这个意思，我劝你还是悠着点，最好别招惹她。"

肖楠撇嘴道："我对她又没什么不良企图，只是想多了解一下，这有什么错？正所谓窈窕淑女，君子好逑，她不会就因为有人喜欢而翻脸吧？"

墨语道："当年在S大就发生过一件事情，曾经轰动一时，至今都令我记忆犹新。现在说起来可能还有好多人记得，只是知道其中内幕的却没有几个，而我就是其中为数不多的人之一。"

肖楠跟周昊宇二人对望了一眼,对他将要讲述的事件兴味更浓。周昊宇在心里暗道:"杜若身上还有多少东西是自己不知道的呢?"

墨语当然知道他心里的想法,他开始讲述那件轰动一时的事情。

"大学的环境就像一个微型的社会,里面形形色色的人都有,有真心想学点东西的、有混文凭的、有的是为了装点门面的、有些人是来大学丰富生活的。"墨语特意加重了"丰富生活"几个字,显然别有所指。

"这是往好听了说,往不好听了说就是去泡妞的。谁都知道人文院出美女,美女如花自然就引来许多狂蜂浪蝶。我大三的时候,班上突然来了一个转校生,是从商学院转过来的。当时我们很奇怪,金融和中文是完全不搭边的两个系,他怎么会突然转来这里呢?过了些时候我们才知道,这家伙完全就是被商学院清理出来的,托了关系,走了门路才进了我们班。他家人并不指望他学什么东西,父亲没什么文化却赚了钱,在外面也会被人叫土豪,所以就想让儿子读大学,说出去也好听,走的完全就是暴发户买文凭的路子。"

肖楠对此也极是不屑,问:"他是怎么被商学院清理出来的?"

墨语道:"他在商学院两年,门门功课挂红灯,还仗着家里有钱,跟许多女生都有关系,更有一个女生因他怀孕而自杀未遂。最后商学院想开除他,又是他家里花了钱,才让他转到我们班上。到了S大,他并未吸取以前的教训,依然死性不改,在学校里用尽办法追逐女生。他在校外有一套房子,经常带一些贪图钱财的女生回去过夜,平时就住在我们宿舍,经常吹他的桃色艳遇。另外,他在校外与一帮小流氓为伍,虽然我们都烦他,但也尽量不理他,以免给自己招惹麻烦。他姓赖,叫赖进宝,他可能也觉得自己的名字太俗,不喜欢听别人叫他的名字,所以大家当着他的面都半调侃半讽刺地叫他赖大少,背地里叫他癞蛤蟆。当时系里的一些女生或真或假地与他交往着,不过他也不是认真的,只要到手了,过不了多久就会换人。那些女生呢,也不过是图他的钱,谁又能真的看得上他呢?在转来半年后,他的目光突然盯在了杜若身上,那是我刚跟杜若认识不久之后的事。"

周昊宇听了眉头紧锁,他知道后来这个癞蛤蟆一定与杜若之间有一段纠葛,所以心里很不舒服,凛凛的目光中杀气顿现。肖楠扯了扯周昊宇的衣服,周昊宇侧了头,只是牙关紧咬,拳头攥得咯咯直响。墨语诧异地看着他,肖楠忙道:"周队也是为杜若不平,这么好的姑娘怎么能遇到那样的家伙,要是现在,他敢打我朋友的主意,我一定打得他满地找牙!"

墨语还是盯了周昊宇几眼,对肖楠的解释半信半疑。肖楠又问道:"后来怎么样？杜若是不是报学生科处理了？"

还没等墨语回答，周昊宇沉声道："她一定会自己处理，决不会假手他人。"

墨语疑心更胜，他看着周昊宇的脸色又不好直问，便道："周队长说得没错，他小看了那个外表柔弱的杜若，他在与杜若的交锋中没占到什么便宜，反而大病了一场，病好了之后，再见到杜若像是见到鬼一样退避三舍，从此他就收敛了许多。"

周昊宇跟杜若认识也一年多了，交往越深，周昊宇越是看不透杜若，她就像是一本读不完的书，越是用心去读越会发现新的内容，就连周昊宇跟她这样亲近的人，都不知道她懂催眠术，更是从来没听她提起过墨语所说的这些内容。从墨语的话里，周昊宇已经隐约猜到杜若对付赖进宝的手段与催眠术有关，但他还是猜不透杜若是如何做到的。他不禁好奇地竖起了耳朵。

"接着说。"肖楠自己喝了水，又给墨语倒了一杯，咂着嘴催促道。

墨语也喝了口水润了一下有些发干的喉咙，继续说道："自从赖大少的目光盯上杜若后，他先是送花、点歌，甚至送珠宝首饰、车、房，他能想到的招数通通用上了，但杜若答复他的只有一个字，滚！从那之后他就开始用些无赖的手段去骚扰杜若，校园里只要有杜若出现的地方准能看到他的影子，虽然他还不敢公然用强，但也让杜若不胜其扰。自己喜欢的女生公然受到骚扰，我朋友非常生气，他可能也觉得这正是一个博取杜若芳心的好机会吧，在赖大少又一次骚扰杜若的时候站了出来，非常男人地警告赖大少，离杜若远点，不然就对他不客气。"

英雄救美这一招要是用得好，在追女孩子时还是颇有用处的。肖楠叹道："英雄救美，好机会！"

墨语苦笑道："我朋友没有因此追到杜若，却惹来了赖大少的报复，他找了一帮地痞流氓，在校外狠狠地打了他一顿，肋骨被打折了两根。赖大少还放狠话说一个星期之内定把杜若弄上床。"

"混蛋！"周昊宇再也控制不自己的情绪，一拳打在桌子上，一个水杯受到震荡，在桌子上跳了一下掉到地上，摔了个粉碎。周昊宇怕墨语再往下说出更不堪的事来，就沉声说道："不用说了。"

他的反应把墨语吓了一跳，肖楠叹了口气道："才子，杜若现在可是周队的女朋友。"肖楠的话不言自喻，你以后要注意措词，别口不择言地乱说。

"啊？"这出乎墨语的意料之外，前面周昊宇的反应，墨语还以为不过是周昊宇对杜若有好感而已，没想到二人的关系已是非常亲密，他说道，"周队,你别误会,赖进宝是痴心妄想,杜若自然有办法收拾他。"

周昊宇暗暗想:杜若并不是一个普通女子,她怎么可能让这家伙得逞,自己真是对她太没信心了。

看周昊宇的脸色稍有缓和,墨语斟酌了一下措词又道:"我朋友被打的第二天,赖大少突然在宿舍里吹牛说,杜若主动约他晚上在湖边的竹林见面。他还刻意打扮了一番,郑重地去赴那个约会。我们当时都在叹息,说杜若是不是被他吓怕了,真可惜了这么个好姑娘。"说到这里他觉得不妥,忙又解释道:"我们当时并不了解杜若,才会那么瞎猜。后来才知道,他这一去正是杜若刻意安排的,也就有了第二天的'大课堂癫蛤蟆事件'。"

想起那天发生在大课堂的事件,墨语忍不住笑出声来。"你还笑得出来!"肖楠暗暗推了他一把道。

墨语忍着笑道:"大学里经常几个专业的人在一起上大课,大课的地点就在学校的小礼堂。正好第二天中文系的几个专业都在上哲学课。上大课嘛,你们也知道,你学不学都没人管,去不去也没人管,可教哲学的是一个六十多岁的老教授,他超爱点名,上课要提前十分钟点名,没去的他都有记录,到期末一准挂科,没办法,大家只好都去捧他的场。就这样,那天的小礼堂里坐满了人,教授又拿起花名册开始点名。当点到我们班的赖进宝时,发生了一件你们想都想不到的事,哎呀,真是太好笑了——"说到这里他又忍不住哈哈地笑出声来,显然是又想起了当时的情景。

说到这紧要关头却不说了,肖楠扬扬手道:"再卖关子我削你。"

墨语抚了抚心口,忍着笑道:"当教授点到赖进宝的名字时,谁都没想到他突然站起身,走到最旁边的过道上,双脚呈八字并拢,膝盖分开,双腿弯曲,两手撑在地上,嘴里瓮声瓮气地说道,'一身疥毒满头疮,身如气鼓舌如簧。坐立不分寻常事,一声惊得百虫僵!'然后吸气把两腮鼓起,活像一只充气的癫蛤蟆。大家都愣在那还没反应过来,他接着用一种非常怪异的语调边跳边大声念道,'咕呱!咕呱!我想吃天鹅肉!咕呱!咕呱!我想吃天鹅肉!'之后他站起身来,坐回椅子上,跟什么事都没发生一样。"

墨语讲述得声情并茂,甚至蹲在地上学起赖进宝的样子,活像一只蹲在地上的癫蛤蟆,那种瓮声瓮气也被他学得惟妙惟肖。起先周、肖二人也是一愣,当听到后面这几句后,周昊宇忍俊不禁,"扑哧"一下笑出声来。而肖楠则把刚喝进嘴里的一口茶水全喷在了墨语身上,他扶着桌角剧烈地咳嗽起来,咳嗽过后才变成激烈的笑声。

墨语讲到这里也忍不住同他们一样笑起来。最后肖楠擦了擦眼角笑出的泪花："真笑死我了，后来呢？"

墨语忍着笑说道："当时礼堂里的人跟你们的反应是一样的，先是愣了片刻，之后笑声都快把礼堂的屋顶震塌了，而赖进宝还很迷茫地问旁边的人，他们在笑啥？"

肖楠揉着肚皮，疑惑地问道："难道他不知道自己做了什么？"

墨语道："我就坐在离他不远的地方，看得真切，他好像真的不知道自己刚才做了什么。等笑声稍停，那位老教授以为他是故意扰乱课堂纪律，立时铁青着脸道，'赖进宝，你到底在干什么？'

"赖进宝听到老教授问他，先是一愣，面露疑惑。老教授接着厉声喝问道，'赖进宝，我问你到底在干什么？'

"听到这句话，赖进宝又做出了一件令人意想不到的事情，他又重复了一遍前面的动作和那几句话，直到笑声又一次淹没了整个礼堂。"墨语忍着笑继续说道："那位老教授气得浑身发抖，直接把赖进宝赶出了礼堂。而赖进宝则非常无辜地不知所以。"

三人又笑了好一阵子才停下。二人很少见到周昊宇笑成这样，不禁都异样地看着他，他并没有察觉，只是叹道："这么刁钻的办法也只有她想得出来。"

"就算别人想到了也做不到。"墨语补充道。

肖楠笑道："笑死我了，我能想到是她的杰作，只是不明白她是怎么做到的。"

周昊宇笑道："应该是催眠，她的心理学导师颜世聪就是有名的催眠师，我想她一定是从她导师那儿学来的。"

墨语道："我们当时都不知道发生了什么事情，只是好奇，后来才从我朋友那儿听说，这件事是杜若对赖进宝的一个警告，不过这个警告也确实起到了作用，他一个星期没在学校露面，再回校时，见到杜若就像是见到鬼一样避之唯恐不及，哪还敢再去骚扰她。"

这么好笑的事情，肖楠岂肯放过，追问道："说说杜若是怎么做的。"

墨语脸上露出既无奈又不甘的神情，道："我能知道是她做的，这就是机密了，怎么问我朋友，他都不肯详说内幕，不知道他是真不清楚详情还是杜若不让他说。反正看赖进宝怕杜若怕得要死的样子，是她做的手脚准没错。"墨语转头向周昊宇道："周队，她现在可是你女朋友，你都不知道这件事？"

周昊宇道："她很少讲她以前的事，我没有问过。"

墨语突然凑上前来，问道："周队，我可是把我知道的都告诉你们了，你

第十七章 神奇催眠

能不能问问她是怎么做到的？我心里一直很好奇，又不能直接去问她，以你们目前的关系，她一定肯告诉你。"

"怎么，你想学会了也像她一样去整人？就算我知道也不能告诉你。"周昊宇调侃道。

肖楠笑道："你还别说，对付那种无赖就得来点绝的，这种方法比我们这些粗人擅长的打架管用多了。"

"周队长，你真不够意思，这点忙都不帮。小心哪天你惹她不高兴了，她也把你变成一只癞蛤蟆！"墨语不甘地威胁道。

"这就不劳你操心了。不过，为了工作方便，不要在别人面前提起我们的关系。"周昊宇叮嘱道。

墨语立时像是抓到了他的把柄一样，道："你要我保守秘密也行，你得问她是怎么做到的，不然，这将会成为全局公开的秘密。"

"你有胆量就尽管去说，别的我不敢保证，让她把你变成一只死墨鱼我还是有把握的。"周昊宇反过来威胁他了。

"我猜，杜若肯定是这样跟他说的，"周昊宇学着杜若平时说话的腔调，"我能把你变成一只癞蛤蟆，也能把你变成一只死癞蛤蟆，你最好相信我的话，别逼我再对你动手。"

墨语兴奋地道："还是你了解她，她很可能就是这样警告赖进宝的。"

故事也听完了，周昊宇喝完了杯中的最后一口饮料，道："好了，再不回去天都亮了，天亮了我就去找她，看看她能不能帮这个忙。"

由周昊宇出面，杜若自是不可能不帮忙，只是她对周昊宇知道她会催眠术的事感到很好奇。当周昊宇提到墨语的时候，她想了片刻才记起墨语这个人。

能让庄庆彬尽快恢复正常，且能帮助警方尽快侦破庄小美被害的案子，庄家人自是不会拒绝催眠。

事情进行得很顺利，在杜若的催眠引导下，庄庆彬很快就恢复了那段被他压抑在潜意识里的记忆。

那天上午八点多，庄庆彬像平时一样出门，去找几个附近的老头闲聊，走到庄小美出事的小院门外时，看到门半掩着，他觉得有点奇怪，小院的老哥们前两天才过世，他记得昨天晚上经过的时候，小院的门还是关紧的。出于好奇，他从小院大门的缝隙往里面看，就看到了那让他心惊肉跳的一幕，在院子里面躺着一个女人！他大着胆子细看，发现躺在血泊里的竟然是自己的女儿，他这才经受不住刺激，出现了急性记忆障碍和适应障碍。

经过杜若的催眠，他想起了当时的细节：当时庄小美平躺在地上，头发整齐地散在脑后，双眼微闭，神态安详，身上的裙子也很整齐，双手交叠放在腹部，鞋好好地穿在脚上，如果不是她脖子上暗紫色的勒痕和身下那一摊血，整个人就像睡着了一样。

庄庆彬虽然想起了现场的细节，但他面对失去女儿的创伤事件，产生了种种适应障碍，对创伤性事件的短期失忆、饮食障碍、睡眠障碍、思维迟缓、表达障碍等依然存在。

杜若答应为他提供心理上的援助，帮他克服这些障碍，庄家人自是感激不已。

从庄家出来后，周昊宇问道："庄庆彬的心理问题严重吗？"

杜若道："创伤后应激障碍，**Post Traumatic Stress Disorder** 又叫 **PTSD**，是个体面临异常强烈的精神应激后发生的一类临床症状严重、极大损害人的精神健康的应激相关障碍。他的心理问题是急性应激障碍，不是太严重，应该不难治，我回去要好好想想怎么帮助他。接下来你打算怎么做？"

"还原了第一现场后，我想重返案发现场，做一回案情重演，这样能更准确地把握凶手当时的心理感受。怎么样，你想不想一起去？"周昊宇看着她问道。

杜若笑道："能亲临犯罪现场这么好的机会，我怎么会轻易放过，你想把自己代入犯罪嫌疑人的角色，去感受他当时的心理状态，对吧？"

周昊宇目光眷眷地看着她道："今天你也听了庄庆彬描述的现场情景，你帮我一个忙好不好？"

杜若如何不明白他心中所想："好吧，你是想让我扮受害者，而你扮凶手，来体会凶手当时的心理感受。"

"知我者，你也！毕竟我不是学心理学出身的，你这个老师还得多多指教！"周昊宇笑道。

杜若回以他同样的微笑："这么谦虚，孺子可教也！"

第十八章　重返现场

　　为了更贴近当时的情景，这一次周昊宇也是选择了跟庄小美同样的时间以及同样的行进路线，从庄小美家所在的小区一路来到了案发的巷子外。他们同样将车停在了巷子外面。

　　二人之前去庄庆彬家时，杜若已经对案发现场周边的地理环境进行了一番了解，杜若把自己当成了受害人庄小美，按照庄小美的行进路线进入了巷子，而周昊宇刚把自己代入了凶手角色，选择了庄小美行进路线中的一条岔路作为凶手开始发现并跟踪庄小美的起始地点，这也是他认为凶手最有可能出现的地点。

　　当杜若走过周昊宇所在的巷子时，周昊宇看到她后，悄无声息地跟在了杜若的身后。在杜若快走到案发小院的门前时，周昊宇快步上前，一把勒住了杜若的脖子，用脚后跟踢开了小院虚掩着的门，快速把杜若拖进了小院。以他的力量，杜若根本没有反抗的余地，很快杜若就停止了挣扎，被放倒在地上，周昊宇先去把院门关上，然后在杜若身边蹲下来，目光在杜若身上游走，那种贪婪的眼神让躺在地上假死的杜若一阵脸红，她不由得伸手拉了拉自己身上的裙子。周昊宇浑然不觉，他的手爱怜地从杜若脸颊上抚过。滚烫的温度让杜若心头一颤，当他的手往下抚上杜若的脖颈时，杜若打掉了他的手，从地上坐了起来。周昊宇像是从梦中惊醒了一样，脸上一红，伸手把杜若从地上拉了起来。

　　"对不起！我入戏有点深。"周昊宇不好意思地道。

　　杜若没有回答，她拍打着自己身上的尘土，眼睛四下里搜寻着，周昊宇这才把她散落在大门边的鞋拿过来给她穿上。"你是不是跟别的同事做案情重演也这样？"杜若似笑非笑地问道。

　　"怎么会？当然不会！以前都是别人来做，我在旁边指导，今天第一次把自己当凶手，就遇到这么美丽的——"周昊宇本想说"美丽的受害人"，可受害人这三个字意味着什么他不是不知道，这决不能用在自己女朋友的身上，所以他及时地收住了话头。

　　杜若装作没听懂。周昊宇清了清嗓子道："凶手与死者属于偶遇，凶手很可能是在刚才那条小路上远远看到了死者，然后悄悄跟在她的后面，看到附近无人，并且知道小院里无人居住，所以在小院门口袭击了她，把她拖进了小院。因为当时院里的独居老人刚刚去世，门口还挂着白花，只有对小院情况熟悉的本地人才能知道这是一个不上锁的空院。"

杜若道："你分析的这一点是对的，对于锁定凶手至关重要。"

周昊宇又道："从受害人脖子上的勒痕分析，他的力气不是太大，身材不是太高，从事的应该是非体力劳动或半体力劳动。但是死者脖子上的勒痕却只有一道，也就是说凶手杀死受害人的态度非常坚决，没有犹豫，没有不忍。凶手在勒死她后才攻击她的腹部，导致胎儿娩出。凶手做完这一切后，对死者又进行了一系列的布置，整理了她的头发和衣裙、把死者的鞋穿回到脚上、将她的双手叠放在小腹上使她看起来神态安详，这是为什么呢？他这种前后不一的行为是因为什么心态呢？我以前分析是因为凶手与受害人之间有亲属关系而产生的愧疚，事实证明我这个分析是错误的。"

周昊宇说完便看着杜若，希望她能给他一种心理学上合理的解释。杜若不答，她侧着头想了想，道："前后不一的态度可能表明他对受害人和受害人腹中有胎儿有着截然不同的态度。你说受害人除了脖子上的勒痕和腹部的钝器伤之外没有其他伤痕，而当凶手做完这一切之后，又对受害人进行了摆放，使她看起来平静而安详。勒死受害人可能是他的控制措施，而攻击受害人腹中的胎儿才是他最终的目的。他对杀死受害人心存愧疚，这才有了最后的摆放行为。"

"你这个分析跟我前面的分析一致，当时我把凶手的动机确定为挫败感引起的攻击，导致他产生挫败感的是那个还未出生的胎儿，源头便是他的生殖障碍。经过长时间的排查，我们最终找到了一个符合这类动机的嫌疑人，他也确实有这样的危险心结，但却不是我们要找的变态连环杀手。这导致了我对自己分析的怀疑，不知道还要不要以这种思路再调查下去。"周昊宇说到后面，有点沮丧。

杜若却笑着说道："你的前半部分推论没有问题，但是人的心理是非常复杂的，一样的因却不一定结出一样的果。凶手可能是因为胎儿给他带来了挫败感，对受害人的摆放也可能是因为愧疚。那我们可不可以这样解释他的行为。"杜若说到这里，还是又斟酌了一下措辞："最初胎儿是带给了他挫败感，使得他控制不住自己攻击的欲望，可在攻击的过程中，他体会到了一种强烈到无法自制的快感，这种快感是他从正常渠道不能获得的。这时胎儿离开了母体，他的这种快感也从高潮回落到了零点，再看向受害人时，他产生了愧疚的心理，这才有了后面的摆放行为。"

周昊宇听明白了她说的话，却还是不太明白她这些理论如何应用到当前

第十八章 重返现场

的案子上。杜若继续说道:"凶手对胎儿的愤怒也可能不是由于生殖障碍引起的,也可能是对他爱的剥夺而产生的,他对受害人的摆放行为也可能不是因为伤害她而产生的愧疚,而是对失而复得的爱的表达。"她的说法让周昊宇心中一亮。杜若继续说道:"他的这种愤怒可能源于他幼年时期爱的剥夺,这种爱的剥夺在他的心理上产生了一个心结,导致他成年后无法通过正常的渠道和方式获得性满足。在一次偶然的情况下,他通过攻击得到了释放,于是一发不可收拾,致使他只能通过攻击特定人群而得到这种快感,所以,发生在这个小院里的案件不会是凶手犯下的第一起案件。"

周昊宇听到这里异常兴奋,道:"对,不会是第一起,从他这么有条不紊地攻击和摆放受害人的行为来看,他非常知道怎样才能达到自己最满意的状态,没有尝试的痕迹,所以在这之前一定有过类似的攻击行为,他从以前的攻击行为中得到了经验,于是才有了这么整齐干净的现场。虽然在我手里没有类似的案件,但是我可以让申童查一下,在别的地方有没有类似的案件发生,这样也许对锁定他的居住地有帮助。"

杜若又补充道:"以前的攻击行为可能不是凶杀案,可能是针对同一特征人群的伤害案件,可能这个伤害案件看起来像是意外,也有可能因为性质并不十分恶劣而导致受害人没有报警,又或者是发生在隐蔽场所,受害人没有被发现,又或者是发现了案子,却当作别的案件性质处置了。从犯罪心理学上说,像这种以满足某种心理为动机的案件,凶手选择的第一个受害人的个人特征对于他至关重要,以后他的受害人选择会趋于泛化。这种异常心理并非一朝一夕能够形成,所有的事情并非无源之水、无本之木,都有一个积累的过程。"

周昊宇道:"真是不虚此行!我马上回去调查,一定能把他从人海中捞出来。"

听到二人说话的,除了阵阵吹过的秋风外,还有小院里的一个黑影。那个黑影本来蹲在院子里,正用鼻子闻着手里的一件东西,看他当时的表情像是在吸毒一样。当他听到二人的声音时,二人已在小院门口,并且很快就进了院子。他在无路可走的情况下,急中生智,躲进了离墙边不远的一株龙爪槐里。因为龙爪槐长时间无人修理,加之雨水充足,枝叶疯长,已经长长地垂在地上。那身影并不高大,躲进去后也不明显。

杜若异常敏感,抬头向黑影方向张望。周昊宇顺着她的目光看过去,问道:"怎么了?你看什么?"

杜若顿了顿才道:"那个树丛中有点动静。"周昊宇用手电向黑乎乎的墙角照过去,只见那几架无人打理的蔬菜已结了种子,疯长的野草和树枝挡住了二人的视线。周昊宇听她这么说,一伸手把带在身上的九二式半自动警用配枪拔了出来,推弹上膛,把杜若护在身后向树丛走去。

躲在树丛中的黑影本来还想着对方只有两人,最不济就冲出去夺路而逃。当他听到子弹上膛的声音时,心里顿时凉了半截,在心里暗暗叫苦:如果今天被打死在这里,也算是报应,难道真是天理循环、报应不爽?心里虽这么想,却也还是做好了拼死一搏的准备。

就在周昊宇离黑影藏身地还有几步远的时候,一阵风吹过,吹得树枝乱颤,树叶哗哗作响,不知从哪里来的一只猫从树丛边窜出,把周、杜二人吓了一跳。二人不由得放松了刚才紧绷的神经。"原来是一只猫啊,是我神经过敏了。"杜若笑道。

周昊宇忙了一天,确实也累了,便把枪收回说道:"时间不早了,咱们回去吧!"

二人出了小院掩上门,向巷子外停车的地方走去。

那个黑影听外面没了动静,这才钻出了树丛,在院门前听了听外面的情况,闪身出了小院,向二人相反的方面急急地走去,三拐两绕,消失在巷子深处。

杜若边走边取笑道:"今天我们的周大队长差点开枪击毙了一只路过的野猫,要是真开了枪,你这报告回去应该怎么写?"

周昊宇呵呵一笑,停下脚步向杜若问道:"从心理学上说,凶手有可能会故地重游,只是我想知道这样的可能性有多大?"听到周昊宇这句话,杜若心中一动,她不由得停下了脚步。

周昊宇看到杜若脸上凝重的神情,心头一惊,向杜若道:"我们回去看看。"

两人急忙返身往回走,周昊宇重新将子弹上了膛,急步往回走,叮嘱杜若:"跟在我后面,别离开我身边。"

当看到半开的院门时,两人不由得倒吸了一口凉气。二人出来时,周昊宇分明将院门带上了,院门有点紧,不可能被风吹开的,分明是人推开的。

周昊宇回头看了看杜若,两人提高警惕走进了院子。整个院子,除了上了锁的房子和西墙角简易的厕所之外,也就只有这一片能藏住一个人了,当时杜若听到的响声是从那一片发出的,自然他把目标也就锁定在了枝繁叶茂的龙爪槐了。周昊宇轻轻地靠近树丛,做好了随时开枪的准备。他用强光手电照着树丛，厉声道："警察，出来！"

除了风吹过树叶发出的沙沙声外，再也没有其他的声音。周昊宇把手电筒递给杜若，缓缓上前，突然出手将垂在前面的树枝拨开，他这一动作让杜若心头也紧了一下。看到里面空空如也，两人心头都是一松。周昊宇蹲下身去，从地上捡起了一丛被折断的野草，用手指捻了一下断口的地方，还是湿的，显然是刚折断不长时间。在没有野草的裸露地面上，几个凌乱且相互重叠的脚印赫然出现在地面上。

刚才确实有个人躲在树丛里，难道是凶手？想到这里，周昊宇心头一紧。

看他蹲在地上，杜若在一边问道："怎么了？不会是刚才真有人躲在这里吧？"

周昊宇回头看向杜若道："杜若，看来凶手真的会重回现场，重温那种刺激，当这种刺激满足不了他的心理需求时，他就会再次作案。"

杜若从他的反应已经猜到了，无声地点了点头。周昊宇又叹道："他肯定听到了我们对案情的分析，这对我们找到他很不利。"

杜若却摇了摇头道："塞翁失马，焉知非福。他可能听到了我们对案情的分析，但我们对于他出现在现场这一点，又可以加强了我们对他作案动机的分析。一对一平，我们并没有损失什么！加上他在现场留下的痕迹，对于他体貌特征的判定，不是没有帮助吧？"

周昊宇脸上露出欣慰的笑容，然后拨通电话，把技侦组的痕检人员叫来现场。

杜若道："他的出现对于我们判断凶手的作案动机恰恰起到了决定性作用，他能回到案发现场，重温作案过程，回味当时的感受。在犯罪心理学上表示，这种心理需求与性需求有关，而这种性需求只能通过攻击特定的人群来达到。数据统计显示，百分之九十以上的连环杀手的作案动机都与性需求有关。"

二人正说着话，刑警队技侦组的人到了，痕检人员只提取到了几枚不太完整的足迹，能够确定的是，那是一个男人的运动鞋印，四十二码，六成新，属中等消费品。

从现场回来，周昊宇坐在办公室里沉思起来。

第一起案件和第二起案件间隔了四十四天，从第二起案件到现在又过去了四十二天，按照此案件的案发规律，两起案件之间的冷却期会越来越短。也就是说，之后将是凶手展开狩猎的时间，只要在合适的地点出现合适的目标，凶手就会行动。而前段时间媒体的宣传，已经告诉市民，连环杀人案的凶手已经归案，大家不再人心惶惶，已经开始走出家门正常生活，防范心理大大降低了，这也正好给了凶手作案的机会。怎样在他再次犯案前找到他，这成了梗在周昊宇心头的一根刺。

申童把最近半年发生在本市，甚至连下面县市侦破或未侦破的类似案件扒了一遍，并没有发现类似的案件。

周昊宇从窗户向外望去，夜色朦胧，前面小区居民楼的灯已经熄灭了大半，院子里的警车整齐地排列着，车头朝外，以一种随时准备出发的状态静默着。他看着这个自己倾力守护的城市，想着那个心爱的女子应该已经进入了甜甜的梦乡。为了她，也为了更多像她一样的人能平安地进入梦乡，他愿意付出努力。想到这里，他身上又有了希望和力量。

他在办公室走了一圈，活动了一下酸疼的脊背，重新回到椅子上，手肘不小心碰翻了桌上的水杯，半杯水洒在了桌子上，他赶忙把一摞材料移向旁边，以免被水打湿。等他把桌子上收拾干净，便看到了放在手边的一个卷宗。

他忽然记起，这是昨天小丁送来的，说是检察院退回的，要求补充证据，因为忙别的事没顾上，便放在桌上忘记了。那是自己去省城学习时，吴向东主办的一起抢劫杀人案，当时因犯罪嫌疑人在逃而无法结案。踏破铁鞋无觅处，得来全不费工夫。谁承想就在前不久的那次抓捕地下黑市拳场的时候，将在逃的犯罪嫌疑人段家兴一起抓捕归案。周昊宇也算是搂草打兔子，捎带脚地抓获了一个在逃的犯罪嫌疑人。

他这时才翻开细看，当时锁定段家兴为犯罪嫌疑人的证据就是在受害人的银行卡上发现了他的指纹，并且在段家兴的家里发现了受害人的手机。段家兴只承认了自己参与偷车，并不承认杀人。对于受害人银行卡上留有他的指纹，他是这样解释的，他在穿过案发现场附近的巷子回家时，发现了丢在地上的一个女式手包和一把雨伞，于是他便拿走了里面的几百块钱和一部手机。至于银行卡，连同包里的其他东西一起扔进了附近的垃圾筒。

因为没有拿到犯罪嫌疑人段家兴的口供，在受害人身上也没有发现凶手留下的直接作案证据，现有的证据不能形成完整的证据链，检察院以证据不足为由，把案件打回了公安局，要求他们补充侦查。

当周昊宇看到里面受害人的照片时，心中忽然一动，这让他联想起了平卫国的案子。他跳过其他的部分，直接翻到了法医学报告。死因：机械性窒息；致死方法：扼颈；致死工具：手；枕部有轻微撞击伤。周昊宇边看边在心里默念道。

腹部没有标志性的击打伤，致死工具也不一样。这起案件到底跟这个系列案件有没有关系呢？

　　一道灵光在他的脑海中闪过，他把一张海曲市的市区图铺在了桌上，用彩笔和圆规在地图上写写画画，随即眼前一亮。

　　周昊宇看看窗外已经泛白的天空，决定小睡片刻，天亮后先召集参与段家兴案件的人员开个会，然后再提审段家兴。

　　参与段家兴案件的几人都被周昊宇叫到了会议室，他决定将这个案件重新调查。当时参与案件的成员都在座，案卷的内容和现场的照片把众人的记忆重新带回了案发现场。

第十九章　第一受害人

那是今年的六月八号清晨，前夜的一场暴雨将海曲市的道路冲刷得异常干净，空气中没有一丝灰尘。作为海滨城市，虽已是六月，天气还颇为凉爽。道路两旁的合欢树上，茂如凤羽的枝叶经过雨水的洗涤更加青翠欲滴了，衬着几朵初开的粉色绒花煞是好看。

天才透亮，空气中还带着雨后的清凉和泥土的气息，天空的阴云慢慢散开，一丝晨曦从云层中微微透出。晨练的人们刚刚走出家门，尖锐的警笛声就划破了清晨的宁静，几辆闪着警灯、拉着警笛的警车急速驶进了九夷区威远路潜阳街的东园巷。

东园巷巷道狭窄，九曲十八弯，分支极多，如蜘蛛网一样四通八达。从外面看不到巷子里面的情况，只看到一些早起的市民围在巷子里，正指指点点、叽叽喳喳地议论着什么。在巷口并不能看到现场的情况，看样子，案发现场应该在巷子拐弯处。几辆急驶而来的警车停在了巷口，从车上下来一些或穿便装或着警服的人。为首的是一个四十多岁、穿警服的男子，那些提工具箱的警员跟在他身后，向围观的人群走去。

辖区派出所的民警早就接到了110指挥中心的指令，在市局刑警队到来之前便赶了过来，在巷子口拉起了警戒线，将那些看热闹的市民与现场隔离开来。巷口维持秩序的警员看到他们走来，忙问道："是市局刑警队的同志吗？"

为首的男子道："我是市局刑警队吴向东，剩下的工作交给我们，说说这是怎么回事？"

那个警员麻利地答道："我们六点零三分接到了指挥中心的指令，说是东园巷里发现一具女尸，六点十一分我们赶到了现场，开始维持秩序和保护现场，并等待你们的到来。我们到的时候已有一些群众在围观，据报案人讲，他报案后一直在现场等我们，没有人动过尸体。现场基本维持原状。我们已通知巷子里的其他居民待在家中不要出来，随时接受您的询问。"

"报案人呢？"

民警指了指站在一边的六十多岁的男子道："就是他报的案。"肖楠道："我去给他做笔录，顺便了解一下巷子中居民的情况。"

管片的民警向吴向东介绍了巷子里居民的情况。

吴向东穿过警戒线，站在巷口向里望去，在靠近巷子转弯处，一把没有撑开的雨伞躺在地上。巷子拐过弯后纵深有十几米，巷子的尽头又是一个拐弯通向别的路口。巷子此段呈南北走向，巷道狭窄，宽大约两米，路面由混凝土铺成，坡度较大，排水良好。在离弯口三米左右，靠近东侧墙边的地上，侧卧着一个穿碎花衣裙的女人，脚上只有一只平跟凉鞋，另一只鞋子丢在尸体旁边。

法医和痕检员已进入巷子，开始了现场勘查的工作。吴向东观察完周边的环境，这才走到尸体跟前，法医叶鸿正蹲在尸体边进行初步的检验。

死者身材不高，体形臃肿，露在裙子外的胳膊和腿都很粗壮，身上的裙子是宽松的棉线质地。她的裙子已经湿透，紧贴在身上，一头烫成大卷的黄色头发胡乱地盖在脸上。

正查看间，肖楠已走到近前："报案人是住在后面街上的一个老人。老人每天早上穿过这条巷子，到前面街上去买早点，今天也不例外，早上六点出门，经过巷子的时候发现了死者，所以马上就报了案，除了这些他也不能提供别的情况。"

这个结果在吴向东的意料之中，他环顾了一下四周，立刻向肖楠道："肖楠，你快带几个人，在附近的垃圾筒、墙边、角落等地查找，看看有没有一个女式提包、手提袋、钱包，甚至钥匙等，动作要快，争取赶在清洁工清理掉之前找到。"

肖楠微一愣神，立时反应过来，招呼了几个警员分头查找起来。

助理法医小齐费力地将死者的身体翻了过来，口中低声叹道："这么重，够胖的。"死者的上半身已经僵硬，叶鸿将盖在死者脸上的长发拨开，那是一张毫无生气的脸，双目半睁，嘴微微张开，似是想喊却没能喊出声来一样。面部有几个紫色的印痕，左颊上一大块青紫色伤痕分外醒目。叶鸿用一只手放在死者的面部比画着，喃喃道："是一只右手的手印。"

叶鸿用手在死者的头部摸索着，随即分开死者头左侧的头发仔细地检查着。吴向东问道："能不能判断出死亡原因和时间？"

叶鸿按了按死者的后脑，向吴向东道："枕部有一挫裂伤，但颅骨未有触及明显骨折及凹陷，应该不是致命伤，左颊上有钝器伤，眼结膜下有点状出血，面部有压痕，初步判断为窒息死亡，也不排除其他的致死原因，这要回去解剖后才能得出最终结论。"

吴向东又问道："死亡时间呢？"

叶鸿看了看腕上的表说道："刚才我们测了尸体的直肠温度，结合环境温度判断,其死亡时间在八到十个小时,应该在昨天夜里的九点至十一点间,这只是我初步的结论。"

叶鸿检查了尸体的全身,口中道:"后脚跟上有擦伤。"

"后脚跟有擦伤?"吴向东想了想说道,"巷子离拐弯点三米处有一把雨伞,那里可能就是最初的袭击地点,然后死者被凶手拖到了这里。"

叶鸿对他的看法不置可否,只埋头于自己的工作。苗靖道:"如果死者曾与凶手进行过搏斗就不可能不发出任何声响,巷子中的居民也许有人能听到什么。我去找巷子中的居民做调查,看有没有人能提供有用的线索。"

吴向东突然道:"死者很可能就是附近的居民,问问有没有人认识死者。同时,你调查的重点放在九点半到十点这段时间。"

苗靖不解,还没等她问出来,王晓妍接口道:"昨天夜里的雨是在十点左右开始下的,一直到凌晨三点多才变小,淅淅沥沥地直到黎明。死者身边的雨伞没有撑开,并且法医判断的死亡时间也不是在凌晨时分,死者遇到袭击很可能是在下雨前,且离下雨的时间比较接近。老吴,我说得对不对?"

吴向东"嗯"了一声:"因为如果时间太早,街上人多,凶手的行动容易被人即时发现,临近下雨,行人都已回家,正好方便凶手下手,也就是九点半到十点之间。"苗靖立刻心领神会地去了。

吴向东向王晓妍道:"你这个一切以物证说话的技术员也开始推理了,可以考虑把你调到外勤了。"

王晓妍就势道:"好啊,一言为定。"

吴向东叹了口气,一副爱莫能助的神情道:"我要是队长,一定满足你这个要求。"

王晓妍道:"以你的资历,一直空缺的副队十有八九是你的。"

吴向东正色道:"上面没有任命,什么都有可能。再说,以你这些年的表现,怎么知道那个位置不会是你的呢?"

王晓妍撇了撇嘴道:"我?你几时见刑警队提拔过女性?何况,队长不在就让你全面负责队里的工作,很明显这是给你展现能力的机会。所以,你好好表现,我们可都等着你当我们的领导,然后请我们吃饭呢!"

吴向东不答,脸上却有微微的笑意。他转头向叶鸿道:"要是二人曾发生过肢体冲突,鸿姐,你再仔细检查一下,说不定死者能告诉我们一些关于凶手的情况。"

叶鸿点点头,重新在尸体身上搜寻凶手可能留下的线索。吴向东站起身来向四周观望,离死者最近的一个院子的院门打开着,能听到里面有说话的声音。

苗靖正坐在院子东边的葡萄架下，向一对七十岁左右的老夫妻询问，只听那老头向苗靖道："昨天晚上天气闷热，我和老伴在院子里乘了会儿凉，九点多就躺下了，不一会儿，我们就迷迷糊糊地睡着了，再后来我们家里的毛毛就吵了起来，把我和老伴吵醒了。"说到这里看到了走进院里的吴向东，一时便住了口不再往下说。

苗靖向吴向东打了个招呼，继续问道："大爷，毛毛是谁？"

那老头宋大爷便招了招手，那只一直在附近转悠的白色京巴摇着尾巴跑了过来。老头拍拍它的头道："就是它，我们养的一只狗。"

苗靖会意，看了看那只小京巴接着问道："大爷，毛毛叫的时候，您二老听到什么异常的声音没有，比如说喊救命或是打斗的声音？"

两个老人对望了一眼都摇了摇头，老太太又道："没有，我们毛毛平时很安静，不会无缘无故地吵闹，当时我们开了灯，看到它冲着大门的方向叫，老头子说出去看看，我说可能是外面打雷或是有人走路。我们仔细听了听，除了打雷的声音，又没听到什么动静，毛毛也不叫了，我们就重新关灯睡觉。"

宋大爷嘟囔着道："我说出去瞅瞅吧你不让，你看，这不真就出事了。"

老太太不满地接话道："得亏你没出去，你都一个老头子了，出去能抵什么事，不怕坏人连你也害了。"

苗靖接着问道："大爷大妈，你们记不记得毛毛叫唤的准确时间？"

宋大爷摇摇头道："不记得了，我们又没看表。"

"我有个老毛病，半夜被吵醒了就好长一段时间睡不着，"老太太作思索状，"虽然我们没看表，但我记得，那时候外面打了个闪，光特别亮，接下来就是一声雷，震得耳朵都疼，差不多十几分钟后外面就开始下雨了。"

昨天晚上的雨是从十点钟左右开始下的，并且很急很大。如果老太太说的话属实，那这应该就是比较准确的案发时间了，九点五十分左右，与吴向东的分析和叶鸿初步判断的死亡时间相吻合。

吴向东问道："看样子，你们住在这里已经有年头了，跟周围的邻居还熟吗？"

老太太道："是啊，我们住在这里几十年了。这里有几十年的老邻居，也有才搬来不久的，大部分都认得。"

苗靖马上道："您能不能帮我们认一下，死在外面街上的女人是不是住在这附近？"

老太太脸露惧色，踌躇不语。宋大爷道："还是我去吧，她胆小，怕以后都不敢在晚上出门了。"

两人陪着老头出了大门，老太太趴在门口往外偷看，既好奇又胆怯的样子。苗靖看了忍不住在心里发笑，心想：年纪这么大了还这么胆小。

街上，死者已经被装进了殓尸袋，正准备往车上抬。吴向东忙拦住他们，拉开殓尸袋的一角，露出死者的脸来，宋大爷只看了一眼便惊道："这不是胜利媳妇嘛！"

见老头认出了死者，吴向东忙问道："您认识她？她叫什么名字？住在哪里？"

宋大爷道："这是胜利媳妇，至于叫什么我还真不知道，我老伴一准知道。哎，我是看着胜利长大的，他们家就住在那儿。"老头指了指巷子里面，就是老头家后面，中间隔了一户人家。

"那您能给我们讲讲这户人家的情况吗？"苗靖接着问道。

宋大爷道："姑娘，回我家再慢慢跟你讲，我老伴比我清楚。"

苗靖答应了一声。这时巷子口传来肖楠兴奋的声音："老吴，找到了！"

吴向东收住脚步，肖楠急步走来，人还没到跟前，一股垃圾的酸臭味已经传来。只见他手中提着几个袋子。他将袋子摆在吴向东面前，里面装着一个女式手提包、钱包、一张身份证、一张工行的银行卡、一串钥匙，还有一张从手机里拔出的电话卡。

"在哪找到的？"吴向东问道。

肖楠指着后巷道："从这里再拐出去是宏泰街，这些是在宏泰街上，离这个巷子口不远处的垃圾箱找到的，幸亏我们去得快，再晚两分钟就被垃圾车清走了。"

吴向东"嗯"了一声，从肖楠手里接过那几个袋子细看，女式手提包样子很简单，边上镶着蕾丝和轻纱，只是已经沾了垃圾筒里的泥水，散发着一股难闻的气味。钱包却是新的，没有变形和磨损。肖楠说道："我们在垃圾筒里找到了这个包，里面的东西已经被掏空了，在垃圾筒里还找到了这个钱包，里面没有现金，只有一张银行卡和一张身份证，身份证上的照片跟死者很像，所以我判断这个包也是死者的。还有这串钥匙，也是在垃圾筒里找到的。"

吴向东翻出了装在证物袋里的身份证，身份证照片上的女人正是巷子中的死者，吴向东轻轻念道："袁桂兰，女，三十三岁，汉族。住址：海曲市港城区威远路潜阳街东园巷八号。"他抬头向已经给现场录完像的申童道："把这个交给技侦，让他们在上面找线索。同时，你去查查附近的警眼，看看能不能找到有用的信息。"

申童道："我已经联系了，录像很快就会传过来，只是这里是居民聚集区，设在附近的警眼不多，也不知道能不能提供有价值的线索。"

吴向东点点头，对申童的安排比较满意。

肖楠道："这抢劫犯还真会选地方，够隐蔽，如果不是住在这个巷子里的人，很少有人会从这里经过。不过，这个女人也真够倒霉的，还有不到十米就进家门了。"

王晓妍皱着眉头道："奇怪，她一晚上不回家也没人出来找，我们在这儿折腾了半天，怎么她家一个人都没出来？"

"我们去看看。肖楠，把找到的那串钥匙给我。"

东园巷八号，这是一个典型的北方民居小院，三间正房，院子的西面是一间厨房，西南角是厕所，地面用红砖铺成，坑洼不平的地方仍有积水。吴向东用钥匙插进大门的锁孔，轻轻一转，门锁被打开了，钥匙果然是死者的。吴向东把钥匙重新装进证物袋交给了王晓妍。

一个警员从屋内走了出来，看到他们便说道："这家没有大人，只有一个小男孩，但是，不管我问什么，他一句话也不说。"

吴向东扫视了一下屋内，东西两间是卧室，中间是客厅，屋里的家具都是八成新，从屋里的布置可以看出，这个家庭属于中低收入阶层。墙上挂着一幅婚纱照，虽然照片中的女人化了浓妆，但从五官上，吴向东还是能分辨出她正是袁桂兰。

在西间屋里坐着一个七八岁的男孩。男孩很瘦弱，黑里微微泛黄的皮肤，似乎长期营养不良，穿在身上的短裤和短袖衫似是某学校的校服，衣服已经发黄，上面有几块污渍，散发着一股馊味。男孩怯生生的，听到有人进来，迅速地抬头看了一眼，马上将头低下，一声不吭。

吴向东向男孩问道："小朋友，你叫什么名字？几岁了？"男孩抬头看了吴向东一眼，又迅速地将头低下。

王晓妍跟了进来，她打量了一下这个孩子，稍后，抚摸了一下男孩的头，又把孩子的手握在自己手里。男孩的手冰凉且微微颤抖，他稍稍抗拒，随即又放弃了，王晓妍指着墙上的照片问道："告诉阿姨，那是你的爸爸妈妈吗？"

孩子可能是从王晓妍温暖的手掌中感受到了她的善意，也可能是她身上的警服让他感到了信任和安全，他看了看王晓妍的脸又看了看墙上的照片，轻轻地摇了摇头，随后又点了点头。这个动作让几人有点摸不着头脑。吴向东接着问道:"你爸爸呢?"

看到孩子没反应,王晓妍接着问道:"你妈妈呢?她去哪了?"那孩子还是不肯开口,王晓妍转头向吴向东道:"这孩子是不是看到什么吓着了?"

吴向东微微摇头,看到那孩子只对王晓妍不是那么抗拒,便向王晓妍道:"看来这孩子比较信任你,你把他带回队里,看看他能不能给我们提供什么有用的信息。这家的男主人不知去向,我去他的邻居家看一下,能不能联系上他。"

前面苗靖从死者邻居那里了解到,死者是张胜利的第二任妻子。张胜利的第一任妻子两年前死于疾病,死者袁桂兰也离了婚,两人是一年前结婚的,男孩张小虎是张胜利与前妻的儿子。夫妻二人在离此不远的潜阳路上开了一家卖箱包的小店,平时便指着小店的收入维持生计。

吴向东向宋大爷问道:"大爷,您知不知道张胜利平时常去什么地方?怎样才能联系上他?"

宋大爷道:"平时胜利也没什么地方可去,如果他夜里都没在家的话,可能是去外地进货了。我这里没有他的电话,这个帮不了你们了。"

从宋大爷家出来,苗靖首先道:"死者晚上关了店门,带着一天的收入回家,在快到自己家的时候遇到了凶手,凶手在抢劫的过程中遇到反抗而杀死了她,然后抢走财物。这个推论应该成立吧!你们说,会不会是熟悉她生活规律的人做的呢?"

申童道:"凶手知道死者身上带着一天的营业额,并选择在这样僻静的巷子里动手,从这点来看凶手熟悉死者的生活规律,应该是熟人作案。但是,如果是熟悉死者的人怎么会选择在她的家门口动手呢,这么晚了死者没有回家,他就不怕家人出来找她而看到他?再者,如果是熟悉她的人有预谋地抢劫的话,为什么没带凶器呢?至少会带一件能恐吓到死者的吧,她怎么会是被掐死的呢?"

肖楠反驳道:"正是因为凶手跟死者是认识的,死者在反抗中看清了凶手的脸,所以凶手才不只是抢了钱完事,还要杀人灭口。再者,熟悉她的人才会知道她丈夫不在家,所以选择在这里动手。凶手对这里的环境也熟悉,方便逃走,要我说,这个凶手就是住在附近的人。"

三人各执己见,都转头看向一直没有作声、四下观察的吴向东。苗靖忍不住问道:"老吴,你倒是说一下你的判断。"

吴向东沉声道:"不要这么早下结论,任何一种可能性都存在。"

苗靖耸了耸肩小声道:"一切皆有可能,周队的名言你也学会了。"

吴向东不理她的嘀咕，接着说道："就现在我们所掌握的情况来看，抢劫杀人是成立的。所以，你们接下来的任务是在附近展开摸排和走访。苗靖，你继续在附近走访，看看能不能找到目击者；申童，你会同管区的民警排查附近的居民情况，寻找嫌疑人，重点是有犯罪前科的人；肖楠去死者的店铺周围，查她昨天晚上什么时间关门回家的，经营情况以及跟周围邻居的关系等。"

几个人各忙各的去了。吴向东留人在死者家，等她丈夫一回来便带到刑警队去。

案发现场处在一个巷子里，又经过大雨的洗礼，能提取到的有用的痕迹不多，技侦和法医在忙碌着。

王晓妍将小男孩带到了小接待室，那孩子将身体缩在椅子上，低着头不敢看人。王晓妍便拿出一些零食来哄他，男孩感受到了王晓妍的关怀，虽还是不肯说话，但还是把水果和零食拿了手里。他趁别人不注意快速塞进嘴里小心地咀嚼着，似乎怕发出声音被人听到一般。

王晓妍看到他瘦弱的身体、无助的眼神和那小心翼翼的动作，不禁从心底泛起一阵酸楚。那是一种什么样的家庭氛围才能让孩子变得这样惶恐不安呢？现在他又失去了母亲，真是个可怜的孩子。王晓妍眼睛湿润了，忍不住心疼地将他小小的身躯搂在了怀里。孩子一愣，身体在王晓妍的怀里微微颤抖着。王晓妍柔声道："孩子，别怕，阿姨是警察，阿姨会保护你，谁也不敢再欺负你了。"慢慢地，孩子的身体在她的安慰下放松了，许久，他抬起头看着王晓妍的脸，怯怯地叫了声："阿姨！"

这声"阿姨"让王晓妍的心里泛起一阵暖意，她脸上绽放了一个无比温柔的笑容，甜甜地答应了一声，接着问道："你是不是饿了，告诉阿姨你想吃什么？阿姨去给你买。"

孩子又低下了头不说话，眼睛却偷偷地瞥向扔在桌子边的一张印有汉堡、鸡腿的宣传页，王晓妍忙叫来一个警员小耿，让他出去买一份快餐回来。

东西很快就买了回来，小耿把汉堡递到孩子面前，孩子伸出手去接，小耿马上收了回来，逗他道："快叫叔叔，叫叔叔才给你！"

孩子伸出去的手又缩回来，低下头，似乎是受了委屈一般，王晓妍从小耿手中接过汉堡递给那孩子，哄道："叔叔逗你玩呢，快吃吧。"

孩子将汉堡捧在手中，只是上下左右地打量着。他舔了舔干干的嘴唇，似乎是捧着一件极心爱的东西，并不舍得放入嘴中一般。小耿摸了摸孩子蓬乱的头发笑道:"臭小子,我跑那么远给你买吃的,连个叔叔都不叫。"他又回头向王晓妍道:"看他的样子,不会是从来没吃过吧?"

王晓妍没有理会他,只对孩子笑道:"吃吧,如果不够,这里还有。"孩子听她这样说,才小小地咬了一口,细细地咀嚼着。他可能是真的饿了,慢慢地开始大口大口地往嘴里送,随即狼吞虎咽起来。王晓妍看他吃得香甜,嘴上全是奶油,忙抽了张纸巾帮他擦嘴,边笑道:"慢点吃,别噎着,来喝口可乐。"

孩子吃了一个汉堡,又吃了一个鸡翅,似是饱了,可还是将薯条捏在手中,不忍放下。王晓妍哄他道:"如果吃饱了,这些都给你留着,现在可以告诉阿姨你叫什么名字了吗?"

经过这半天的相处,孩子已不那么怕生,特别是对王晓妍。听到她这样问,他愣了半晌,还是开口说话了,小声地答道:"张小虎。"

王晓妍心里很高兴,她就怕是孩子看到什么场景被吓到了才不讲话,现在看到孩子肯开口,她才将悬着的心放下,继续说道:"小虎,你几岁了?上几年级?"

张小虎还是小声地答道:"九岁,二年级。"

王晓妍继续问道:"你爸爸呢?昨天晚上他在家没有?"张小虎摇摇头。"那你爸爸呢?他去哪了?"王晓妍继续追问道。

张小虎又摇摇头道:"爸爸昨天早上说他要出门,要我乖乖听话。"

"爸爸让你乖乖听话,你知不知道爸爸去哪了?"

张小虎说道:"不知道,爸爸说完后我就上学去了,下午放学就没有看到爸爸。"

王晓妍听吴向东说过,张小虎家开了一个卖箱包的小店,张胜利会经常出门,多是去外地进货,这次可能也是,听小虎讲,张胜利应该是昨天白天就出门了,晚上没有回来。她接着又问小虎道:"小虎,你放学后去了哪里?你妈妈呢?"

当问到小虎的妈妈时,小虎又低下了头,脸上又恢复了以前怯生生的表情。王晓妍在心里琢磨,要问到关键的地方了,小虎会不会是看到了什么呢?她的心里微微有些期待又有些不安,她期待小虎看到什么,能给他们提供破案的线索,同时她又不安,如果小虎真的看到了可怕的场景,会不会影响到孩子的心理健康呢?

小虎看到她期待的眼神,终于开口了:"我放学后去找妈妈,后来就回家了。"

"你没有和妈妈一起回家吗?"王晓妍接着问道。

张小虎的脸色平静了许多,他不再一问一答,而是主动说起来:"没有,妈妈都是很晚才回家,昨天晚上我没有等到她回来,写完作业就睡觉了,今天早上是警察叔叔把我叫醒的。"

原来是这样,王晓妍听了长舒了口气,这孩子并没有被吓到,而是怕生,现在混熟就好了,虽然没能提供有用的线索,王晓妍还是欣慰的,至少孩子不会因为惊吓而在心里留下阴影。王晓妍看也没什么可问的了,便向小虎道:"小虎,让刚才那个叔叔带你去洗个澡,好不好?"

张小虎垂下了头,王晓妍安慰道:"去吧,洗完了再来找阿姨,阿姨还在这儿等你。"听到王晓妍这么说,小虎才被小耿带去洗澡,王晓妍便抽这个空子来看看工作的进度。

技侦组的试验室里,技术警员们正在忙碌着,王晓妍向一名正在使用放大镜的警员问道:"有什么发现吗?"

警员见是她,便答道:"我正在检验你从墙上取到的那些衣物纤维,经检验跟死者身上穿的裙子的纤维一致。"

这在意料之中,倒是周子明正紧张地盯着电脑,王晓妍看到电脑正在紧张地工作着,运行的软件正是指纹的比对系统,随着一声"叮叮"的提示音,电脑屏幕显示比对完成,接着跳出一个页面,是一个人的信息资料。

周子明兴奋地站了起来,这时才看到站在旁边的王晓妍:"这是在死者银行卡上采到的指纹,没想到还真就找到了它的主人,我马上去报告。"

吴向东正在解剖室同叶鸿给尸体做检查。死者身材臃肿,腹部赘肉叠生,四肢与躯干不成比例。跟在旁边的助手一边记录着叶鸿的检查结果:"死者女性,体长一百五十八厘米,体重七十七千克,枕部有钝器击打伤,从发间的颗粒物质分析,是墙上的粉刷材料。从这一点来判断,枕部的钝器伤是头部撞击墙体所致,没有出血,这一击并不致命;再看,死者脸颊上有几个暗紫色的印子,我对比了一下,应该是一个人的右手用力捂在死者口鼻处造成的,根据死者脸部遗留的手指印痕判断,凶手身高在一米七到一米七五之间。死者眼球突出,眼结膜下有明显的点状出血、口腔黏膜亦有出血症状,综合上述特征,死者应该是机械性窒息死亡,和我在现场得出的结论一致——死者死于压迫口鼻造成的窒息;无性侵犯痕迹。"叶鸿边在尸体上寻找着潜在的伤痕边用手在尸体腹部比画着。

"既然死者反抗过，在她的指甲里有没有留下凶手的生物样本？比如说血迹或皮屑什么的。"吴向东问道。

叶鸿摇头道："死者的指甲不长，我仔细检查了，里面什么也没有，即便当时留下了凶手的生物样本，经过这么大的一场雨，留下的可能性微乎其微，我们什么也没有采到。"

正说着，门被忽地推开了，人还没进来，声音已经传了进来："老吴，找到了。在死者银行卡上扫到两个人的指纹，除了死者的，经比对确定了指纹主人的身份，这是身份资料。"周子明随即递上一张个人信息资料表。

个人信息表上右上角是一个男人的头像，资料显示：段家兴，男，三十岁，去年因打架斗殴被治安拘留过，登记的住址正是海曲市九夷区威远路宏泰街七十六号。吴向东接着说道："刚才神童已经确认，从垃圾筒里找到的那张电话号码卡登记的机主正是死者袁桂兰。潜阳街和宏泰街之间便是东园巷，果然就住在附近。"吴向东马上拨通了肖楠的电话："你们还在东园巷吗？"

在得到了肖楠肯定的答复后，他果断地道："在死者的银行卡上采集到一个人的指纹，就是住在宏泰街七十六号的段家兴，你马上把他带回来问话。"

周子明抬手看了看腕上的表："看来案子是破了，在没有目击者的情况下，从接警到现在五小时十三分。老吴，你这速度是要破周队保持的破案纪录吗？"

周子明的话让吴向东脸上露出得意的笑容，但还是谦虚地说道："我哪有本事破周队的纪录。"

叶鸿用白布将尸体盖了起来，感叹道："如果真这样破了，她也免受一刀了。"

周子明接着道："老吴，今天在现场我就有个问题想问你，你怎么知道死者还有个包，并且被丢弃在附近的垃圾筒里？是不是当时一看现场你就断定是抢劫杀人呢？"

吴向东嘴角微微向上挑起，露出一个自信满满的笑容："死者穿着裙子，裙子上没有口袋，而现场的地面上只有一把未打开的雨伞，别无他物。试想，一般人出门都会带什么东西，无非是钱包、手机、钥匙这几样，最少也得带手机和家门的钥匙吧？可这几样东西都没出现在现场。手机或钱包可以解释被凶手抢走了，那钥匙呢？抢劫者是不会对这种东西感兴趣的，如果现场连钥匙都没有，我当时判断死者随身是带着包的，这些东西都放在包里，被凶手一起带走了。如果真是这样，凶手对所抢得的包无非有两种处置方式，一是把包带回自己的住处，事后再处理；另一种便是只把里面值钱的东西拿走，把不需要且目标大的女士包扔在附近隐蔽的角落。基于这两种猜测，我便让人搜查附近的垃圾筒或角落。当时我又看到附近的环卫工人正在工作，如果不及早排除这种可能性，就算有线索也会被破坏掉。"他话锋一转，接着道："也许我这些判断都是错的，死者除了雨伞之外真就什么也没带，那搜索也就是花费点精力和时间而已，至少我没有放过这种可能性。不过幸运的是，我判断对了。"

经他这样说破便是很简单的推理，可要在刚进入现场便及时做出这种判断却不是谁都能做到的。这就是一个优秀的侦察员或是领导者所应该具备的素质吧。周子明在心里暗暗对自己说道。

吴向东似乎看透了他心里的想法："细致入微的观察和临场决断的能力是在一线的实际工作中锻炼出来的，你只要用心也可以做到。"

那边小耿给张小虎洗完了澡，又把他送到了王晓妍那里。洗过澡之后，小虎看起来精神多了。王晓妍可怜他刚失去母亲，待他更是周到尽心。小耿在王晓妍耳边小声道："刚才我在给他洗澡的时候，发现他后背和屁股上有几处青紫色的印子，刚开始以为是胎记，后来发现颜色不对，我才想那是瘀伤。问他怎么弄的，他也不说，我看很像是人为的，你问问他，他或许肯告诉你。"

王晓妍点点头，又逗了小虎一会儿，小虎的情绪逐渐好起来，人也爱说话了。王晓妍装作不经意地摸了摸小虎的后背，小虎一扭身甩掉了王晓妍的手。王晓妍知道小耿所说不差，便向小虎道："小虎乖，让阿姨看看。"

小虎起初不肯，后来还是看了看王晓妍关切的目光，终于低下头不再抗拒。王晓妍撩起小虎的上衣，在他的背上果然有几块瘀伤，或青紫或微黄或淡绿，颜色不一。她伸手轻轻按了一下其中一块青紫色的瘀痕，小虎身体微微一缩，这是瘀伤仍有痛楚的表现。王晓妍知道，这些颜色不一的瘀伤是不同时间段造成的，青紫色的是三天内造成的，微黄的印子是三天以前、六天以内的；而那些淡绿色的瘀痕则是六天以前的。

王晓妍柳眉紧锁，这样的伤痕多半是被人虐待的结果，一般虐待儿童的大都是家里的成人。她听吴向东说死者是小虎的继母，心想这多半便是死者袁桂兰所为了。她吐了口气，努力抑制着自己的情绪，向小虎问道："小虎，告诉阿姨，你背上的伤是怎么弄的？是不是有人打你？"

张小虎听了，小小的身子微微一震，低下了头，刚刚好一点的情绪马上又低落了下去。王晓妍换了个方式问道："小虎，你知不知道警察叔叔是干什么的？"

张小虎重新抬起头来，用稚嫩但清晰的声音道："老师说，警察叔叔是抓坏人的。"

王晓妍用手摸了摸小虎的头，微笑道："老师说得对，警察是抓坏人的，阿姨也是警察，你告诉警察阿姨，你背上的伤是谁打的，警察阿姨把他抓起来，他就再也不敢打你了。"

张小虎认真地看着王晓妍，眼神中充满了信任，他答非所问道："妈妈说，不管谁问我，都要说是自己不小心磕的。"

很明显，这是小虎继母打的，还怕别人知道，教小孩子说假话骗人。王晓妍又问道："小虎，爸爸知道吗？你有没有告诉爸爸？"

小虎微微点头。王晓妍不禁感叹，怪不得小虎的性格内向柔弱，像一只受惊的小鹿，任何响动都能让他惊恐不安。这样的童年会给小虎的成长留下怎样的阴影，也许会是一生都走不出的阴霾和噩梦。王晓妍不禁叹道："真是个可怜的孩子！"

吴向东刚从解剖室出来，肖楠的电话就打了过来："我们扑了个空，段家兴去向不明，据他的家人说，他一早就出门了，也没交代说去哪。有可能是畏罪潜逃。但是在他房间的抽屉里找到了一只女式手机，可以确定是死者袁桂兰的，因为手机屏幕的桌面图片就是死者和一个小女孩的照片。"

吴向东道："你留在他家附近，他一回家即行抓捕，苗靖带那个手机回来。"

肖楠不无担忧地道："我们一离开，他家人肯定就跟他通风报信，他不可能再回来，我们要想再抓到他岂不更难了。"

"你拿到段家兴的电话号码，其余的事情交给我。"吴向东挂了电话不一会儿，苗靖便将在段家兴房间的抽屉里找到的女式手机带了回来，正巧，留守在死者家中的警员将刚回家的张胜利带来了刑警队，听到妻子遇害的消息，这个中年男人一时无法接受，在解剖室里拒绝认尸，后来情绪才稍稍恢复。经他自己说是去河北进货了，前天一早出门，今天早上才回来，他想把货放到店里，看店里没开门，正奇怪，听到店铺隔壁的邻居说警察来打听过他妻子的情况，他马上打妻子的电话，电话关机了，他内心不安，急急忙忙回了家，到家看到有警察在才知道妻子出事了。

本来这是一起非常明显的抢劫杀人案，对死者丈夫的询问也就无多大意义，所以只做了简单的记录。吴向东又向张胜利询问了一些情况。

"正好，你看一下这部手机是不是你妻子的。"吴向东将苗靖带回的手机放在张胜利面前问道。

张胜利将装在袋子里的手机拿在手中,反复看了几遍才开口道:"这确实是我老婆的。"

"同款的手机很多,你怎么能这么肯定是你妻子的?"苗靖追加了一句道。

张胜利指着手机上挂的手机链道:"这个手机链是前些日子才买的,因为我不小心弄丢了上面的一颗珠子,她还跟我发了一通脾气。"张胜利说完看向吴向东:"你们抓到凶手了?"

吴向东不答,让人将手机送去了技侦组,然后又问道:"你家小店一天的营业额大约有多少?"

张胜利答道:"也不一定,好的时候一天能卖到七八百块,差的时候,可能一件都卖不出去。"

"你们每天的营业额都是怎么处理的?"

张胜利似是没有明白他话里的意思,疑惑地看着他。吴向东又换了一种问法道:"我是想知道你们每天赚到的钱是留在店里还是带回家?或者是马上存入银行?"

这样问张胜利就明白了,他答道:"因为每天赚到的钱不是很多,就每天关门后带回家,几天向银行存一次。"

"那你知不知道昨天你的妻子带了多少钱回家?她有没有打电话告诉你?"

"没有,昨天我去进货带了一部分钱去,店里留了两百块左右的零钱,这段时间一天能卖四五百块,要是她带回家的话,加起来可能也不会超过八百块钱。具体的数额我要回店里查一下记录才能知道。"

吴向东让他回去以后再详细检查一下丢失的东西,便让警员带他去见他的儿子。

父子相见,张小虎脸上终于露出了笑容,紧紧拉着父亲的手再也不肯放开。王晓妍问道:"张先生,你知不知道小虎背上的伤是怎么弄的?"

"伤?什么伤?"张胜利脸上的表情一滞,他忙低了头,眼神瞥向一边问道。

王晓妍撩起小虎的上衣,指着瘀痕问道:"你真的不知道?"

张胜利勉强看了一眼,忙又将小虎的衣服拉下,无奈道:"小孩子淘气,磕磕碰碰是常事。"

王晓妍冷笑一声道:"孩子的伤分明是人为,难道你真的不知道是谁做的?你这个父亲是怎么当的?虐待儿童可是犯罪!"

面对王晓妍的质问,张胜利无言以对。王晓妍道:"我想提醒你,该怎样做一个父亲,他还那么小,别给他的心里留下阴影。好了,你带他回去吧,好好疼他,他可是你的亲生骨肉。"

技侦组很快传来了消息,在手机的内存卡里找到了死者和一个小女孩的多张照片,在苗靖带回的手机机身上扫到了死者、其丈夫张胜利和段家兴的指纹,所有掌握的这些线索都明确地指向了段家兴,只要抓到人,凭这些证据不愁拿不到口供。

吴向东马上来到了技术信息组,申童正盯着电脑处理交警队发回的天网视频资料。

"有什么发现吗?"吴向东突然出现在申童身后,倒把他吓了一跳。他揉揉发涨的眼睛道:"这些视频我看了三遍,没什么发现。"

吴向东从手机里调出肖楠刚发回的段家兴的手机号码道:"给我查这个电话的机主。"

申童很快就查到了,道:"这个号码登记的机主叫段家兴,通过身份证号核对,与我们查到的段家兴是同一个人。"

"用技术手段锁定这个手机号码所在的位置。"

一分钟后,申童抬起头向吴向东道:"手机关机了,无法锁定他的位置。"

"马上查他的通话记录,看他最近跟什么人联系。"吴向东接着道。

申童做起事来干净利落,回答道:"段家兴最后一个通话是上午九点多打进来的,没有登记机主。"

"肖楠扑了个空,段家人说段家兴一早就离开家了,你再查一下他家附近的监控,看看他的家人有没有说谎。"

申童道:"老吴,我马上知会各火车站、汽车站及客运码头密切注意,希望在他离开海曲前堵住他。"

吴向东道:"好吧,我觉得收获应该不会太大,段家兴如果真是一早就离开了家,算时间,他早就离开海曲市了。"

申童马上又提出了一个新的建议:"我们立刻发通缉令,联网通缉段家兴。"

"我去向局长汇报并申请通缉令,你监视段家兴的手机,只要他一开机,立刻锁定他的位置。"

因队长周昊宇不在,吴向东便直接向局长汇报了案件及侦破进展,看到已经在嫌疑人家里找到了死者丢失的赃物,康维生同意了他发通缉令的请求,康维生对他工作的肯定,让他的自信心在无形中又增加了。

这个案子虽然动机明显、嫌疑人明确，但是不知何时才能归案。死者的尸体不能无限期保留，吴向东还是让法医解剖了，留下了详细的法医学报告，才让死者的丈夫将尸体领回安葬。

负责监控的几队人都没有进展，短时间内段家兴的手机没有被使用过，无法锁定他的位置。从他的社会关系排查中确定了几条有用的线索，是段家兴在外地的亲属，吴向东便联系当地的警方，请他们协助调查段家兴亲属家的情况，看段家兴是否潜逃去了那里。这几路线索跟踪下来都没有朝预期的方向发展。段家兴的出逃，让整个案件不得不悬在了那里。

段家兴逃离了海曲，不在自己的辖区，他就是有心捉贼也是鞭长莫及，这不禁让他十分恼火。"我就不信你能逃到天上去！"吴向东恨恨地道。

段家兴以前跟警方有过接触，具有一定的反侦查经验，他很可能想到警方会通过他的社会关系来锁定的他行踪，在这种情况下不太可能投奔亲友，最有可能便是找个地方躲藏，或者用假身份谋生。他仓皇潜逃，身上不可能准备太多现金，长时间隐藏需要一定的经济支持，他肯定会用银行卡取钱或让家人为他汇款，锁定他的银行卡就卡住了他的咽喉，只要他的银行卡一有动向，马上就可以锁定他的位置。苗靖按吴向东的盼咐去了银行，请银行的同志协助，锁定了段家兴的银行账户。这样他们就可以远程监控了。

吴向东还让申童发了通缉令，联网通缉段家兴，就这样，一张针对段家兴的大网就这样随着电波悄无声息地张开了。

第二十章 生还者

"除了段家兴留在受害人银行卡上的指纹和在他家里发现的受害人的手机外,没有其他直接的证据证明受害人袁桂兰是犯罪嫌疑人段家兴杀害的了?"周昊宇的声音把还沉浸在回忆当中的众人拉回了会议室。

吴向东低着头,半晌不语。

"我们上次将他抓捕归案,并没有从他口中拿到他的口供,也没有直接的证据便将案件呈送给了检察院,现在检察院发回案卷,让我们补充证据。没有认真核查证据就呈报,这是我的失职,接下来我会再审段家兴。"周昊宇把所有的案卷摞了起来,站起身来说道。

对于段家兴的审讯没有什么新的收获,据他交代,那天晚上他在街前的小店里,和几个朋友喝了几杯扎啤,吃了些烧烤,看到天阴得越来越厚,马上就要下雨了,便穿过案发现场附近的巷子回家。因为他们刚把偷来的车改装后卖了出去,每个人分到了一笔小钱,心里高兴,加上喝了点酒,便一边哼着小曲一边向家走去。走到巷子里的时候,一道闪电划过,他看到了丢在地上的一个女士手包和一把雨伞,他以为是某个骑电动车的人不小心把东西掉在这里了,看到附近没有人,便捡起手提包迅速离开了巷子,并把手提包里的现金和手机拿走,其余的东西就近丢进了垃圾筒。

第二天,他刚起床,便听到外面有人敲门,从猫眼里看到外面几个男人,他认出其中一个是警察,以为是自己偷车的事被发现了,就从卫生间的窗户爬了出来,躲过了肖楠他们。

肖楠走后,他才听家里人说警察从他家拿走了他抽屉里的一部手机,又听母亲说,前面巷子里发生了杀人案,警察正在找杀人犯。段家兴心中暗暗叫苦,因为偷车的事,他也不敢去公安局说明情况,便从家里拿了点钱就想去外地躲一躲,谁知警方的动作很快,车站、码头、机场都布置了人,并且发了通缉令,这样段家兴就被困在了海曲。

不过他也不是第一天在道上混,他找到了一个大哥,给他安排了一个藏身地,就是青鸟度假村。法网恢恢,疏而不漏!最后他还是被捕了。

段家兴的叙述合乎情理,在那种刚分得了不小数目赃款的情况下,他不太可能为了几百块钱再去做这种抢劫杀人的事,顺手牵羊倒是极有可能。

从掌握的这些情况来看,袁桂兰才是这个系列案件的第一个受害人。那么，从犯罪心理画像中对受害人研究的角度来说，对袁桂兰的个人情况以及案发当天的情景了解得越细致，对于凶手的模拟特征画像就会越准确。

周昊宇知道详细的受害人调查对于锁定心理动机的犯罪人很重要，于是，周昊宇便开始了对袁桂兰的调查。

他走访了袁桂兰的父母、前夫、现任丈夫张胜利以及邻居等人，虽然他们的说法不一，但袁桂兰个人的大致情况也就模拟出来了。

袁桂兰出生在一个农村家庭，父母都是农民，她只读了初中，之后便辍学外出打工，她本人身材不高，相貌中等，性格泼辣，因为文化程度不高，找的工作也只是一些餐饮、零售等服务行业。她在进城打工的过程中认识了前夫谢成，一个长相一般却性情斯文的男人，袁桂兰对谢成比较满意，便开始殷勤相待。谢成虽然对袁桂兰不是太满意，但在她的主动下也就笑纳了她的投怀送抱。很快，袁桂兰便怀孕了，她提出要谢成负责任，娶她回家，谢成在无奈之下也就与她奉子成婚了。

和很多故事一样，新婚伊始二人倒也恩爱。很快，女儿的出生给这个小家带来欢乐的同时，也带来了经济上的压力。因为生了孩子，袁桂兰不再出外打工，小家的经济开始捉襟见肘，袁桂兰开始嫌弃谢成了，经常骂谢成无能。这样的日子，谢成过了六年，终于忍无可忍，向袁桂兰提出了离婚，女儿归了谢成，而袁桂兰在离婚不久之后，经人介绍认识了张胜利，很快二人缔结了婚约。婚后二人主要的经济来源便是张胜利的箱包店。

经历过离婚以及再婚，袁桂兰的性格也有所改变，她不再流连于牌桌，开始做起了小生意，与张胜利虽谈不上恩爱，倒也和睦共处。但是江山易改，本性难移，她那暴躁的性格终究难以改变，一旦生活中有不顺心的事情，张小虎便成了她发泄怨气的对象。鉴于离过婚，她当着张胜利的面，对张小虎也还过得去。一旦背过张胜利的眼睛，张小虎便又成了她的出气筒。张胜利对此事略有察觉，却为了一家人能生活下去，也就睁只眼闭只眼了。

张小虎的班主任老师反映，张小虎学习成绩一般，性格内向，胆小怕生，很少跟同学一起玩耍，班里的集体活动即使参加，也是不声不响，隐没在人群当中。

与以往不同的是，在袁桂兰案发的那天下午放学前，班主任老师向学生提出了一个倡议，本校有一个身患重病的学生，家庭困难，无力支付高昂的医药费，学校向每一个学生发出了捐款的倡议，号召大家伸出援手去帮助那个同学。

周昊宇分析，张胜利不在家，张小虎不得不把事情向袁桂兰说了。岂料却招致了袁桂兰的打骂，这从张小虎身上的伤和隔壁店老板的证词可以得到支持。而凶手恰巧看到了这一幕，童年相同的经历使得压抑在心中的愤怒被点燃，他就住在离袁桂兰家不远的地方，并且知道袁桂兰家的大体情况，所以才埋伏在袁桂兰回家的路上下手，宣泄了他压在心底的愤怒。而正是因为这次袭击，那种宣泄的强烈快感让他上瘾，并且成了他日后宣泄心中压力的主要途径，这才有了后面的几次袭击事件。

周昊宇实地勘查了张胜利箱包店周边的情况，那条街是条老街，商铺大多卖的是日用百货、小商品以及一些低档的鞋服箱包，还有一些小吃店散布在街的两旁，主要的客源便是这些店铺的经营者和附近的居民。这样的老街，人员成分复杂，客流量也大，加之管理不到位，无处不在的天网监控并没有将这里全部覆盖。

周昊宇看到路对面正对着张胜利箱包店的位置是一家快餐店，卖的是各种小菜和啤酒，小店的门外面还放了几张折叠的桌子，坐在那里，袁桂兰店里发生的事情尽收眼底。周昊宇去到快餐店桌边，他仿佛看到凶手就坐在旁边的座位上，手里端着一杯啤酒，正阴鸷地看着袁桂兰打骂张小虎。张小虎一脸惧怕却不敢哭出声的表情让凶手似乎看到了儿时的自己，感同身受让他最终伸出了杀人的双手。

周昊宇站了良久，又向老板了解了那天的情况。街上人来人往，何况又过去了这么久，快餐店老板和伙计根本不记得有什么人来过，什么人有过不正常的举动。

刑警队长办公室。

周昊宇把上次画过的地图拿了出来，上面还有他画过的圈圈点点的标记。沉默良久，他重新在笔记本上描画了那个未知的凶手形象。

做完这些后，一个凶手的形象出现在他的脑海里，这个形象是他根据所掌握的凶手的信息重新做出的模拟特征。当他走出办公室的时候，重案组的成员都已等在了门外，王晓妍道："我知道你有工作要布置，所以我已经把他们召集来了。"

"做得好。"周昊宇说道，"申童，你打电话给巡警队的于大队长，请他过来参加会议。"

不一会儿，巡警大队的队长于峰便风风火火地走了进来，刑警队的会议室里，大家都已经等在那里，就等周昊宇下达任务。周昊宇道："之前我对凶手作案动机的分析有失偏颇，导致我们走错了方向。这一次我重新调整了对凶手的模拟画像，请大家记下以下模拟特征。

一、凶手的居住地：凶手的居住区域或工作区域大致就在袁桂兰案发地附近区域两公里的范围内，本地人或长期居住在本地，对案发地段很熟悉；那个区域就是大圆的圆心部分；

二、凶手的个人特征：男性，二十五到三十五岁之间，身高在一米七到一米七五之间，体型较瘦，相貌中等，性格内向压抑，社交基本正常，未婚或有短暂婚史，不能很好地发展与女性的关系，有虐待小动物的行为；

三、攻击目标：孕妇或体态丰满疑似孕妇的女性，攻击目标选择已泛化；

四、职业特征：从事非体力劳动或半体力劳动的工作，不需要与人深入沟通；

五、家庭背景：生活在一个单亲或再婚家庭，与母亲关系恶劣，有被母亲虐待的经历，第一受害人袁桂兰身上有其母的影子，很可能与家人共同居住；

六、犯罪动机及触发点：童年的经历对凶手的心理造成创伤，成为一个危险心结，在第一起案件前夕，他的生活中发生过特别的事件，可能是亲人离世、失去工作、经济陷入困境、情感生活解体，心灵上可能遭受了来自女性毁灭性的打击，又目睹了与自己幼年遭遇相同的张小虎被虐待，于是这个心结被触动，冲动之下袭击了袁桂兰，多年的压抑及愤怒在攻击中得以释放，他找到了一种宣泄的途径——攻击某一类女性，从攻击中得到释放和快感，这才有了后面一系列的攻击案件；

七、犯罪预测：按照他的犯案规律，最近他可能会犯案，大致区域在九夷区以海艺路中段为圆心，半径两公里的区域。这片区域便是那个圆弧上的第四个等分点。"

看到大家疑惑的神情，王晓妍向大家道："多余的话不要问了，我们现在的首要任务是争取时间，在他下一次犯案前把他抓捕归案。等抓到了他，自然能验证周队的分析，到时候有多少问题他都会耐心解答，现在我们要做的便是执行命令！"

大家听了王晓妍的话，都把好奇咽进了肚子里。王晓妍说得没错，现在是争分夺秒破案的时候，不是过多解释的时候，真要抓到了那个家伙，可以好好让周昊宇解释一下，以增长大家的知识。

周昊宇向于峰道："于队，我的人都在进行排查，在我预测的下一个犯罪区域布控巡逻的任务只能劳烦你们了。"

于峰听他这么说，便也不再多问，道："没问题，我会加派更多的警力在你说的区域进行巡逻。"

周昊宇面色沉重地道："上次大张旗鼓地宣传说连环杀手已伏法，市民早就放松了警惕，这也会增加他犯罪的机会。你们的任务是要增加他犯罪的难度，不给他留下手的机会，为我们破案争取时间，不能再有人受害了。"

"我会尽我所能！"于峰说道，"我马上就去布置，全天候、无死角地巡查，从今晚开始，直到抓获他为止。"

"但是不能动静太大，如果大张旗鼓地在附近区域加派人手，弄得风声鹤唳，把他赶到了另一个未知的区域，对我们来说可不是好事。"周昊宇向于峰道。

"放心吧，我会布置一明一暗两条线同时进行，明线是常规的巡逻，暗线就派便衣，在僻静、易于凶手动手的地方布控，不能留给凶手下手的空当。"

"好，那就辛苦你们了！"周昊宇跟于峰的手紧紧地握在了一起。

巡警大队抽调了一部分精干的警力，在周昊宇划定的区域内巡查，夜晚的时候散布在各个罪案易发地点，看似随意的路人，其实是巡警大队的便衣。一张针对连环杀手的大网就这样张开了。

与罪犯竞赛的脚步是争分夺秒，刑警队除了必要的内勤人员外，全部派到了一线参与排查，九夷区长春路派出所也抽调了一部分警力协助刑警队的排查工作。

就在这天下午快下班的时候，周昊宇正召集了刑警队的人开会，他的电话突然响了，来电显示是丁雯，他正要接通，电话响了三下却突然断掉了。这时，与会的人员都到了，正等着他开会，他便收起了电话，想开完会再给丁雯回过去。谁知会还没开完，值班员便敲开了会议室的门："周队，一分钟前我们接到110指挥中心的指令，海艺路长兴街东明小区七号楼三单元五〇二室发生命案，要求我们马上出警！"

听到这个地址，周昊宇心里一惊，这正是他生长的地方，他家住在四〇一室，五〇二室则是他儿时的玩伴丁雯的家，怎么会是她家？就在刚才开会时，他还接到了丁雯的电话，他马上拨通了丁雯的电话，电话里传来的声音让他的心霎时凉了半截："您拨打的电话已关机，请稍后再拨。"他马上简短地道："相关人员跟我出现场。"

一路上，周昊宇的心都悬着。丁雯的母亲已经去世了，现在只有她和父亲丁建成住在那里。前些天丁雯见他时的样子又出现在他的眼前,他感觉出事的可能是丁雯,因为案发地就在自己预测的下一个案发地区域里,虽然前几起命案都发生在夜晚并且是在室外,而这一起发生在白天且是家里,他心里依然有一种不祥的预感。

等他们到现场的时候,当地派出所的民警已经先期到达。周昊宇穿过警戒线进入屋内,房间还是当年他熟悉的陈设,在门口边有一个不大的旅行包,离门口不远的地上仰面躺着一男人,满脸是血,花白的头发以及露在外面的皮肤可以判断是一个老人。一个染血的玻璃烟灰缸扔在地上,再往里的客厅里半旧的沙发边上,仰面倒着一个女人,木质的茶几被撞歪在一边,周围地面上散落着一些水杯的碎片和一部被摔成机身、电池以及后盖三部分的手机。走近了周昊宇看清楚了,地上躺着的那个女人正是丁雯,她穿碎花衣裙,身材丰满,身下的裙子被鲜血浸透,脖子上那条熟悉的勒痕触目惊心。看到自己幼时的玩伴成了受害人,她那稚嫩的"昊宇哥哥"仿佛还响在耳边,发辫上的蝴蝶结似乎还在眼前舞动,周昊宇除了心痛之外,一种更复杂的情感在心里蔓延。

周昊宇的心里充满了自责,眼中闪动着愤怒的光芒。但是很快他就冷静了下来,他把屋内的情况扫视了一遍,然后蹲下身,手指按向了那名男受害人的颈动脉处,站在门口的一个先期到达的民警道:"我们到的时候,两个人都已经死了。"

周昊宇还是把手指按了下去,马上又抬手翻了翻死者的眼皮急忙道:"颈动脉还有微弱的起搏,瞳孔对光还有反应,马上叫急救!"

肖楠马上拨打了急救电话,法医叶鸿刚要去查看女受害人,听他这么说忙走了过来,周昊宇向叶鸿道:"还有生理反应,马上急救!"

叶鸿翻开了男受害人的眼皮,用手电对着瞳孔照了照,然后抬起头看向周昊宇。周昊宇瞪了她一眼道:"看我干什么,救人要紧!"

叶鸿会意,马上从另一个箱子里拿出消毒的纱布替伤者包扎伤口,然后将耳朵伏在男性受害者的心脏位置听了听,然后双膝跪在地上,双手摊开相叠在一起,按在男性受害者的心脏位置,一起一压,开始对受害者实施心脏按压复苏术。很快外面传来急救车的声音,叶鸿停下了按压,向周昊宇道:"我去跟医生交代一下。"

周昊宇点点头,很快,男受害人被简单地处理了一下就抬上了救护车。周昊宇向肖楠大声道:"看他的伤口在前额,是被人从正面袭击的,他应该看到了凶手,你带人跟着去医院,一定要保护好他的安全,等他醒过来就能为我们指认凶手了。"

肖楠领命去了，周昊宇又对苗靖道："这个小区太老了，没有装监控，也没有围墙，有很多口可以进出，你马上把警力布置下去，问问居民们，看有没有人在四点十分到四点四十这半个小时内看到有外人出入，或是有人进出过这幢楼。要快，多派人手。"苗靖马上下去布置了。

王晓妍知道他原来的家就住在这里，看到他的样子便问道："周队，你认识受害人？"

周昊宇蹲下身去，仔细地把丁雯看了一遍，示意法医和痕检人员开始工作。他才向王晓妍道："她叫丁雯，是我儿时的玩伴，就像我的妹妹一样。"

王晓妍从受害人出现的位置及周昊宇眼中的伤痛也猜到了。周昊宇道："你检查一下她的手机。"然后便向着先期到达现场的民警问道："你们到的时候是什么情况？"

一个既熟悉又陌生的声音从他身后传来："周大队，我来向你汇报一下吧。"周昊宇转过头，正是长春路派出所的副所长华林生。听到他这不阴不阳的话，鉴于他上次的态度，周昊宇摸不清他心底的想法，便只是看着他，静听他的下文。

华林生接着说道："今天下午四点四十六分的时候，我们接到110指挥中心的指令，说这里有命案，我就带了四个人过来看看，我们到达的时候现场就是这样。"

周昊宇道："报案人呢？"

"在外面，是住在死者楼上的邻居，说是下楼的时候闻到异味，看门半掩着，边叫男受伤者的名字边推门看，就看到这个情景，也没敢进来就直接报了警。"

周昊宇点点头，礼节性地道："辛苦了，下面的工作交给我们吧。"

华林生微微一笑道："这么快就交接工作了？有没有兴趣聊两句？"

看到他这样的态度，周昊宇有点诧异，但还是跟他走到了屋里一个僻静的角落，华林生道："你这是扔下饵准备静等傻鱼上钩啊？你到现场一分钟就能做出这么精准的判断和周密的安排，不错啊！"

周昊宇知道自己的动作瞒不过他，便给他来了个默认。"我没记错的话，你以前就住在这幢楼里。你跟死者认识？"华林生继续说道。

周昊宇点点头："我以前就住在四〇一，死者和我从小认识，她叫丁雯，刚才拉到医院的是丁雯的父亲丁建成。"

"你觉得凶手的动机是什么？"华林生看着他问道。

"不好说,我刚到现场,不能随便猜测。"

"昊子,回答得这么严谨,真把我当成你的假想敌了?不至于吧。"华林生笑着问道。

一声熟悉的"昊子"把周昊宇叫得心里一热,仿佛回到了他刚进刑警队时与华林生做搭档,二人一起遇案破案的情景。看到他这样主动示好的态度,周昊宇也顺势道:"怎么会,我们只是因为各自的工作太忙,见面少了而已。你比我来得早,说说你的看法。"

"好吧,从我们来到现场看到的情况分析,从门锁没有遭到破坏来看,死者可能是一个人在家,凶手是敲开了死者家的门。最近海曲市不太平,木质门外面还有一道老式的铁栅栏防盗门,隔着这道门完全可以看到外面的人并与外面的人对话,凶手有可能是死者的熟人或是能让死者放心开门的人。这一点你不反对吧?"华林生边说边看周昊宇的反应,周昊宇微微点头,表示对他观点的赞同:"前些天我见过丁雯,还嘱咐过她,最近海曲市不太平,不要让陌生人进门。"

华林生接着说道:"他就这样骗死者打开了门,进门后突然发动攻击,从背后勒住了死者的脖子,死者还没有发出声音便被凶手控制住了。没有多余的动作,也没有犹豫,一击致命,凶手的目的就是要死者的命。"华林生说到这里顿住了,周昊宇没有表示赞同或是反对,只是示意他继续说下去。

华林生接着道:"如果是入室抢劫杀人,那杀人只是他达到抢劫而采取的手段,如果是仇杀,则杀人就是他的直接目的。"

周昊宇问道:"死者家里有被翻动过或是丢失财物吗?"

"我看过了,没有被翻动过。再说没有翻动并不表示不是入室抢劫,因为接下来发生的事情可能打断了他的计划,死者的父亲回来了,他开门的声音打断了凶手,凶手便顺手拿了桌上的烟灰缸躲在门后面,等外面的人进来后,突然从背后出手袭击死者的父亲,没想到一下并没有打昏他,而丁建成则回过头看到了凶手,凶手再次用烟灰缸击打丁建成的头部,这就造成了他前额上的伤。旅行包掉落在丁建成刚进门时倒下的位置。凶手袭击丁建成后,为防止意外,放弃了这次抢劫,快速离开了现场。虚掩的门被风吹得半开,加上这么大的气味,楼上的邻居下来时注意到并报了警。怎么样,同意我的分析吗?"华林生问道。

周昊宇点点头道:"事发的经过大致如此吧,只是作案动机还有待考证。"

这时王晓妍走了过来,问:"二位聊什么呢?"

华林生调侃道:"正说你坏话,不巧被你听到了。"王晓妍向他撇了撇嘴,周昊宇问道:"有什么发现?"

王晓妍拎着那部复原了的手机道:"我查了手机,最后一个电话是四点二十七分打出的,持续了五秒钟没有接通,拨打的号码就是你的电话。"

"没错,我在开会前是接到了丁雯的电话,可还没等我接就断了,因为要开会,我就想开完会再给她回过去,谁知道会没开完就接到了出警的指令。要是我当时接了,或许能救她一命,都怪我。"周昊宇自责道。

王晓妍安慰道:"从现场的情况来看,丁雯打给你的电话是她意识到危险的时候向你发出的求救信号,还没等你接通就摔在了地上而挂断。昊宇,就算你当时接了,也不能阻止罪案的发生,自责已经于事无补,只有将凶手抓到才能告慰亡灵。"

"晓妍说得没错,你不用自责,尽快抓到凶手才是你的职责。"华林生破天荒地安慰道。

他们两人关系的转变,王晓妍甚是不解,但二人关系缓和也是她想看到的,她冲二人露出一个会心的笑容:"其他的通话记录我已经让沈博闻去查了,我在染血的烟灰缸上发现了线质手套的痕迹。证明凶手行凶时是戴着手套的,是有预谋的行凶。"周昊宇点点头,这一点他想到了。王晓妍看他没有别的话说,转身忙自己的事去了。这时法医叶鸿低声叫道:"周队,你过来一下。"

周昊宇走过来,在叶鸿身边蹲下,看到叶鸿凝重的脸色,他知道自己的担心要变成现实了。果然叶鸿简明扼要地说道:"死因是机械性窒息,看脖子上留下的痕迹应该是勒死的,凶器为带状物,宽二厘米,死亡时间不超过一小时,也就是今天下午四点半左右。"她压低了声音道:"死者的腹部遭受过反复重击,并引发大量出血,损伤程度要等我回去做了解剖才能确定。"

周昊宇明白她后面未说出的话,只是低声问道:"相似吗?"叶鸿无声地点了点头。

华林生跟了过来,看到周昊宇凝重的脸色,华林生凑过来道:"是仇杀,或者——"华林生说到这里轻轻地靠近他,并且压低了声音在他耳边道:"或者是,那个凶手又回来了?"当他说到这句话的时候,周昊宇眼中的精光一闪,逼人的光芒射向华林生。

华林生坦然地对上了他的目光,说:"对于那个凶手,或许我没有你掌握的线索多,但你别忘了,我比你进刑警队早,我的刑侦知识和办案经验不比你少。"

"那你刚才还煞有介事地跟我分析劫杀?"周昊宇反问道。

华林生脸上现出一抹得意的笑，说：“你能否认那种可能性吗？如果是入室抢劫杀人，死者身下的血迹就变成多余的了，这不符合犯罪行为的经济学原理。那个系列案件的凶手还没有抓到？”

"对不起，我无可奉告。"周昊宇碍于纪律，不便向他多说，只得这样不置可否。

华林生不屑地道：“在我的辖区内突然多了很多巡警队的面孔，还都是便装夜行，我就知道这事还没完。”周昊宇知道局长为了缩小不利的影响，曾严令与会人员对此事保密，但这事又怎能瞒过系统内部有心人的耳目。

"我从来没见过一个案子在你手里这么长时间还没侦破的，也没见过你这么焦头烂额的，我能帮上什么忙吗？别跟我客气。"

"谢谢，如果有需要，我再请你出手相助。"周昊宇说道。

一个紧急会议在会议室召开了，除了还在外面走访的苗靖和在医院执行任务的肖楠外，其余的人都到会。

"我简单说一下，今天下午发生的这起命案，大家都参加了现场勘查，各自说一下自己的发现。"

这种会议，死亡时间和原因对于案件的定性及动机分析是非常重要的，法医也自然而然地首先发言：“本案中的受害人还未进行解剖，我只进行了初步检验，所以我简要地说一下吧，死亡时间是本日的十六点三十分左右，致死原因是机械性窒息，被人用带状物大力勒挤颈部而导致受害人窒息死亡，从女受害人颈部的勒痕分析，她是被人从后面勒住颈部导致其窒息死亡的，勒挤工具与前庄小美、林瑜案的作案工具各项参数一致，为尼龙质地的带状物。女受害人死亡后，凶手对她的腹部反复进行了攻击，造成死者子宫内的一个肿瘤破裂出血。”

叶鸿顿了顿接着说道：“而那个男性受害人我还没有去医院对他进行仔细检查，但在现场我发现他的脑后有一处开放性损伤，前额处有一处严重的开放性损伤，看伤口的形状应该是钝器击打留下的，这与丢弃在男性受害人旁边的玻璃质地的烟灰缸可以相互印证。至于其他的还要等我做了详细的检查才能确定。”

"鸿姐，凶手从后面勒住了女受害人的脖颈，她势必会进行挣扎和反抗，她的指甲里有没有留下凶手的生物样本？"周昊宇问道。

叶鸿摇摇头：“她的指甲里什么都没有，现在天气转凉，着装以长袖为主，可能凶手穿了长袖衣服戴了手套，所以，女受害人的反抗挣扎没能抓伤凶手，也就没能留下有价值的线索。"

周昊宇点点头道："从袭击的方式来看，凶手敲开了受害人的门，在受害人没有防备的情况下突然出手，用早已准备好的作案工具勒住了受害人的颈部，直至受害人窒息死亡。这就出现了两个问题。一、凶手进门后便直接下杀手，说明凶手杀人的目的和目标很明确，丝毫没有犹豫；二、凶手穿了长袖衫，现在是十一月初，作为海滨城市，天气已渐渐转凉，走在路上也不会显得异常，但戴了手套就有点意思了，他戴手套可能只是预谋犯罪的一部分，还有可能他的交通工具是电动车或摩托车，这样他戴手套的理由也就充分而不显眼了。鸿姐，问你一个法医的技术问题，女受害人腹部的击打伤，与之前的系列案件的击打伤能做同一认定吗？"

叶鸿面露难色，道："这个还真不好认定，造成这些击打伤的工具应该是人的拳头或是手肘之类的部位，这种形状不明确的软钝器留下的伤痕也不会有明显的边缘界限，从力度方面，人在不同的精神状态和身体状态下的出手力度也会不同，不能做出明确的同一认定。但是作为这种在犯罪时多出来的行为，寻常案件不会出现，并且如此类似。"

"周队，你不会觉得有人在模仿之前的那个连环杀人犯吧。我们对外公布的消息已宣称那个连环杀手已伏法，不会有人敢这么干吧。"王晓妍说道。

周昊宇摇摇头，接着说道："这次凶手是目标明确，不是在街上碰运气似的寻找受害人。从死亡方式以及凶手在死者身上留下的痕迹来看，与我们一直在追捕的那名连环杀害孕妇的案件一脉相承，加上案发地也是我预测下一起案件的地段，从这一系列分析，我认为这是那个连环杀手犯下的又一起案件。"

"等等，周队长。"说话的是新加入不久的沈博闻，"我新加入不久，您说的那个连环杀害孕妇的案件我也看了，可今天这个不是孕妇啊，怎么也能联系起来呢？"

周昊宇解释道："今天被害的这个丁雯是我小时候的玩伴，半个月前我们才见过面，她现在的身材，十个有十个会把她当作一个身怀六甲的妇女。前段时间我见她的时候，她告诉我她的子宫里长了个东西，因为这个丈夫要跟她离婚，我还帮她联系了医生治疗。单从体形来看，凶手把她当作了孕妇，一点都不奇怪。"

沈博闻又道："好在男受害人还活着，等他醒了，就知道凶手长什么样子了，也不知道男受害人醒过来了没有？"

叶鸿叹了口气，展文睿急道："周队，你说凶手如果知道男受害人没死，醒过来后会指认他的长相,他会不会去医院杀人灭口啊?得让肖楠提高警惕,别让凶手有机可乘。"他的话音刚落,王晓妍便道:"这还用你来说,周队早想到了,就怕他不去,只要去了,就别想全身而退。"

"有肖楠在那儿看着呢,不会出什么问题的。我们不能寄希望于受害人醒来,还是着手于现场吧。前几起案件都是发生在夜晚僻静的室外,而这次是在下午,他选择了入室行凶,可能是因为天气转凉,晚上外出散步的孕妇减少,他找不到合适的猎物,又可能是这段时间巡警大队的兄弟日夜在外巡守让他找不到下手的机会,导致他只能白天冒险行凶了。还有,他这次选择行凶的区域与我预测的一致。他应该对那个区域不陌生,知道那一片没有监控,知道丁雯住在哪里,但是他大白天出现在那个小区,我不信没有人看到他。我想苗靖会给我们带回好消息的。"

说到苗靖,苗靖还真就出现了,她推开了会议室的门,一屁股坐在椅子上:"会开得怎么样了?可累死我了。"

沈博闻忙给她倒了杯水,然后急不可耐地问道:"怎么样?有人看到凶手吗?"

苗靖把那杯水一气倒进了嘴里,用手擦了擦从嘴角流下的水渍,不答反问道:"周队,你以前不是在那里住过嘛,你现在对那里了解多少?"

她这一问有点蹊跷,周昊宇便以实作答道:"我不在那里住已经有十多年了,只是偶尔回去拿点东西,怎么了?调查不顺利?"

苗靖摇摇头道:"那个小区房屋老旧,配套的物业及安保根本就没有,更别说监控。再说居民,现在还住那儿的都是六十以上的老人家了,还有很多户主早就搬去跟儿女同住,房屋就向外出租,房主有的连租客的姓名也不知道,加上租客时常换,住户之间根本都不认识,出入的人员也比较复杂,那些在楼下闲聊的老年人,根本分不清哪些是住在这里的,哪些是外来的人。我没有查到有用的线索。"

这个情况周昊宇也想到了,他想了一下道:"苗靖,你明天继续在案发地点走访,调查的重点人员是在案发时间段出现在小区内的快递员、超市送货员、外卖小哥、换煤气工、收废品的、推销人员、装修工人或是维修下水管道的工人,我上次告诫过丁雯,最近海曲市不太平,让她不要轻易给陌生人开门,如果凶手装扮成此类人员就很容易骗丁雯打开门。申童联系丁雯的丈夫,排查丁雯的社会关系,看看是否与我们今天的分析有相悖的动机。肖楠留在医院,以防丁建成会有危险。小展与小沈继续在我划定的凶手的居住或工作区域进行排查,按我先前做出的模拟特征继续寻找凶手。"

调查是辛苦而琐碎的，然而并不是所有付出的辛苦都能换来想要的结果。

刑警队会议室里，叶鸿道："尸体解剖了，所得到的结果跟之前的分析一致，没什么可以提供的新线索。"

苗靖接过话头道："我们对附近的住户及行人做了走访，那天进入这片的外人有收废品的、换煤气的、送快递的，还有超市的送货员、商场送电器的，这是明显看出目的的，还有出现在小区目的不明，小区没人认识的。我们逐一去核实了这些人的身份，其中超市送货员、商场送电器的、收废品的可以排除嫌疑，他们都没有进入过案发的那幢楼。剩下的正在排查当中。"在外跑了一天的苗靖看起来风尘仆仆，坐在椅子上就不想起来。

一直在医院的肖楠也坐在了苗靖的旁边，他把一罐红牛打开，递给苗靖："今天你辛苦跑了一天，我在医院清闲了一天，可也没什么收获。"苗靖接过去喝了一口，送给肖楠一个灿烂的笑容，算是回报。

"申童，你那边怎么样？"周昊宇问道。

"哦，"申童把架在鼻端的眼镜往上推了推，道，"我联系到了丁雯的丈夫，他还在外省出差，明天就能到。另外，我查了丁雯的社会关系，她在本地的社会关系很简单，除了几个亲戚外，跟外界没有过多的联系，对于她通讯录里的联系人，我们还在进一步排查当中。"

展文睿说道："周队，我们在你划定的范围内，首先从登记的户籍当中筛选出符合家庭条件的人，然后再有重点地排查。但我发现这个方法看似简单，但是那个区域的住户情况非常复杂，有很多户籍信息并不在区域内，人却住在那里。而原本登记的户主又有很多现在不住在那里，给我们的排查造成了很大的难度。这样下去，效率很低啊。"

他说的情况，周昊宇并非不知道，那片有一部分还是老城区，人员成分复杂。单靠刑警队的这点警力，要核实真实的情况需要花相当长的时间和精力。周昊宇揉了揉了太阳穴道："你说的情况我知道，我会找当地派出所的同志协助你的工作，你和小沈还是按既定的步骤开展排查工作。"

肖楠道："周队，我看医院那里就撤了吧，虽然风都放出去了，他不一定有胆量来医院，在我们眼皮底下下手。"

周昊宇沉吟了一下道："再等几天，如果还没什么动静就撤。重点还是在苗靖和小展这边，不能放过任何一个可疑的人。刚刚案发，凶手接下来会有一段时间的冷却期，但这个冷却期会越来越短，我们必须在他下一次犯案前将他抓捕归案，这是我们的职责，也是我们的使命。"说到最后，周昊宇的声音低沉，脸色凝重，与他平时的温和大相径庭，众人的脸色也跟着凝重起来。

"我们已经对外宣称凶手已经伏诛，可是他却在大白天到受害人的家里行凶，这个凶手不只是在残害无辜的生命，这是在打我们刑警队所有人的脸，向我们刑警队发出挑战。你们说，我们是接受挑战还是认怂？如果不接受挑战，我们刑警队以后怎么在局里抬起头来？怎么面对几十万海曲市民？怎么对得起我们头顶上的警徽和身上这套警服？如果那样，倒不如脱下这身警服回家抱孩子来得痛快！"王晓妍秀美的脸上带着坚毅和决绝，一番话激起了大家同仇敌忾的心情。

肖楠率先说道："如果不能将他缉捕归案，我也没有脸再穿这身警服了，我会自动请辞。"

苗靖道："我们一定能在短时间内抓到他，因为我相信周队的分析，也相信我们团队的战斗力。"

大家也纷纷表示，案件不结，都不回家。周昊宇道："我给大家准备了临时休息的宿舍，以后加班的日子，都可以过去休息，寝具也都给大家备下了。"

申童联系上了丁雯正在分居的丈夫，听到丁雯出事，他显得很意外，随即松了一口气，随口说道："现在连离婚都省了。"气得周昊宇差点要把他拖出去打一顿。不管周昊宇怎样生气，经过核实，丁雯的丈夫没有作案时间，丁雯也没有仇人，这从一个侧面也印证了周昊宇的判断。

肖楠在医院守了两天也没有等到他想要等的人，周昊宇只得把肖楠撤回来。

苗靖通过周密的排查，最后将目标锁定在了一个进入案发小区的快递员身上。苗靖按一个在小区看孙子的老太太提供的快递公司服装样式的图样，在全市快递公司中展开了排查，最后确认，老太太看到的快递员制服是汇友快递公司的工装。

这是一个好消息，让大家的精神为之一振，但是遍查所有快递单据，并没有一个是送往案发地小区的。这更加深了刑警们对在受害人死亡时间段出现在小区的这个快递员的怀疑。

苗靖怕是快递公司为了逃税并没有提供所有的业务数据，最后的结果是，她翻出了快递公司瞒报的业务数据，也没有发现他们想要找的人。苗靖分析，有人穿了汇友公司的工装，扮成快递员的身份敲开了丁雯家的门，之后行凶杀人。

在没有办法的办法下,苗靖开始查汇友公司工装的去向。这查起来,工作量可真是不小。苗靖一直记得周昊宇的一句话:"我们做的就是大海捞针的活,只要有针,就算是大海,也要想办法把针捞出来。"有快递员辞职后未交回制服的、有制服丢失的,也不能排除凶手为了混淆视听,做一件与这家快递公司制服相似服装的可能性,调查一时陷入了瓶颈。

尽管有了周昊宇详尽的犯罪嫌疑人模拟特征,排查起来也就有针对性了,但因为缺少备案,调查仍然是举步维艰。不过,也不算毫无成果,他们一路从户籍登记入手,一路从实际居住人员入手,筛查出了几十个部分符合周昊宇描述的人员,但是并没有一个完全符合的,展文睿把这些人员列了一个长长的名单,从年龄、身体特征、家庭背景、职业特征以及婚姻状况都做了详细的罗列。

当这份长长的名单出现在周昊宇面前的时候,他只看了一遍就指着名单上的两个名字道:"我要这两个人的详细材料以作为重点排查对象,其余的人也要逐一排查,以确定我们的推断是否正确。"

蔺东科,男,二十九岁,身高一米七五,七十四公斤,未婚,家庭住址:九夷区威远路翠华路吉安巷二十九号。父亲是一个机械厂工人,母亲在他五岁时因病去世,一年后父亲再婚,继母在他七岁的时候,生下一子。初中毕业后,蔺东科因没有学历,只能做一些体力活或半体力工作,曾做过建筑工人、装修工、港口临时工、出租车司机、快递员等多种职业。他一直与父母居住在户籍登记的地址,弟弟正在外地读大学,谈了两年的女朋友要求他买一处独立居住的房子未果,本已谈婚论嫁的女友在五月份与其分手。其性格懦弱压抑,没有主见,对谁都是一副笑脸。

霍连宝,男,二十九岁,身高一米七四,六十九公斤,未婚,身份证上登记的地址是海曲市港城区新星大道五十九号卫生局家属院十一号楼二单元六〇二室,而他的实际住址是海曲市九夷区威远路范阳街旺达巷二十三号。身份证上的地址是他父母居住的地址,而他现在的居住地是其外祖父陈泽源的房子。陈泽源生前是卫生局的某位领导,父亲霍占兴亦在卫生局工作,母亲陈肖在医院工作,家里还有一个小他五岁的妹妹霍连珠。高中毕业后从事过换煤气工、商场送货员、快递员、现正从事送餐员的工作。其外祖父于去年七月份去世,现一人独居于外祖父生前居住的旺达巷二十三号的小院内,现已规划拆迁。

其为人性格内向,不善言谈,生活圈子狭窄,社交基本正常,目前没有交往的女朋友。

看到霍连宝的照片，申童喃喃道："这个人我似乎在哪里见到过，只是在哪里见过呢？"他仔细地在脑海里搜索着，好像那个场景就在眼前，但又想不起是在哪里，他不由得皱起眉头来，仔细地又把霍连宝的资料看了一遍，当他看到"送餐员"这三个字时，脑子里立时浮现出了他见这个人时的情景；他说："周队，我见过他，我记得那次击毙李传新后，我们当时都以为案子破了，你曾订了菜犒劳我们，当时就是他送的餐，并且他还帮值班员把饭菜送了进来。"

周昊宇惊讶地问："你确定没看错？"

申童非常肯定地说道："我确定，就是他，因为当时他帮着把饭菜送了进来，我跟值班员在说话，他还站在楼道里四下张望，我看着不对劲，就让他出去。他还问我有没有垃圾要扔，他可以帮忙，还要我们给他五星好评。"申童边回忆边说道："我不知道，他当时是刻意来刺探咱们的侦破情报，还是只是巧合？"

周昊宇不相信有那么多的巧合，如果他就是凶手，竟然到刑警队刺探情报，他的胆子也太大了。霍连宝的嫌疑陡然间上升了。

他不得不再一次强调，除了工作人员，不允许随意带陌生人进入办公区域。值班员一脸的尴尬，也不敢说什么，只牢牢地记住了周昊宇的话。

周昊宇皱着眉头道："马上对二人展开调查并实施监控，搜集相关证据，了解二人在几起案件案发时有没有作案时间。霍连宝作为重点怀疑对象严密监控。"

第二十一章　导火索

监控普通人，对于刑警队来说不是什么难事，可监控蔺东科和霍连宝就有点费劲了。他们一个是快递员，一个是送餐员，工作都是流动的，穿梭在城市的每一条大街小巷。虽然海曲市只是个三线城市，但因地处东部沿海，经济飞速发展，人口密度大，城市建设也是日新月异，在这样的城市里监控一个快递员和一个送餐员，就显得有点费劲了。

蔺东科和霍连宝每天骑电动车穿行在车流当中，工作地点遍布海曲市的每个角落，这给监控行动增添了很大麻烦。蔺东科开的是小型面包车，每天走街串巷收发快件，而霍连宝的交通工具是电动车，送餐的时间大多在下班的高峰时段，路上的车辆密集，跟踪他的警员就不能开车，只能像霍连宝一样，骑着电动车穿行在城市的大街小巷里。

刑警队的人分了几组，一组负责跟踪监控重点排查的两个人，一组负责继续排查可疑人员，一组负责搜集和排查证据。

常规的刑侦方式是根据手中掌握的证据来锁定嫌疑人，而对于这种心理犯罪的案件则不能按常规出牌，只能反其道而行，通过留在现场的心理痕迹对凶手进行模拟画像，通过模拟画像来锁定符合特征的嫌疑人，围绕锁定的嫌疑人来搜集证据。这样工作的弊端就是，如果模拟特征有偏颇，很容易先入为主地认定被排查的人就是要找的嫌疑人。

人都是带着潜在的目的去找东西的，如果潜意识里把被排查的人当作凶手，那就会特意留心他是凶手的证据，从而忽略他不可能犯案的证据。

这类以心理需求为动机的犯罪，凶手与受害人在现实生活中一般没有交集，没有一般意义上的财、色、情、仇的世俗动机，受害人不过是凶手的猎物，是一种凶手有犯罪需求时，符合凶手要求的受害人出现在周边环境允许凶手实施心中幻想的一种多点重合的特殊事件，是很难靠排查受害人的社会关系以及留在现场的物质证据锁定凶手的。

为了尽量避免这种情况的发生，周昊宇让警员仔细筛查，将几次案发时间段都不在场等证据明显的人排除，再围绕案发前是否有应激源，案发时间段，是否出现在案发地点附近等条件进行排除和锁定。

监控小组由肖楠和展文睿负责，证据收集小组由王晓妍负责，别处的排查小组则由苗靖与沈博闻负责，而申童则负责技术的支援，随时为几组人提供所需要的信息。

通过秘密走访，警员得知蔺东科虽然经历丧母之痛，父亲后来再娶，但继母对他视如己出，并未区别对待，更没有在身体和精神上进行虐待。母子二人交流虽然不算很多，但也如一般家庭中的母子，和睦共处、互相牵挂，兄弟二人从小一起长大，感情也很融洽。

今年六月份，蔺东科还在做出租车司机，在袁桂兰被害前一天，他接了一个包车的活，搭载乘客去了市区四十多公里外的笔架山风景区，案发当天还带着客人在笔架山和海曲市的大小景点转了个遍，晚上才返回市区。经过调查取证，袁桂兰案蔺东科没有作案时间。

六月底，他与出租车公司解除劳动合约，在现在的快递公司做起了快递员。而庄小美案发的当晚，蔺东科与弟弟在海边游泳，直到十一点多二人才回家，其间二人一直在一起。

二人游泳的海边离庄小美案发的地方有十公里左右，他是不可能出现在庄小美的案发现场的。

林瑜被害时，蔺东科独自在外，没有时间证人。但是丁雯被害的那一天下午，他一直在九夷区送快递，并未出现在丁雯家附近，这些可以通过交警队设在各个路口的天网视频得到印证。

蔺东科的嫌疑被排除了。监控他的那一组就被撤了下来，投入到另外的排查当中去。

霍连宝的家庭结构比较完整，父亲霍占兴在港城区卫生局工作，母亲在港城区医院的收费窗口工作，还有一个小他五岁的妹妹。妹妹出生后，他自己就搬去跟外祖父一起生活，与父母、妹妹感情疏离。其母陈肖性情泼辣，喜怒无常，一说话就是大嗓门。让王晓妍感到既惊喜又讶异的是，陈肖一米五八的身高，七十二公斤，一头黄色的烫发，喜欢穿棉布的碎花裙，身材臃肿，大腹便便，与生活中的袁桂兰体态风格极其相似，就如一家姐妹一般。霍连宝现在居住的房子，是他外祖父的房子，在去年已划入了拆迁改造。

霍连宝是在今年七月初才开始做外卖送餐员的，之前，在汇友快递公司做快递员，也就是在丁雯遇害时，苗靖查到出现在丁雯家所在小区的那个快递员所穿制服的那家快递公司。

王晓妍还查到，霍连宝在汇友快递公司工作期间，与同在快递公司工作的女性孙玉贞关系密切。袁桂兰遇害那天，霍连宝和孙玉贞都休息，第二天，孙玉贞就急急忙忙辞职离开了，而霍连宝第二天也没来上班，公司的人打他电话他也不接,之后就再也没出现在公司,连那半个月的工资也没领,公司的制服也未交回。

王晓妍把这一情况向周昊宇汇报了一下,那天二人之间一定发生了什么事情,这很可能就是一系列案件的应激源。从霍连宝的家庭关系以及案发前发生的不寻常的事件,越来越多的符合周昊宇描述的特征出现在霍连宝身上。

这一消息是振奋人心的。周昊宇一方面令监控组盯紧了嫌疑人,一方面加紧搜集证据。

周昊宇找到孙玉贞的时候,她正在超市里上班。孙玉贞算不上多漂亮,但也相貌端正,体态丰腴,现在沙崛区一家商场的超市里做导购员。

一看到有警察找她,孙玉贞有点紧张,王晓妍道:"你别紧张,我们来只是问你一些事情,你据实回答就行。"

孙玉贞拘谨地点点头。

周昊宇问道:"你跟霍连宝是怎么认识的?"

孙玉贞听他们问起霍连宝,神色一变,之后又极力作平静状,她低下头并不看二人,道:"就是在以前上班的汇友快递公司认识的,那时候他是送快递的,我在门头上对快件进行分区分货的。他出什么事了吗?"

周昊宇不答,只是向她问道:"你们俩什么关系?"

"没什么关系,就是同事。"

王晓妍道:"你不用担心,我们只是找你了解一些问题,你要实话实说。"孙玉贞点了点头。王晓妍道:"我们在你以前的快递公司了解到,你跟霍连宝不只是同事关系,有人说你们在谈恋爱,有这回事吗?"

孙玉贞点点头算是承认了。

可能自己一脸严肃的表情让人紧张,周昊宇干脆闭上了嘴,由王晓妍来继续刚才的问话。

"你能说说霍连宝这个人吗?"王晓妍明白了周昊宇的意图,干脆按照自己的思路问道。

孙玉贞却没有说话,低着头不看二人。

王晓妍换了个问话方式道:"霍连宝这个人性格怎么样?爱不爱说话?脾气好不好?"

孙玉贞好像找到了方向,说道:"以前他是送快递的,我是在门头分区分货的,我们也没有多少时间见面。他这个人吧不太爱说话,更不爱开玩笑,除了工作上的事,很少说别的,公司里的人对他了解都很少。至于脾气……"说到这里,她的眉头皱了一下,继续说道:"脾气挺好的,跟谁都没吵过架。"

第二十一章　导火索

"说实话！"周昊宇严肃地说道，"他这么内向，除工作之外都不说别的，怎么会跟你谈恋爱的？你要知道跟我们说谎的后果是很严重的。"

孙玉贞本就对警察问话心存畏惧，被周昊宇一问，急忙解释道："是我主动追的他。"

周昊宇见过霍连宝，在他的印象里霍连宝相貌一般，属于那种在街上一抓一大把，扔到人堆里挑不出来特色的路人甲，又性格内向，不善言辞，是什么让眼前这个长相还算可以的姑娘主动追求他的呢？

孙玉贞看周昊宇一脸的不信，赶忙解释道："是真的，是我追的他，我们公司的人可以做证。"

周昊宇还是不说话，只是用一种怀疑的目光看着她。孙玉贞咬了咬嘴唇道："我家是农村的，进城打工后就再也不想回去了，可我今年也二十七了，在我们家乡这个年纪早就结婚了，我要想留在城里，就得嫁个城里人，可是条件好的人家看不上我，条件差的又没房子，我不想嫁人后还住在租的房子里，后来我听公司的同事说，霍连宝还没对象，他家在城里的小院已经在拆迁了，除了能分到一套房子外，说不准还有一笔拆迁费能拿，加上也没听他跟父母一起住，也就是没负担，我觉得他条件还不错，所以就主动对他好，就这样我们开始交往了一段时间。"

"你们为什么一起从快递公司辞职？"

当周昊宇问到这个问题的时候，孙玉贞脸上掠过一丝奇怪的表情，有无奈、有难堪，甚至还有一丝恐惧，她眼帘低垂，不说话也不敢抬头看二人。

周昊宇、王晓妍二人对视了一眼，从他们掌握到的情况，在孙玉贞与霍连宝同时辞职的前一天，二人一起休息，恋爱中的男女一定会抽尽可能多的时间待在一起。可到了第二天，孙玉贞辞职离开了，而霍连宝则选择从快递公司一声不响地消失，并且连半个月的薪水都没领。那一天，二人之间肯定发生了一件非比寻常的事情，更为重要的是，那天晚上袁桂兰便被杀了。直觉告诉周昊宇，霍连宝与孙玉贞二人之间发生的事情，很可能是整个事件的导火索、应激源。

王晓妍道："你一定要把实情说出来，这对我们很重要，你放心，今天你所说的内容我们会保密，并且我们会保证你的安全。"

孙玉贞还是不肯开口，她咬着嘴唇，垂着头，用眼角的余光扫了一眼周昊宇，马上又收回了目光。

王晓妍猜想可能有些隐私的内容，孙玉贞不希望有男士听到，就向周昊宇使了个眼色。周昊宇站起身来道："你们聊着，我去买几瓶水。"

看到周昊宇出去并把门带上,王晓妍道:"只有我一个人了,可以说了吧。你们辞职的前一天,到底发生了什么事情?"

警察问话,她不能不答,但是孙玉贞又觉得实在难以启齿,脸涨得通红,王晓妍一再承诺会对今天的谈话保密,孙玉贞才支支吾吾地开了口。

"我今年已经二十七了,家里早在催我结婚了,我真的不想再回农村去种地了,可他又不主动,连我的手他都没摸过。"说到这里,孙玉贞一脸的难堪和委屈。

王晓妍知道事情快讲到关键的地方了,便适时地安慰和鼓励道:"你说的我能理解,不要觉得难为情,主动追求自己想要的幸福,你很勇敢,这种勇敢可不是每个姑娘都能做到。"

王晓妍的话让孙玉贞得到了鼓励,她继续说道:"家里催得紧,我也没办法了,就想着我们的关系能进一步,也好把这事定下来。正好那天我们都休息,我知道他平时休息都很少出门,所以那天,我就打扮了一下,去他家找他。"

王晓妍没有再说话,只是用一种关注和鼓励的目光看着她,孙玉贞眼神迷离,似乎回到了那个藏在她记忆深处的下午。

那天是六月七日,霍连宝休息,孙玉贞想与他有进一步的发展,便在那天与同事换了班调休。在经过一番打扮后,孙玉贞带上给霍连宝买的礼物,便去了霍连宝的住处。

那是九夷区的一片老城区,除了一些已建成几十年的老式居民楼外,就是一些小院,很多墙上已经用红油漆写上了一个大大的拆字。霍连宝居住的小院也不例外。孙玉贞看到这样的情景不禁心动,似乎看到一套新房正在向她招手。

那天的孙玉贞化了妆,一直挽着的头发也散披在肩上,一身白底红花的连衣裙煞是鲜艳醒目,出门之前还特意喷了香水。她觉得那天她是漂亮的,她想,这样的自己一定能打动他的心。

当她敲开霍连宝家的大门时,从霍连宝的眼中,孙玉贞并未看到她所期望的欣喜的眼神,这让她稍稍有些失望。

霍连宝带她进了屋。他的家虽然是几十年的老房子,里面的光线有些暗,也有些阴凉。孙玉贞在心里对自己说:没关系,反正快拆迁了,很快就能有新房子,只要自己与霍连宝的关系能定下来,一切就都不是问题了。

虽然房子老旧,但并不像大多数单身男人的家一样脏乱,还可以用整洁来形容，这让孙玉贞比较满意。

二人聊了一会儿天，虽说是聊天，也是孙玉贞在问，霍连宝简短应答。孙玉贞虽然觉得这样的交流乏味，她却没有忘记自己的目的，她拿出自己为霍连宝准备的礼物，霍连宝打开盒子，原来是一男一女两条情侣内裤。对于这样的暗示，再木讷的男人也能看懂它的含义。霍连宝抬头看着脸红红的孙玉贞，眼睛里有了一个男人看一个女人的那种热情。孙玉贞并不是一个未经世事的小姑娘，自然看得出她的礼物有效果了，她顺势靠在了霍连宝的肩上，也许是香水的味道刺激着嗅觉，也许是身体接触产生了反应，霍连宝的身体变得滚烫，再看向孙玉贞，眼神里也有了该有的炽热。

孙玉贞在他耳边低声说道："去试试吧，看合不合适。"她的这句话让霍连宝打消了所有的顾忌，他拉着她走进了旁边的卧室。

郎有情、妾有意的男女，在这样的环境里，接下来发生的事情自然是任谁都想得到。二人倒在了那张单人床上，霍连宝急切而粗鲁地撕扯着孙玉贞的衣裙，而这个结果正是孙玉贞想要的，她用行动积极地回应着他。就在二人身上所有的衣服都被褪去的时候，霍连宝却停止了动作，他立在床边，呆呆地看着孙玉贞不着寸缕的身体，眼神中已经没有了刚才的热烈，取而代之的是厌恶和愤怒。他的身体反应更是由刚才的亢奋瞬间变成了冷漠，还在羞涩和兴奋中的孙玉贞读懂了霍连宝眼神中的厌恶和拒绝，孙玉贞的热情彻底被他的反应击退，她翻身坐了起来，鼻腔中不自觉地发出一声冷哼，看向霍连宝的眼神中满是不屑和鄙夷，一声不响地开始穿衣服。霍连宝被她这种鄙夷激怒了，冷漠的神情开始变得暴怒，他一把推倒孙玉贞，骑在了她的身上，抬手就打了孙玉贞一耳光，紧接着又是第二下，被打的孙玉贞这时才反应过来，开始反抗。而遭遇反抗的霍连宝更加愤怒，他停止了殴打，双手死死地扼住了孙玉贞的脖子。孙玉贞只觉得脖子生疼，喘不上气来，耳朵也开始嗡嗡作响，她反抗的力气越来越弱，脸涨得通红，意识慢慢地开始模糊起来，就在她窒息得快要完全失去意识时，扼住她脖子的双手突然松开了，她开始努力地呼吸着空气，并剧烈地咳嗽起来。

霍连宝慌忙捡起地上的短裤套在身上，光着上身就出去了。等孙玉贞稍稍平息了咳喘，这才听到外面是一个男人的说话声。想到刚才霍连宝脸上狰狞的表情，显然是想要把自己掐死。得了这个空，孙玉贞根本顾不上听二人的对话，手脚并用地爬下床，捡起地上的衣服，胡乱套在身上。她也顾不上面子，保命要紧，趁二人说话的机会，冲出房间，逃也似的离开了那个差点要她命的地方。

孙玉贞说到这里,似乎那件事就发生在昨天,心有余悸地用手抚摸着自己的脖子,干咳了几声,眼神中满是惊惧。

王晓妍仔细端详了一下眼前的孙玉贞,她身上穿着超市员工的工作服,腹部微微隆起,整个躯干部分上下一样粗,没有女性该有的曲线腰身。王晓妍从一系列的攻击事件得出一个结论,那就是霍连宝非常痛恨怀孕的女人。而当他看到孙玉贞那犹如孕妇一般的腹部时,满腔的激情立时褪去,强烈的愤怒涌上心头,孙玉贞的不屑和鄙夷更是刺激了他敏感的神经,他攻击了孙玉贞,还差点掐死她,要不是意外出现的那个男人,孙玉贞很有可能就成为了霍连宝的第一个受害者。而未发泄的愤怒和郁闷积蓄在心里,恰巧当天晚上,他在家里附近的街上,看到身形相似的袁桂兰,并看到她责打幼子,他的愤怒再也压制不住了,便在袁桂兰回家的路上杀死了她。

难以想象,如果孙玉贞要是把那天下午在他家里发生的事情说了出去,公司的人会说出怎样的话,敏感脆弱的神经让他无法承受他想象出来的别人的讥笑,加上他杀死袁桂兰后,心里的紧张和恐慌,使他不愿也不敢再回快递公司上班。于是第二天,霍连宝便采取了不辞而别的方式,连半个月的工资都没领就消失了。他窝在家里好多天,等风头过去了,看到没有事发,才又找了现在这个外卖送餐员的工作。

当然,这些推断只在王晓妍的脑中闪过,她是不会告诉孙玉贞的。孙玉贞看王晓妍沉默不语,也不敢多问。片刻后,王晓妍才缓过神来,继续问道:"第二天你就辞职了,是吗?"

孙玉贞点了点头,道:"他那天就跟疯了似的,我真怕再见到他,他要是控制不住就会再次掐死我,就再也不敢在那里上班了,他负责的是九夷区那边,沙嵋区的快件不归他送,所以我就在这里找了份工作,远远地躲开他。"

王晓妍得到了她想要的信息,便站起身来告辞。虽然霍连宝已在警方的严密监控当中,可王晓妍还是叮嘱孙玉贞要注意个人安全,然后与周昊宇一起离开了。

周昊宇对王晓妍的推论持相同的看法。综合各方面的线索,霍连宝的嫌疑越来越大,但这一切不过是推论,警察是不能凭借这些就把霍连宝抓起来,法院更不会仅凭这些来定他的罪。刑警队需要找到扎扎实实的物质证据。

"最好还能找到他的作案工具,或是从受害人身上拿走的东西,那就掌握了他无可辩驳的铁证。"

"可是我们都问过受害人的家属了,受害人并没有丢失东西。"

"从那次在庄小美的被害现场发现他之后,从犯罪心理的角度来讲,他很有可能会带走受害人身上的某件东西,以供他回味案发时的刺激。当这种刺激不能再满足他的心理需求时,他才会再去犯案。在案发后的一周内,他会处在一个兴奋的、恐慌的状态,但是接下来的日子就需要靠回味来支撑他的精神。他的这种回味会寄托在某件让他兴奋的物品上,这件物品最有可能就是受害人所有的,最能唤起他心中对作案过程的记忆和满足他心中对犯罪的幻想。只是我们还不知道他从受害人身上拿走了什么而已。我们仔细找,一定能找得到的。"周昊宇从犯罪嫌疑人心理角度给出了结论。

听了他的分析,王晓妍更有信心了,道:"接下来我们要做的就是秘密取证的工作,我一定会找到的。"

既然各条线索都指向霍连宝,周昊宇决定对霍连宝的住处进行秘密搜查取证。霍连宝是一个外卖送餐员,白天的时间都穿梭在城市的大街小巷。加上他一人独居,白天家里没有人,这对刑警队的取证工作是有利的。

王晓妍是负责痕迹检验的技术人员,取证工作是她的强项,搜证的任务就落在了她身上。

但是,取证的工作并不像他们预想得那么顺利,霍连宝的家里虽然是老房子,屋里有点阴暗,原本的白墙已经泛黄,却并不像一般单身男人的居所那样脏乱,而是窗明几净,所有的摆设都干净整齐,井然有序。

在他家里没有找到属于女性的东西,更没有女性受害人的。绳子倒是找到几根,但形状材质都与作案用的工具相去甚远,这让王晓妍很失望。

技侦组搜证的人十分小心,凡是动过的东西都小心翼翼地照原样复位了,以免打草惊蛇。

周昊宇听了他们搜证的结果,问道:"那些东西他肯定会经常拿出来回味,收藏的地方多在他的卧室,查得够仔细吗?"

王晓妍道:"我就着重查了他的卧室,床、衣柜、桌子,还有天花板我们都查了,就差把地板砖掀起来,再掘地三尺了。"

王晓妍做事很仔细,这一点周昊宇是放心的。难道他真的没有带走死者的任何东西,或是自己的判断错了,霍连宝根本不是他们要找的那个连环杀手?

周昊宇道:"在霍连宝的住处有没有发现类似凶器的东西?"

王晓妍道:"没有,我特意留意了法医提供的疑似凶器的东西,没有符合相关特征的。"

周昊宇想了想,叫来了跟踪组的人,吩咐了几句。

当天夜里，王晓妍从试验室出来看到周昊宇时，无奈地摇了摇头。原来周昊宇看了肖楠跟踪霍连宝的照片，发现霍连宝电动车后面置物箱的绑扎带，与几个案件的凶器特征相符，但在白天没有机会拿到，便等他晚上休息时，让肖楠他们把疑似凶器的绑扎带拿回来检查。结果并不乐观，几条绑扎带并不是新的，而是用过一段时间了，虽然各项参数都符合凶器的特征，但在上面没有采集到任何关于几名死者的生物样本。因为法医说过，每个死者脖子上的勒痕都有表皮剥脱现象，凶器表面有编织状的花纹，如果是凶器，上面肯定会留有死者的皮肤组织，一定会验得出。

这样案件就陷入了一个僵局，从各条线索的汇总情况来看，条条都指向霍连宝，可己方却没有找到能指证他的证据。他们不能仅凭心理分析就把怀疑的人送上法庭，甚至就连请他回来问话的条件都不充分。

从丁雯案发后，时间又过去了大半个月，这次排查投入了大量的警力，却没有取得实质性的进展，案件的侦破走到了瓶颈。

周昊宇沉默良久，让大家回去休息后，一个人出了公安局的大门，直奔杜若居住的晨辉花苑。

此时已是晚饭时分，他到的时候，杜若正把一条清蒸鳜鱼端上餐桌。周昊宇道："做好吃的也不叫我，这段时间吃盒饭吃得我都快吐了。"

"你没看到短信吗？"杜若奇怪地问道。

"什么短信？没看到。"周昊宇拿起筷子，夹了块鱼放进嘴里，赞了一声"好鲜！"然后拿出手机，按了几下，屏幕没有亮，原来手机没电了。他把手机在杜若面前晃了晃："你看，没电了。"

杜若无所谓地耸耸肩道："我再加两个菜就可以吃饭了。"

周昊宇忙把手机连接到了电源上，手机一打开，一条短信就跳了出来：今天晚上，我做了清蒸鳜鱼，如果不忙的话，就回来吃饭，如果忙就不用回了。时间正是十几分钟前。

"原来你真有发短信给我，我知道你一直在赶稿，所以也不敢来打扰你。你说，我们还真是心有灵犀，没收到你的短信，我却按时来了，你说这是不是就情人间的心灵感应啊。"

杜若笑道："什么都让你说了，我还能说不是吗？"

"怎么样，你的稿子写完了？"

"哪有那么快，刚写完了前九集，想做点好吃的慰劳自己。"

"慰劳自己，你做的明明都是我爱吃的，"周昊宇满脸笑意地看着她道，"一个星期没见到我，是不是想我了？"

杜若笑道:"是啊,是啊,想又怎么样,在你心里工作才是第一位的,我都不知道自己排第几位。"

"你吃醋了?你为我吃醋,我还是第一次看见。"周昊宇从后面将她拥入怀中,道,"在我心里,你是我的爱人,破案是我的工作,你和工作对我同样重要,我不能失去任何一个,所以你不要因为我忙于工作没时间陪你就生气。"

"当然不会。"杜若笑道,"我还不是一接到工作就忙着赶稿,几天都要安安静静的,不喜欢别人打扰。如果你是个没事做的闲人,整天黏着我,那我才受不了呢!"

"你这么说我就放心了,不过,你也得注意休息,劳逸结合才行。"

"知道了,你先坐会儿,我再加两个菜就可以吃饭了。"

周昊宇也挽了袖子帮忙,不一会儿,一顿丰盛的晚餐就摆上了餐桌。为尽兴,杜若还特意开了瓶红酒。

周昊宇吃警局食堂的饭菜和外卖都快吃吐了,现在吃着杜若做的菜,加上看着自己的心上人,不禁胃口大开。

很久没这样放松了,周昊宇酒足饭饱,整个人半躺在沙发上,杜若递上一杯茶,在他身边坐下问道:"饭吃完了,该说正事了。"

周昊宇听她这么一说,便笑道:"女人太聪明可不好,会让男人有压力。"

"案子没破你就回家,这可不是你的风格,早说完你就可以早点回去休息,我又何必装糊涂浪费你的休息时间呢,说吧!"杜若不以为然地道。

周昊宇叹道:"真是什么都瞒不过你,我来找你还真有事需要求教。"他便把自己对凶手的模拟特征以及调查到的与线索相关的材料拿给杜若看。杜若看得很认真,看完后便凝神思索。

许久之后,周昊宇才道:"杜若,这个人符合我做的凶手的所有模拟特征,可我们却没有掌握到实质性的证据,这样跟下去也不是办法,会不会我对犯罪人做的模拟特征有偏颇呢,我也怕自己心里有了预设立场,就会一叶障目而不见泰山。"

杜若在心里斟酌了一下才道:"从心理学的角度来说,你对犯罪人做出的特征描述没有问题,就作案动机来说,这种系列案件,动机多与性需求有关,并且成因多由童年的创伤形成。从你们调查的材料来看,这个嫌疑人在他妹妹出生后,就被外祖父带回去,从此一直跟着外祖父生活,这不合常理。虽然那个年代重男轻女的思想已经很轻了,但赶走儿子,独宠女儿,这在一般家庭中并不多见,除非儿子并非他们亲生,又或是他犯下了父母难以容忍的大错，可一个五岁的小男孩能犯什么错呢？这之后他就一直跟着外祖父生活，再也没有享受过父爱和母爱，这件事不寻常。"

"我查过户籍登记，霍连宝是通过正常的出生证明登记的户口，我也怀疑这中间有什么隐情，只是怕打草惊蛇才没有找他的父母进行详细的调查。"

"儿童心理发展的关键期是在零到六岁之间，如果在这段时间没有形成良好的依恋关系，儿童就会缺乏安全感，性格敏感多疑，不自信，形成怀疑他人的性格。成人后，在社会交往中很难与人建立和保持良好的信任关系，进而会影响到他的交友和婚恋以及组建家庭后对配偶的态度。"杜若说到这里沉默了，周昊宇也不去打断她的思路，而是静等下文。

杜若沉思了片刻，继续说道："虽然你们已经锁定了犯罪嫌疑人，但是却没有拿到相关的证据，加上离前一起案发已经过去了半个多月，从几起案件的案发时间规律看，他的冷却期会越来越短，也许他心里已经在蠢蠢欲动地寻找下一个目标了。这样被动的监控、搜证效果不理想，我觉得你们应该变一下策略了。"

周昊宇道："与我所想一致，这么长时间没有落实证据，难免对自己的判断产生怀疑，有你的支持，让我安心不少，我要变被动为主动，他不动我没有办法，他只要动起来，就离收网不远了。"

杜若笑道："你离胜利已不远矣！"

周昊宇看向杜若的眼神中满是欣赏："杜若，有你在我身边，我做事情总是能很快柳暗花明，你真是我的福星。"

杜若咯咯一笑："那你以后可要好好疼我哦。"

周昊宇在她耳边低低地笑问道："你想让我怎么疼你？以身相许行不行？"杜若被他一句话问得红了脸。

这天傍晚时分，霍连宝骑电动车拐进了一个破旧的小区，那已是上世纪九十年代建成的小区，都是六层的低层建筑，物业管理不到位，小区里随处可见丢弃的垃圾，外墙的涂料已在风雨的侵袭下斑驳不堪。

霍连宝把电动车停在了一幢楼下面，这个小区离他负责送餐的饭店较远，且在这一片只有一份订单，这也是他今天晚上最后一份任务。出单老板说，送完这些单子他就可以下班了。他拿出一个单子看了看，最后确认了一遍地址，便从电动车后面的储物箱里拿出最后一个塑料袋，里面有四个一次性餐盒，他提着袋子走进了楼道。

楼道里有点昏暗，也许是楼房的隔音效果不好，当他走到二楼的时候，一声盘子摔在地上的碎裂声和一个女人恶狠狠的咒骂声从半掩着的门里传了出来:"你这个死孩子,好好的饭让你撒了一地,碗又让你摔碎了,饭不要钱?还是碗不要钱?"

骂到这里,只听得有一个小男孩尖利的哭声传来,像是被人狠狠地掐了一把似的。霍连宝不由得在三楼停下了脚步,听着门内女人的咒骂声又起:"哭、哭、哭,就知道哭,给你吃,给你喝,你还天天嚎丧,不许哭,再哭就滚去找你妈!"咒骂声夹杂着男孩想哭又不敢哭的抽泣。

霍连宝站在三楼的那道门外,门半开着,虽然看不到里面的人,哭声和咒骂声却一字不落地传到了他的耳中。他脸色铁青,眼神阴冷,双拳紧握,手背上青筋突起。

门突然被打开,一个女人出现在门口,那是一个身形矮胖的中年女人,一头黄褐色的卷发胡乱地扎在脑后,一条背带裙套在臃肿的身上,肥大的衣服掩不住隆起的腹部。

她站在门口看着门外的霍连宝,立时叉着腰,一脸凶恶地呵斥道:"看什么看?有什么好看的?看到眼里挖不出来。"

霍连宝的身体微微颤抖着,呼吸急促,极力控制着心中汹涌澎湃的感觉。那女人横眉怒目地骂道:"说你呢,你聋了?没见过你妈教育孩子?"

霍连宝双眼直直地盯着女人,眼神从她的脸上向下移到了她的腹部,眼神变得贪婪,不自觉地向前迈了一步。女人似乎并不怕他,而是恶狠狠地又骂道:"你——"刚说了一个字,屋里传来扑通一声,接着是一个男孩凄厉的哭声。那女人转身进了屋子,只见屋子里餐桌边的地上,有一个摔碎的碗,地上撒了一地的粥状物,一个五六岁的男孩正坐在地上哇哇大哭。

女人一只手拽着男孩的胳膊,把他从地上拎了起来,一只手在他的背上狠狠掐了一把,嘴里骂道:"你还有脸哭?好好的饭不吃,把碗都摔了,我看你以后拿啥吃饭?就知道哭,再哭就把你从楼上扔下去喂狗!"

男孩被女人掐了一把,哭得更凶了。女人一边咒骂一边背对着门口坐下,自顾自地夹起盘子里的菜大嚼起来,全然不顾一地的碎玻璃会让孩子受伤。

霍连宝全身痉挛似的,双手不受控制地肌肉紧张,手中的塑料袋掉落在地上,他迈步向屋里走去,就在他刚要跨进门口的时候,外面传来急救车由远及近的声音,接着楼下传来急刹车的声音,几个人杂乱的脚步声从楼底下传来。

霍连宝打了个激灵,像是刚从梦中被惊醒一般,他向后退了一步,转身向楼下跑去,差点与上楼而来的医护人员撞到一起。

霍连宝有些走神地骑着电动车，不是险些撞到路人就是几乎与汽车刮擦。他失魂落魄地回到家，将桌子上的半壶凉开水一气喝了个干净。之后便倒在床上，傍晚看到的那一幕仿佛电影胶片一帧帧划过他的脑海。

他无心吃饭，拉过被子胡乱盖在身上。他用被子盖住了半张脸，眼睛出神地盯着天花板，目光里既焦灼又迷离。半晌，他从床上坐起来，把手指伸到嘴边，开始啃咬自己的指甲。他站起来，在屋里来回地走了几圈，然后又坐到床上。这样起起坐坐多少次，他像是心里有二十五只小老鼠一样，百爪挠心。

他在家里坐不住了，便骑着电动车在城里漫无目的地闲逛起来。

最后，霍连宝停在了一个小区的门口。他骑坐在电动车上，抬头看去，眼前的建筑物挺熟悉的，红砖砌成的小区围墙，老式的楼体，斑驳的外墙，这就是下午，他最后送外卖的地方。

他的闲逛虽是漫无目的，但他的潜意识却真实地出卖了他的内心，带他来到了连他自己都没有明确意识到的、他最想来的地方。

他的记忆力极好，他记得今天傍晚，有个姓周的客人在他的店里订了两个菜一个汤，还有一份米饭。在送这份外卖到四楼的时候，他在三楼听到一个女人在责打一个孩子的声音，当他看到女人时，他只觉得像是有一个锤子重重地打了在了他的心脏上，让他浑身发热，肌肉紧绷，有点透不过气来。

他抬头望着三楼的那几扇窗户，朝向南面的两个窗户，有一个亮着灯。他看了许久，管不住自己似的，下了车，一步一蹭地向那个房子靠近。

时间已是晚上九点四十分，外面散步的人已经各自回家，只有晚归的人偶尔从他身边经过——有些人手里提着打包的夜宵。打包的塑料袋一下刺激到了霍连宝，让他想起了下午到这个小区的目的，他是来送快餐外卖的。在他控制不住要动手的时候，手里的塑料袋掉在了地上，要不是急救车的声音，只怕那个女人已经是一具尸体了。

想到这里，他出了一身冷汗。自己一点准备都没有，小区有不少人看到自己进了这幢楼，屋里还有一个孩子，难道也把他杀了吗？如果像上次一样，家里突然出现其他人怎么办？要是今天傍晚自己真的动手了，可能现在就已经在公安局了。

一边想他一边后退，差点被自己的电动车绊倒。他顾不得脚踝处的疼痛，慌忙骑上车离开了小区。

他的一举一动都逃不过刑警队的监控。看到他慌张离去，肖楠连连扼腕。下午那场戏实为周昊宇安排的诱饵。他在霍连宝负责送餐的区域，找了一个合适作案的地点，之后，他找来一个与凶手选择目标具有相似特征的女警，根据对霍连宝的心理分析，设计了下午的桥段。他又在霍连宝所在餐馆订了快餐，静等霍连宝出现。

周昊宇选择地点的时候，就考虑到了突然出现的人会对霍连宝行动造成影响。他在楼上楼下都安排了人，可是千算万算，算不到这个单元里有个老人病发叫了急救，惊了即将咬钩的鱼。

行动前，周昊宇让人在不同的方位安装了无线摄像头。即使对象没有出手，他们也能从他的反应中验证他是不是就是警方一直要找的连环杀人犯。

鱼儿虽然没钓到，但从鱼儿的反应，周昊宇知道他们锁定的目标是对的，并且已经投下了鱼儿爱吃的饵料。即使今天被意外的事件打断了鱼儿咬钩的行为，按照凶手作案的时间规律，近期是他的活跃期，只要投放了合适的鱼饵，不怕鱼儿不上钩。

霍连宝躺在床上辗转反侧，夜不能寐，许多事情在他眼前闪过。

那天，孙玉贞在他家宽衣相就，他却没能完成一个男孩到男人的蜕变。当他看到孙玉贞那微微隆起的腹部时，一种莫名的厌恶代替了兴奋，一个不屑的眼神、一声鄙夷的冷哼点燃了他心中熊熊的愤怒。一个时常出现在梦境中的血腥场景控制了他所有的思维和理智，他疯狂地发泄着长久以来压抑的郁闷，要不是被意外事件打断，他一定会掐死孙玉贞。

之后他在家待了整整一天。他不敢跑，虽然他怕警察和孙玉贞找上门来。直到晚上，他才发现家里没有食物，于是他走出门去吃饭。在吃饭时，他看到了箱包店里一个大肚子女人正在咒骂和责打一个小男孩时，那种没有完全发泄出来的愤怒又重新袭上他的心头，他控制不住自己，他跟踪小男孩回了家，知道了他家的位置，于是便在巷子里伏击了回家的女人。

这次攻击并不顺利，因为是第一次做这样的事，他有点慌乱，还被女人抓伤了。一道闪电划空而过，接着他听到巷子里有个男人的口哨声，他慌忙地拖着女人躲进巷子的黑暗处。当那个突然出现的人走远后，他才发现，那个女人已经没有了呼吸。他只想教训她一下，他只想发泄一下心底的郁闷，他没想要她的命，但却因为意外杀死了她。他慌慌张张地丢下女人逃走了。

虽然他无意杀人，但是他还是尝到了一种发泄的快感。梦境中女人痛苦的呻吟声让他兴奋，似真非真的血腥味让他痴迷，他无法控制发泄的欲望。他控制不住自己。他是个智力正常的人，他知道，杀了人，就踏上了一条不归路。

之后最初几天他着实紧张得要命，他怕警察找上门来，怕那一双锃亮的手铐让他失去自由，怕自己被押上法场。当他得知案子被定性为抢劫杀人，并因此通缉了一名嫌犯后，他不禁暗叫侥幸。他在心里告诉自己，既然有人顶下了这件事，等于是上天给了自己一次重生的机会，以后自己要忘记这件事，重新开始。

那种发泄时的快感和之后的轻松，让他久久回味。很快，这种回味在他的记忆里越来越远、越来越模糊，他的心情就越来越失落，越来越抑郁。

那种发泄的快感让他欲罢不能。时间越久，他就越是渴望，直到那一晚，在巷子里遇到了独自一人的庄小美。

在他看到庄小美的那一刻，他心里渐渐苏醒的恶魔吞噬了他脆弱的理智、控制了他的行为。一切都像在梦中一样，他把挣扎的庄小美拖进小院，很短的时间，庄小美便不再反抗，他疯狂地一下一下捶打着她的肚子，直到那种浓重的血腥味刺激他的嗅觉，他呆呆地蹲在那里，他只觉得浑身肌肉紧绷，双手止不住地发抖，身体像是被一股电流击中，瞬间传遍全身，很快这种电流集中于他身体的某个部位，汹涌澎湃的热浪就冲破了他身体的一个点，脱困而出。他不由得双腿一软，坐到了地上。

不知道过了多久，他的身上重新有了力气，他看着地上的女人，看着那已经平坦的腹部，他心里竟然有一种失而复得的满足感，是一种什么样的失而复得呢？他不知道。他突然对躺在地上的女人产生了一种内疚的情感，他不想让她那么难看地躺在地上。于是他替她理顺了凌乱的头发，合上了圆睁的双眼，整理了发皱的衣裙，把她的双手交叠在腹部，还把掉落在外面的拖鞋穿在了她脚上，让她看起来就像是睡着了一样安详。看着面前的女人，他并没有一丝恐惧，心中竟充满了无限的怜爱。

为了留住那种气味，他用随身带着的手绢浸满了死者的血液。之后的几天里，他都沉浸在那种感觉里。他既兴奋又困惑，他不知道自己为什么对那种气味那么熟悉又那么眷恋？他也不知道自己为什么对那种气味会有那么大的身体反应？那种释放的快感就像吸毒，让他既害怕又沉迷。

那次的事情就像是一面镜子，他看到了镜子里的自己，了解了自己的需要，他感觉这些年的压抑一泻而出，这种快感再也不是把钢针扎进金鱼肚子可以取代的。他找到了一种释放压抑的途径。杀一个被抓到是死，杀两个也是死，他完成了由误杀到主动杀人的转变，冲破了心理禁忌。

那种气味一直刺激着他，让他忍不住去回味。随着时间的推移，那种气味在他的记忆中已经有点模糊，他不能再凭着回味让自己达到兴奋来排解身体和心理上双重的紧张和压抑。

　　当他走在人群中的时候，那些身材高挑、纤细窈窕的身影引不起他的任何兴趣。他的眼睛会不自觉地被怀孕的女人吸引，他控制不住地想去靠近她们，想从她们身上嗅到那让他兴奋的腥甜味。这种身体和心理的双重需要让他变得焦虑，他无法克制自己对那种快感的渴望，那种他形容不出的血腥是唯一能唤起他快感的气味。这种快感必须通过他不断地攻击得到，得到后不久，他就需要新的血液来刺激自己达到快感。这是一个恶性循环，他身陷其中，不能自拔。

　　雁栖湖公园里的女人也成了他满足自己变态欲望的牺牲品。后来他听说警察当场打死了凶手，为了这事，他还冒险去了一趟刑警队，在那里他确认了警察已经破案的信息。

　　他心里暗自庆幸，有人做了自己的替死鬼，自己可以不用再担惊受怕了，但是自己也不能再继续这样下去，不然迟早有一天还是会被警察抓到。于是他几次重回以前的作案地点，重温当时的那种刺激。没想到有一次却被警察堵在了那里，要不是有一只过路的野猫，只怕自己当时就被抓住了。更可怕的是，在那里他清晰地听到了两个警察的对话，他们从现场留下的痕迹对凶手的个人情况进行了分析。他惊讶地发现，他们比自己更了解自己，这让他非常恐慌，在之后的一段时间里，他都小心翼翼地控制着自己的欲望，最后还是在不受控制下，把罪恶的双手又伸向了海艺路长兴街东明小区某单元五楼房间里的女人。

　　今天下午和晚上就是一个很好的例子，那扇房门成了他心中最大的诱惑也成了最深的恐惧。冷静下来他才细想这件事，他不知道当时屋子里除了那个女人和孩子，还有没有别的人？如果还有别人，不光自己的目的达不到，还会让自己有被抓的风险。即使侥幸成功了，那个孩子怎么办？难道也要杀了他吗？再说有好几个人看到自己进了这个单元，一旦警察调查起来，很快就能找到自己，风险太大。

　　这让他想到了二十几天前，在海艺路长兴街东明小区的那个女人，就因为自己对她家情况不了解，才会在自己动手的时候，被突然出现的老头堵在屋里，害得自己不得不连老头也一起杀了。后来看新闻说老头还在医院抢救，他心里惶惶不可终日，身边只要有穿警服的人或警车经过，他都会吓出一身冷汗，后来这件事不了了之，他才知道老头没抢救过来。他在心里暗自庆幸，同时他也知道，自己杀了四个女人，只要自己被抓，除了死，没有第二条路走。

　　最近他时常感觉不对劲，他总觉得有一双眼睛在盯着自己，他开始以为是自己心虚，有点神经过敏，直到他发现家里的东西有被人翻动过的样子，可是又没丢什么。他的记忆力相当好，东西放得井然有序，他确信有人动过他的东西便越想越觉得不对劲，似乎门外有警察在窥伺。这让他草木皆兵，内心更加焦灼。

他心里升起一股强烈的恨意，原本自己也应该像正常人一样结婚生子，过着正常人的生活，但是女人们把自己变成了双手染满血腥的魔鬼。

他想到这里，又记起了掉在那扇门口的外卖，明天又少不了被老板一顿臭骂，扣半天工钱。

他一夜无眠。

第二天，他顶着满眼的血丝去上班。像往常一样，脾气火暴的老板正在就昨天的投诉骂人，然后就是投诉的处理，无非就是按情况扣工钱。今天老板骂了另外几个送餐员，并扣了他们几个人的钱，这里面却没有他。

以前，因为送晚了或是汤洒了，客人都会投诉，何况是晚餐他根本就没有送到，这让他非常意外。

虽然经过秘密搜查，在霍连宝的家里没有找到他犯罪的证据，但是从心理分析和霍连宝的反应，条条线索都指向了他，再这样无限期地监控下去并不是个好办法。

虽然饵撒下了，但鱼儿并没有咬钩，在之后的几天里一直风平浪静，按照他的作案规律，他再次作案的时间就在最近几天，周昊宇不知道哪里出了问题，一时间又陷入了僵持的状态。

"要是能把他抓来，我就不信以我们的审讯手段，会拿不到证据！"跟踪了这么久，霍连宝却没有动静，跟踪组的人都疲惫不堪，肖楠一肚子火没地方发泄，他恨恨地说道，"周队，我们要不要把他抓来？"

"怎么抓？你有什么理由把他抓来？"周昊宇问道。

"想找个理由把他弄来还不容易。只要能把他带进审讯室，我就不信，他一个普通人，能扛得住！"

周昊宇能理解肖楠只是嘴上说说以发泄心中的郁闷，无奈道："我们不能滥用手中的职权，何况上次我们使用诱导侦查，到现在还没有结果，我们现在非常被动。"

肖楠这也只是气话，在没有证据，对方也没有犯事的情况下，贸然把人抓来，这可不是什么好办法。

第二十二章　兵不血刃

就在事态变得焦灼的当口，机会却自己送上门来了。

这天周昊宇在街上遇到了杜若，看到杜若买了许多东西，便想顺道送她回家，车还没有启动，就接到了肖楠的电话："周队，霍连宝在长春路七十九号东兴家园一号院，劫持了人质，在五号楼的楼顶与我们对峙。请求支援！"

事发突然，周昊宇来不及问是怎么回事，马上调了消防救护以及狙击手，而自己则通知了刑警队的其他人赶往事发地点。

"我跟你一起去！"杜若说道。

"不行，这很危险，你不是警务人员，我不能带你去！"

"他劫持了人质，也就是你们需要谈判，也许我能帮上忙呢！"杜若坚持道。

周昊宇听她说得有道理，也就点头答应了。

到达东兴家园的时候，已是下午一点四十三分了。东兴家园分为两个区，一区是一期工程，共有十五座楼，全部是老式的六层建筑。二区共有楼二十二座，是新建成没几年的小高层。这两个小区中间隔了一条马路，分别在长春路中段的东西两侧。

而事发的地点就在东兴小区一号院的五号楼。楼下已经有不少群众在围观，看到维持秩序的人有点面熟，他记起，这是长春路派出所的人。

来不及问这是怎么回事，周昊宇临时安排道："苗靖，你守在下面，等消防的同志来了，安排气垫，以备万一，让狙击手占据有利狙击位置，到位后向我汇报，等候指令。"

简短的安排后，周昊宇带人直奔楼顶的天台。在场的不止有肖楠和两个负责跟踪的刑警队员，还有三个是九夷分局刑警队的人，继张显之后上任的刑警队长谭长渊也在其中，另一个是他很熟悉的人，长春路派出所的副所长华林生。

楼顶上搭了许多晾衣竿，上面有的搭着被子，有的搭着床单，有的挂着衣服，一个塑料的篮子倒在地上，还有没晾完的衣服散落在地面。楼顶的边缘有一米高的水泥护栏，边上还有一些架子，零零散散地种着几盆植物。

霍连宝左臂勒着一个女人的脖子，右手一把美工刀按在女人脖子上的大动脉处。更要命的是，看那女人的身形，俨然是一名怀孕七八个月的孕妇。

那名孕妇一手护着肚子，一手扒着霍连宝勒在她脖子上的手臂，涨得通红的脸上汗珠密布，不住颤抖的身体被霍连宝拉着不住后退，边哭边哀求，情绪已近崩溃。

霍连宝看到这么多人涌到现场，情绪更加激动，整个人处于失控的边缘，喊道："你们走，走，走啊，不走我就杀了她。"

肖楠向霍连宝喊道："霍连宝，你别伤了人质，你有什么要求可以提出来，我们会尽量满足你。"他回头看到周昊宇已经到来，微微松了口气。周昊宇向肖楠问道："到底是怎么回事？怎么弄成这样？"

肖楠叹了口气道："我也没想到，我们像往常一样跟踪监控他，他进楼去送餐，我们就在楼下等他，谁知道九夷分局刑警队的人这个时候冲进了楼道，我们知道不好，就跟了进来。"

刚说到这里，谭长渊和华林生也向他靠拢过来。谭长渊接过话头道："周队长，情况是这样的，前段时间我们接到了群众的举报，最近有一个网络诈骗团伙活动猖獗，经过我们与网监大队的共同侦查，掌握了诈骗团伙的情况，找到了他们的一个窝点就在这座楼二单元的四〇一室。我们行动时，在楼道里遇到了他——"他指着霍连宝说道："他一看到我们转身就跑，他跑，我们的人自然会追，就这样追到了楼顶，谁知道楼顶有个女人在晒衣服，他劫持了那个女人与我们对峙。直到肖楠也跟上来，我们才知道是怎么回事。"

"你们都跟他说了些什么？"周昊宇问道。

几个人被他问得有点懵，因为他们不知道霍连宝是什么人，市局刑警队为什么要跟踪他。没有得到周昊宇的同意，肖楠不敢随便把情况透露给他人。肖楠道："没有，我们并没有告诉他别的，只是告诉他，只要他放了手中的人质，我们可以尽力满足他的条件。这样一是为了保证人质的安全，二是为了拖延时间等你们来。"

杜若这时才出现在楼顶，她走得气喘吁吁。几个警察拦着她道："是谁放你上来的？赶紧撤回去！"

周昊宇摆摆手道："让她上来，她是我带来的。"他向前走了几步道："霍连宝，警察的目标不是你，是楼里的一个诈骗窝点，你就是一个送快餐的，只要你放了她，我保证你不会有事。"

"你保证，你拿什么保证？你能保证得了吗？"霍连宝喊道。

"我是市局刑警队的队长，我保证你只要放了这个女人，你不会有事的。"

周昊宇向身后的肖楠问道："前面他提什么条件没有？"

肖楠摇摇头道："没有，他只是不断地要我们离开，既没有让我们放他走，也没有要什么东西。"

霍连宝喊道："我放了她你就放我走？你骗小孩子呢，你身边这个人已经跟了我好几天了，你当我不知道吗？"

听到这句话，周昊宇知道霍连宝还是比较警觉的，这么长时间的跟踪监控，想不被发现也难。"我们为什么跟着你？吃饱了没事做吗？"周昊宇知道，如果一个人没有了退路就会变成亡命徒，只要有一线生机，没有人会主动放弃，周昊宇试图装糊涂以说服他，"你不过是适逢其会，我们抓的是诈骗犯，不是你。你只要放了她，就连你劫持人质都能算是主动放弃，很快就会没事了。"这时他的耳机里传来申童的汇报："报告队长，狙击手已经到位，我已将你的通讯器跟狙击手连线，你可以随时下令狙杀目标。"

"你们不光跟踪我，还把我家翻了个遍，你当我是傻子吗？我知道早晚会被你们抓到，抓到后就是个死，我就是死，这个女人也别想活。"霍连宝吼道。

周昊宇吐出一口气，霍连宝早有察觉了，再怎么骗他也不好使了。周昊宇说道："说吧，你要怎样才能放了她？我可以答应你的条件。"

"我要你们带一个人来见我，她来了，我就放了这个女人！"霍连宝声嘶力竭地喊道。

"什么人？"他只要提条件就好，就怕知道自己必死无疑，与人质来个同归于尽。

"赵玉芬，你把她带来见我，我就放了她。"

"没问题，但你得告诉我，赵玉芬是谁？她在哪里？不然天下有那么多赵玉芬，我怎么知道哪个是你要找的人呢？"

"你们不是警察嘛，你们不会查呀？要不是她，我也不会变成现在这样，我恨她，我恨她啊！"霍连宝越说越激动，额上青筋暴突，眼睛中满是愤怒。

"好，你别激动，我马上让人查，查到了就带她来见你。这么长时间，我想你也渴了吧，我让人送几瓶水给你喝。"周昊宇极力稳住他的情绪。

"别跟我来这套！我要你马上带她来见我。要不然，被你们抓着也是死，我就跟她同归于尽！"霍连宝勒着女人的手臂用力，女人的脸涨得通红。

"好，好，我马上让人查。"周昊宇向着耳机中说道，"信息组，马上查赵玉芬的地址，把人带过来。"周昊宇说完，又向霍连宝说道："人很快就来了，你可以放松点。"说完举起左手，似是无意地点了点自己的太阳穴。

杜若虽然被放了进来，但是她不能靠得太近，她一直在观察霍连宝，肖楠则守护在她身边。肖楠向她道："你闭上眼睛吧。"

"怎么了?"杜若问道。

肖楠在她耳边低声道:"周队刚向狙击手下了命令,锁定目标,随时执行狙杀任务,那个场面你还是不要看到比较好。"

杜若心中一颤,有人在她面前被击毙,这种场面她想都没想过。可恨之人必有可怜之处,她悄悄地向肖楠道:"他不是要见人吗,也许见过之后会有转机,为什么还要这样做?"

肖楠低声道:"从他前面的话中,他知道自己被捕后的结果,他要求见赵玉芬后就放了人质,但是他没有要求我们放了他自己,很有可能,他见到赵玉芬了却最后的心愿,不是与她同归于尽,便是自杀。周队听出了他未明说的意思,所以才下达了这样的指令。"

杜若听他这么说,也只能默不作声。她真怕看到血溅五步、横尸当场,在她的眼中,不管是什么人,生命都是宝贵的。而这时,霍连宝拉着那女人后退到了楼顶入口的塔楼处。女人被他拉着倒退着,被脚下的一块砖头一绊,身体控制不住向后倒去,二人一起撞在了塔楼的墙壁上。霍连宝手中的美工刀因突发的情况划破了女人脖子上的表皮,鲜血顿时流下来染红了胸前的衣服。女人只觉得颈间一痛,又看到血,这一吓立时头昏腿软,身子一软晕了过去。更为严重的是,因为惊吓和虚脱,鲜血不断从她腿间流下,在地上汇成血泊。

周昊宇看不能再等了,他举起右手做了一个手势,这次杜若看懂了,应该是击毙的命令。她的心瞬间提到了嗓子眼里,她不由得闭上了眼睛。

而周昊宇的耳机里却传来狙击手的汇报:"目标已进入射击死角,无法锁定目标,是否需要调整狙击位置以继续执行狙杀命令,请指示!"

看来不能再等狙击手了,只能靠楼顶的这些人完成了。时间不等人,如果再不能营救人质,可能会一尸两命,那可就是很严重的后果了。周昊宇四下扫视了一眼,寻找可以一枪射杀目标的位置。

等了大约有一分钟,枪声没有响起,杜若睁开眼睛。她不解地看向肖楠,肖楠小声道:"应该是狙击角度有问题,看来得靠我们自己了。"说完,他轻轻地在周围调整着方位,以寻找一个最佳射击角度,既能一枪毙命,又能不伤到人质。

而杜若这时把注意力也放到了霍连宝的身上,而霍连宝的表现出乎所有人的意料,他不再看着周围荷枪实弹的警察,他似乎被女人身上流下的血所吸引,死死地盯着移不开目光,他张开了嘴,努力吞咽了几口唾液,脸色潮红,呼吸也变得急促,手微微颤抖着。因为女人晕了过去,身子下沉,霍连宝也随着弯下了腰,他手中的美工刀抵在了女人的咽喉处。

杜若知道身边的警察正在寻找机会击毙凶徒,解救已经奄奄一息的人质。杜若悄悄地向肖楠问道:"你们现在开枪,能保证人质安然无恙吗?"

肖楠皱着眉摇了摇头:"如果现在开枪,惯性的作用会让他手中的刀子向后划去,这种刀片非常锋利,只怕人质也难保全。"杜若这时注意到霍连宝的目光有些涣散,急促的呼吸变得沉重。

杜若上前几步,向周昊宇道:"我去试试。"

周昊宇一手把她拦在身后道:"不行!这件事与你无关,到后面去,快去!"

杜若冲他淡淡一笑,伸手在他的手背轻轻拍了几下,声音柔和而有磁性:"放心,我不会让你失望的。"

就在周昊宇被她的目光所吸引而一愣神的工夫,杜若已经越过他径直向霍连宝走去。她走得那样柔缓,如一团云轻轻地飘了过去。

霍连宝弯下身体,一直低头看着地上那一摊血,对慢慢靠近他的杜若毫无察觉。而周围那些警察并不认识杜若,看到这里不由感到奇怪,这么危险的时刻,周昊宇为什么不阻止她,如果人质出了问题,谁也担不起这个责任。但是阻止她已经来不及了,只得向肖楠道:"她是谁?怎么回事?"

"别问了,也许有转机。"肖楠不欲多说,只得敷衍道。

杜若走到霍连宝的面前,她做了个大家都意想不到的动作,她把手伸到霍连宝面前,脆脆地打了个响指。霍连宝听到后,不由得身体一震,抬起头朝杜若看去,杜若竖起食指放在嘴边,做了个噤声的手势,正在霍连宝诧异的时候,她把竖在唇边的食指缓缓向前伸出,在霍连宝眼前缓缓地左右摇摆,霍连宝的目光也跟着她的手指左右摇摆。"霍连宝。"杜若轻声唤道。霍连宝听到有人叫他的名字,目光自然而然地看向杜若,当他的目光与杜若的目光一接触,便没再移开。夕阳的余晖洒在杜若的身上和头发上,让她整个人镀上了一层光晕。

霍连宝怔住了,这个女人的目光似乎能穿透他内心一切的壁垒,直达他内心深处最柔软的地方,她眼神中的悲悯,让他有一种想要放声大哭的冲动,他无法抗拒,眼泪瞬间盈满了眼眶。

杜若左手微微抬起,向霍连宝伸去,她的声音绵柔无骨,空灵悠远,似从遥远的天际传来:"可怜的孩子,你迷路了,牵着我的手,我来带你回家——"声音虽然轻柔,在霍连宝听来却是无法抗拒的命令,霍连宝直直地看着她,泪水僵在眼眶。杜若伸出右手,轻轻地抚在霍连宝的头顶。"牵着我的手，你不再害怕，让我带你回家——"霍连宝再也无法抗拒杜若的声音，右手一松，刀子掉在了地上他也浑然不觉，直到把手放在杜若的手中，左手松开，那女人身体软软地倒在地上。

杜若就这样牵引着他，她一步步倒退，霍连宝一步步跟随，眼神一刻也没有离开杜若的眼睛。直到周昊宇出手把霍连宝按在地上，这时他似乎像突然醒来一样，对刚才发生的事恍若未知。

杜若似乎是用光了所有的力气，脚下一个踉跄，险些摔倒在地上，肖楠上前扶住了她。周昊宇吩咐警员把霍连宝带了下去，医护人员也抢上前来查看人质的伤情。

周昊宇向医护人员问道："怎么样？有危险吗？"

医护人员检查了一下道："她脖子上的伤不深，没有危险，但是她受惊过度，加上体力耗损，只怕要早产了。快把她抬到急救车上，准备接生。"

另一个医生道："只怕来不及了，胎儿要出来了，快，就地接生。"她们急中生智，把晒在楼顶的被子铺在了地上，几个民警上去帮忙，用床单围成了一个临时的产房，几名医护人员开始接生。

这时产妇的家属才被允许围了过来。

周昊宇这时才顾得上看杜若，执起她的手，眼神里满是关切地问："你怎么样？"

杜若调整了自己的呼吸，深深地呼出一口气道："幸不辱命。"

周昊宇目光盯着她看了几秒，那是一种欣赏和眷恋。他抬手拭去了杜若额上的汗珠，轻轻地道："我以有你为幸！"二人久久地对视被一声清脆的婴儿啼哭声打断。

"一个新生命诞生了。"杜若叹道。

"是啊，生命多美好！"周昊宇感叹道，突然话锋一转道，"杜若，我们结婚吧！"

杜若听得一愣，之后不由得嗔怪道："你这算求婚吗？也不看这是什么地方。"

"只有结婚才能开始美好的生活和创造美好的新生命，不是吗？"周昊宇认真地说道。

杜若红了脸。这时，孩子被抱了出来，医生道："母女平安，只是产妇很虚弱，休养一段时间就没问题了。"

"她是一个天使！"看着那个脆弱而美丽的小生命，杜若情不自禁地赞道。

劫持人质事件属于重大案件，基于处理得当及时，并且很快就把嫌疑人抓获，局长还未到现场就得到了解救任务完成的消息。

人被带回来时，局长已等在了刑警队的办公室。他看到杜若出现在人群当中，略显诧异，向周昊宇问道："怎么回事？"

周昊宇知道他问的是杜若，便说道："这次解救人质的事件，她也有参与，一会再向您汇报。"

"为什么我没有接到110指挥中心的汇报？"

"我是接到肖楠的电话就赶过去了，没有通过指挥中心的指令。"

康维生狐疑地看着他，周昊宇不得不实言相告了："劫持人质的那个人是我们正在监控的人，今天负责监控的是肖楠和小赵，还有墨语。当时正赶上九夷区刑警队端一个诈骗窝点，他以为是抓他的，所以就劫持了人质。"

"是不是跟一直没有破的那个案子有关？"局长一言就切中了要点。

"是，就是那个。"

"你确定？"

"从各方面的分析及线索都指向他，并且我找专业的心理学人士探讨过，我的分析观点得到了支持。"

"谁？可靠吗？"

"绝对可靠，就是杜若。这次处置劫持人质的事件，就得到了她的帮助，所以才能在没有任何伤亡的情况下快速解决。"

"哦？"康维生有些不解，这才转头看向杜若。

墨语抢过话头说道："当双方僵持不下的时候，杜若使用了瞬时催眠的方法，两分钟内让劫犯乖乖地放开了手中的刀和人质，束手就擒。"

康维生虽然及时得到了案件的汇报，却不知道里面还有这么一段。催眠也只是听说过，用催眠处置劫持事件他更是闻所未闻。而杜若看到局长正跟周昊宇说话，她知道自己的身份不适合待在这里听案件细节，便让一名警员带她去了接待室。

墨语看出了他眼中的好奇："局长，您不是派我到刑警队跟踪案件的侦破嘛，今天正好我跟肖楠去监控，我目睹了事件的整个过程，并且把整个过程都拍了下来，可以放给您看，那真是太神奇了。"说到这件事，墨语有点兴奋了。

康维生却没有理他的话茬，而是问周昊宇道："拿到他是凶手的证据了吗？"毕竟再缜密的逻辑推理、再精准的心理画像也只能是破案的工具，只有扎实的物质证据才是指证凶手的利器。在现阶段，能把心理画像应用到案件侦破当中的都少之又少,更不可能仅凭心理分析就可以把罪犯送上法庭。

"还没有,但我想我已经知道他从现场带走的是什么了,我马上就让技侦组去搜证,一定会拿到证据的。"周昊宇信心满满地道。

"去吧,这次在没有拿到确凿的证据前,不要让太多的人知道,明白吗?"局长叮嘱道。

"我明白。"有上次的失误,周昊宇怎么会不明白事情的严重性,这次他可是慎之又慎的。

"墨语,你跟我来。"局长说完后转身走了。墨语冲周昊宇得意地一笑,跟着局长离开了。周昊宇知道局长肯定是要看现场的情况,他本不想把杜若牵扯进来,但她在现场的表现实在太过显眼,并且有那么多人看着,在局长问到时也只能实话实说了。

霍连宝在劫持现场的表现,周昊宇和杜若都看在眼里,周昊宇向王晓妍道:"你现在带人去搜查霍连宝的家,他带走的东西有可能是死者现场流出的血液。"

"对啊,案发现场的地面都是土地,血液流失如果不是很多的话,我们勘查现场是很难发现的。只是,上次我们在他家的冰箱里没有发现血液之类的东西。"王晓妍道。

"现场在室外容易发现的地方,用容器把血液带走不太可能,血液本身并不重要,只是他用以怀念和唤起兴奋的一个象征物,他有可能被固定在某个物件上,并且放置的位置一定是随手可及的不显眼的地方。"周昊宇补充道。

墨语去不多时,又来叫走了杜若,说是局长有请。

第一次审讯是连夜进行的,霍连宝因为刚被抓进来时的激烈反抗,手腕处被手铐磨得脱了皮,留下了深红色的印痕。

鉴于案子的特殊性,局长也坐在了监控室里,对于整个审讯过程进行把控。杜若竟然也跟在康维生身后,出现在了审讯监控室里。周昊宇自己没去审讯,而是让肖楠和展文睿打了头阵。

霍连宝对进来的两位警察似乎视而不见。展文睿首先问道:"姓名?"

霍连宝不答,展文睿加重了语气问道:"我问你姓名?霍连宝,你没听到吗?"霍连宝还是一言不发。展文睿见他这一副死猪不怕开水烫的样子,心头火起,不由得重重地拍了下桌子,厉声喝道:"霍连宝,你别敬酒不吃吃罚酒!"

肖楠拉了拉展文睿,示意他少安毋躁,自己清了清嗓子说道:"霍连宝,说说吧，你都做了什么事。"

霍连宝依然对问话不理不睬，那种不语不是冷傲，而是一种彻骨的绝望。"霍连宝，在这个刑警队的审讯室里，不知审过多少穷凶极恶的匪徒，也不知审过多少高学历、高智商的精英罪犯，奸猾顽劣的人进来过不少，在这里没人能死扛到底，没有！所以，你最好能想明白，死扛是没用的，更何况现在是重证据而非口供，只要证据确凿，你就是一个字不说，我们也照样能把你送进监狱，或是送上法场。"

肖楠顿了顿，继续说道："你自己做了什么，自己心里比谁都清楚，你逃不过法律的惩罚，更逃不过自己良心的谴责，你半夜就没有被噩梦惊醒过吗？我猜，你肯定多数时候是睡不安枕的。我跟了你这么多天，每天夜里都看着你房间的灯亮到后半夜，每天早晨你都带着满眼的血丝出门，你骑车走在路上，经常魂不守舍，几次差点就被汽车撞到。与其这样，不如痛痛快快地说出来，卸下心里的包袱，你就能安安稳稳地睡个好觉，踏踏实实地吃顿饱饭，这不比你这样日夜煎熬要舒服得多吗？"

隔壁监控室里，杜若向周昊宇低声说道："肖楠的风格越来越像你了，连说话的腔调和措辞都像你。"杜若本就对这些难解的谜题颇有兴趣，对于这种心理犯罪的案件，她的兴味更浓。于是，在局长对她在人质劫持事件的表现予以肯定及表扬时，她向局长提出，她想参与对案件的审理及犯罪嫌疑人的动机分析。鉴于杜若在处置劫持案件的表现以及案件的特殊性，说不定她在审讯的过程中能起到意想不到的作用，局长在她保证不向外界泄露案件信息后，答应了她的请求。

周昊宇盯着那面单向玻璃，答非所问地道："不管白猫黑猫，能抓住耗子就是好猫。"

霍连宝听完肖楠的话，缓缓抬起头，用一种奇怪的眼神看着他，慢慢地绽出一丝笑意，那笑意中竟然带着挑衅和嘲讽的味道。一直耐着性子开导他的肖楠被他的笑容激得心头火起，盯着霍连宝狠狠地问道："你笑什么？有什么好笑的？到了这里你还笑得出来？"

局长看得直摇头，周昊宇看审讯进行不下去了，他向肖楠道："你们撤吧，先晾着他。"

肖楠从耳机中听到了周昊宇的话，虽然心有不甘，却也不得不执行，他松开了手，狠狠地与霍连宝对视了一眼，向站在他身后的警员道："好好看着他，别让他耍花样。"然后与展文睿走出了审讯室。

"周队，为什么不让我们继续审下去？说不定他一会儿就招了。"展文睿不甘心地道。

周昊宇摇摇头道:"审讯过程中,他一直闭口不语,但你们丝毫没有掌握审讯的主动,他一个笑容就能让你们乱了节奏。在审讯中,不能让自己的情绪被嫌疑人左右,更不能让嫌疑人牵着鼻子走,再审下去也不会有结果的。"

肖楠没有说话,他在心里暗暗琢磨着周昊宇刚才的话,而展文睿则被周昊宇的话说得红了脸。周昊宇说道:"小展,你虽然从警时间也不短了,但参与审讯的经验还少,以后多听多看就能掌握技巧了。审他没那么容易,先晾晾他,等我们拿到了证据,还怕撬不开他的嘴?"

第二十三章　供认不讳

再说王晓妍这边，这次他们有方向地搜查，重点搜查了霍连宝的卧室。最后，她在霍连宝的床上发现了异样，拉开被罩时，两块棉布手绢用线缝在被子里面，每块手绢上都结了一大片咖啡色的硬痂。

沈博闻向王晓妍问道："这是什么？"王晓妍把鼻子凑在上面闻了闻，说道："已经闻不出有血腥味了。他屋里很干净，只有这被子上有异味，我就说不寻常。庄小美、林瑜、丁雯，这三起案件，死者都有出血，有两块这样的手绢，我怀疑这是两个案件中，凶手从现场带走的血。不过，我得先检验一下这上面是什么物质。"王晓妍将几滴化学试剂滴到那几片咖啡色的棉布上，反应让王晓妍非常兴奋："是人血！我要把上把这两块手绢带回去化验。看看是否与几起凶案受害人的 DNA 吻合，这可是扎扎实实的证据。"

王晓妍回去做检验了，沈博闻则带着几个人继续搜查，看是否还有其他的证据。最后，沈博闻在霍连宝家的阁楼里找到了一本画册，里面有许多张工笔画，每幅画的内容都是同一个场景，图上是一个看不清面容的大肚子女人，那女人躺在一摊血渍之中。

当两份血样的 DNA 比对结果放在周昊宇面前时，结果跟预想的一样，与庄小美、林瑜两个受害人的 DNA 完全吻合。"再审霍连宝！"周昊宇嘴角微微向上翘起，说，"在铁证面前，我一定要他开口。"

审讯室，霍连宝神情委顿，眼神涣散，整个人没有一丝生气。

周昊宇走进审讯室，他先在霍连宝身边转了一圈，霍连宝只是垂着头，对发生在身边的事情似乎没有任何反应。周昊宇在他面前站定，霍连宝眼中只看到了周昊宇的鞋，他抬起头，与周昊宇对视了一眼，他的眼神中已看不到刚被抓进来时的那种激烈的绝望，也没有对着肖楠的那种挑衅的嘲讽，取而代之的是一种死寂，了无生趣的死寂。

因为霍连宝是危险的嫌疑人，所以手铐脚镣整套刑具加身，还被固定在一个装有锁具的审讯椅上，周昊宇索性把自己的椅子搬到了霍连宝的对面，与霍连宝之间不过只有半米的距离。"霍连宝，你抬起头来，我有话问你。"看到他这个样子，周昊宇不欲跟他多费唇舌，决定开门见山，把罪证摆在他面前,看他如何解释。霍连宝还是不理不睬,不抬头也不说话。

周昊宇把几张画拿在手里,一张张翻看着,他并不看霍连宝,只是自顾自地说道:"这工笔画画得不错,笔法细腻生动,线条流畅,可是为什么每个女人的面容都模糊不清呢?为什么每幅画都一样呢?也是,如果把那种充满怨恨的眼神留在记忆里,晚上一定会出现在你的梦中,就算你心里再觉得她们该死,这也毕竟是犯罪嘛,是伤害无辜,半夜被噩梦惊醒也是情理之中的。"

霍连宝脸上慢慢有了表情,他缓缓抬起头,目光聚焦在周昊宇手中的那几张画纸上。

周昊宇又回头从身后的桌子上拿出几个证物袋在霍连宝面前晃了晃,道:"霍连宝,你看,这是什么?"

当看到这些时,霍连宝黯淡的目光里突然闪出了亮光。他深深地吸了口气,想伸手去抢周昊宇手中的东西,但却受困于审讯椅和手铐的束缚,霍连宝沙哑着嗓子喊道:"给我!给我!给我——"一直站在他身后的警员早已伸手将他按在了椅子上,口中大声呵斥道:"老实点坐好,不许乱动!"霍连宝的目光依然盯着周昊宇手中的证物袋,他伸出舌头舔了舔干裂的嘴唇,目光中满是贪婪的光芒。

"这么说,你承认这是你的东西了!"周昊宇嘴角微微向上挑起,露出一个得意的笑容。他手中的两个证物袋里分别装的是从霍连宝家被子里得到两块染血的棉质手绢。周昊宇隔着证物袋用手在那几块手绢上轻轻抚过,似是抚摸着情人的肌肤一样温柔,然后又放在鼻边,闭上眼睛深深地吸了几口,一副陶醉其中的样子。

他的样子彻底激怒了霍连宝,霍连宝又一次像发了狂一样,想扑过来抢夺他手中的东西,虽然椅子限制了他的行动,但手腕与手铐摩擦的地方,也因为他的激烈挣扎,磨破了皮,他也浑然不顾。身后两名身强体壮的警员才勉强把他按坐在椅子上。

周昊宇没说几个字,只几个动作,已掌握了主动。霍连宝反应强烈,却在周昊宇的意料之中,有反应总比死不开口好。

霍连宝喘着粗气,眼睛一刻也没有离开周昊宇手中的东西。"你告诉我,这上面是什么?你是怎么得来的?"霍连宝还是那样,没有说话,只是目不转睛地盯着周昊宇手中的东西。

周昊宇向他身后的一名警员道:"既然不说话,你把这个拿出去烧了,他以后别想再看见了。"

那警员答应一声，接过周昊宇手中的画稿和手绢往门外走去，霍连宝目送着那名警员离开，身子被椅子固定，身后又有一个警员按着他，当那名警员的身影消失在门外后，霍连宝发出低沉的吼叫声，像一只绝望的野兽一样，突然将头重重地磕向审讯椅前面固定其双手的木板处。他这个行为来得突然，周昊宇及警员都未及防备，椅子的木质坚硬，他的额头重重地磕在木板边缘，顿时血就流了下来，霍连宝继续向那里撞去，警员一伸手抓住了他的头发，这才将第二下撞击止住。周昊宇上前，二人合力把霍连宝按住，使他的身体动弹不得。

"叫医生！"周昊宇向旁边的书记员喊道。

杜若在监控室里看得真切，向局长道："康局长，我去吧。"

康维生看着她，杜若又道："我能安抚他的情绪。"康维生点点头同意了。

书记员应声跑了出去，不多时，杜若提着急救箱出现在审讯室里。今天，她穿一条湖蓝色的长裙，与昨天一样，长长的头发披在脑后。她走到近前，把急救箱放在地上，打开箱子，拿出棉签，沾着药水要替霍连宝处理伤口。

从她出现在霍连宝的视线里开始，霍连宝停止了挣扎，眼睛一眨不眨地看着杜若，眼神中既诧异又迷惘。

杜若走到他面前轻声道："你别动，我给你处理一下，一会就不疼了。"

霍连宝听到她的声音，迷惘的眼中有了变化，他颤动着嘴唇，用沙哑的声音，试探地问道："你，昨天——"

杜若微微点头，停下了处理他头上的伤口的手，蹲下身去，与他保持平视，然后看着他的眼睛，一字一顿，无比清晰地说道："是的，昨天是我带你回来的，你现在安全了，以后都不能再伤害自己，知道吗？"

霍连宝口中喃喃地问道："你，是警察？还是大夫？"

杜若道："我不是警察，是大夫，是一个能医治你内心创伤的大夫，只要你给我信任，我就一定能解你心中的困扰，还你心中一颗暖暖的太阳。"

杜若简单地处理了伤口，用纱布把他的伤口包扎起来，做完这一切，杜若又看着霍连宝问道："你的嗓子哑了，是不是一直没喝水？"

霍连宝点点头。杜若又问道："你是不是很累了？"

霍连宝又点点头，杜若道："你回去吃点东西，好好睡一觉，我在这里等着，等着你把心里的委屈说给我听，好吗？"

霍连宝梦游似的点点头。杜若向周昊宇道："放开他，他不会再做傻事了，送他回去休息吧。"

周昊宇示意警员松开了霍连宝，果然霍连宝不再挣扎，只是眼睛一刻也不眨地盯着杜若看。周昊宇让人把他带下去休息,又悄悄地叮嘱看守人员,一定要小心看守,不能再出意外,而他则与杜若一同回到了办公室。

"杜若,你又给他做了催眠?"康维生问道。

"算不上催眠,只是那天我给他的心里下了暗示,他在心里种下了一颗信任的种子,愿意相信我。"

康维生道:"那就好,物证已经掌握了,只要再拿到他的口供,这个案子也算是圆满了。"

杜若道:"我明白您的顾虑,我也知道你们的审讯纪律,如果用非正常手段拿到的口供不能作为证据呈堂,那天要不是为了救人,我也不会轻易对人使用催眠术。再说,我的导师曾告诫我'催眠术是为了以后治病救人,不能用来炫耀,更不能用来作恶',我牢牢地记住了他的话,在用这项技能的时候都很谨慎,从不敢乱用。"

康维生局长道:"手中有利器,但要慎用。小杜,有机会请你的导师来给我们的警员上上课吧,我们的警员也能掌握更多与罪犯较量的本领。"

"我导师最近身体不是太好,我有事也不敢太去麻烦他。不过,我可以争取一下。"杜若道。

周昊宇在一旁插嘴道:"康局,她导师就算来上课也不过是短期的,并且,我们的工作强度高,风险也大,警员们心理承受能力是一个很关键的因素。我看,不如就请她来做我们的心理顾问,遇到心理学上的难题时,可以随时为我们提供帮助,并且还能为我们的警员进行心理评估和辅导,一举两得。"

康维生并没有立时表态,周昊宇道:"康局,您不用为难,这笔费用我们刑警队自己承担,不用局里出钱。"

康维生呵呵一笑道:"这点钱局里出不起吗?你可问过小杜的意见?你能替她做决定吗?"

周昊宇尴尬一笑道:"杜若,不知道我们刑警队能不能请动你?"

康维生把目光投向杜若,杜若推辞道:"如果需要我提供帮助,我义不容辞,说到聘请就大可不必了。"鉴于自己与周昊宇的关系,她知道如果自己接受,其他人对周昊宇的看法并不一定像康维生一样客观,周昊宇可以不在乎,可自己却不能不为他考虑到这一点,再说了,自己还是比较喜欢这种自由自在的生活,不想被什么人或事束缚住,所以她婉拒了。

"别这么快拒绝,先考虑一下,这也是我代表海曲市公安局向你发出的邀请。"康维生笑着说道。

经过一夜的休息,霍连宝吃了东西,又睡了一觉,神色看起来好了一些,这次为了避免再刺激到他,周昊宇换了便装与杜若一同进入了审讯室。

杜若先倒了一杯水给霍连宝。霍连宝把那杯温热的水小心翼翼地捧在手中,似是杯中放着非常珍贵的液体一般。杜若蹲下身去,将视线与他平视:"昨天晚上睡得好吗?"

霍连宝微微点头。杜若又道:"把一切说出来吧,把你的委屈,你的心痛都说出来,我会帮助你的。"

霍连宝道:"你能告诉我,你的名字吗?"

杜若微微一笑道:"我叫杜若。"她又指着坐在桌子后面的周昊宇道:"他叫周昊宇,是我的朋友,他也会帮助你的,别害怕。"

霍连宝道:"我不知道该怎么说,你们问吧。"

杜若这才坐回到周昊宇的身边。周昊宇按照程序问道:"告诉我,你的姓名、年龄。"

霍连宝答了。周昊宇又问道:"两天前,也就是十一月二十六日下午两点多,你在九夷区长春路七十九号的东兴家园一号院五号楼顶劫持了一名女子,当时你为什么那么做?"

"我以为那些警察是抓我的。"霍连宝答道。

"你为什么觉得警察是抓你的?"周昊宇引导着讯问的方向,他不想由自己点出罪犯,而是想让犯罪嫌疑人自己说出来。

霍连宝不说话了,他抬起头看向杜若,看到杜若以鼓励的目光看着他,犹豫了半响才说道:"因为我杀了人!"他这么说虽在周昊宇的意料之中,但也没想到这么顺利他就坦承了自己的罪行。周昊宇看了杜若一眼,眼神中满是欣赏的目光。他还不忘乘胜追击,接着问道:"在什么时间、什么地点,用什么东西杀了什么人?"

霍连宝想了一下道:"应该是今年的六月七号晚上,我在东园巷,杀了一个女人,她叫什么我不知道。"

"你为什么杀她?"

霍连宝低下头把双手的十指都插进头发里,使劲地挠了几把,最后在脸上又搓揉了片刻才道:"因为她让我很生气,我开始没想杀她,只是想打她一顿出出气,谁知道我没控制住自己,最后她还是死了。"

"说说事情的经过。"周昊宇的话,将他带回了那个可怕的夜晚。

那天天阴得很沉，他记得很清楚，那里离自己的家不远。在孙玉贞从他那里跑掉之后，一下午他心里都惶惶然，他怕孙玉贞会去报警。然而一下午就那么过去了，警察并没出现在他家。他的神经稍稍放松，这时他才觉得饿了，看看家里没什么可吃的。八点多，他出了家门，在离他家不远的一家快餐店解决了他肚子的问题。

他要了份快餐和一瓶啤酒，坐在门前的桌子上喝了起来。快餐店的对面是一家箱包店，他抬头看到对面店里的女人在骂一个八九岁的小男孩。那个女人长得很凶，一脸横肉，他一看就知道是那种泼辣凶悍的女人。

他还记得很清楚，那个女人一手点着孩子的额头一边骂道："就知道要钱，哪有钱给你，自己都吃不饱，还充什么大尾巴儿狼，还捐钱，你怎么不得个大病，让你老师也号召别人给咱们家捐点钱。要钱没有，再要钱连学都别上了，我可没钱去填你这个无底洞。"骂完还在小孩身上狠狠掐了一把，男孩张嘴想哭，却被她瞪得连哭都不敢。

一般人看到这样的情景都会生气，可霍连宝的愤怒是异于常人的。那一片是小商品汇集区，街道很窄，女人的话一字不落地传到了霍连宝的耳中。他把酒瓶含在嘴里都忘了吞咽，酒水顺着嘴角流向了脖子，洇湿了他胸前的衣襟。

后来女人又骂男孩道："看什么看，这饭是给你吃的吗？你还有脸吃饭，给我滚回家去睡觉，别让我再看见你，看见你我还打你。"

男孩背着书包出了箱包店，沿着路向东走去，霍连宝也不知道自己是怎么想的，抛下没吃完的饭菜，就跟在了小男孩后面。男孩一直向东走，走到一个卖面包的店门口，停住了脚步，看着摆在里面的面包、蛋糕露出渴望的眼神。他看了很久，最后店里的女店员走出来问道："小朋友，你要买面包吗？"

男孩摇摇头，但又不走，最后从裤兜里翻出了一张被揉得皱巴巴的一元纸币，怯生生地向店员递过去。店员接过这一元钱有些犹豫了，店里最便宜的面包也要三块钱一个，当她看到孩子伸出舌头舔着干燥的嘴唇，眼神中充满渴望时，她拿起一个标价五元的夹心面包，微笑着递给孩子道："小朋友，这个给你。"那孩子拿着面包，脸上露出笑容，他在面包上轻轻咬了一口，转身跑开了。

霍连宝就这样跟在他身后，最后拐进了一条巷子，巷子里没有路灯，加上天阴得很沉，巷子里很暗，小男孩在里面七拐八拐，最后用挂在脖子上的钥匙，打开一个大门的门锁走了进去。这就是女人的家了。

他一看到那个女人就生气，看到她那样无所顾忌地咒骂和责打那个孩子，霍连宝的胸中被愤怒填满，但多年的压抑让他学会了隐忍，他没有当时发作，而是跟着孩子找到了女人的家，然后他就在巷子里等着女人回家。

巷子有偶尔经过的人，他就顺着巷子缓缓地行走，路过的人只以为是行人，也没人对他多加关注。就这样，不知道等了多久，他终于等到了那个女人，他想狠狠地打她一顿，出一出心中的闷气。

当时巷子里很黑，不时有隆隆的雷声传来，女人穿过巷子的时候，他从巷子旁的岔道突然蹿出，一拳打在了女人的脸上。女人被打得有点懵，手中的包和雨伞落在了地上，还没等她喊出声，霍连宝已用胳膊勒住了她的脖子，另一只手捂住了她的嘴，把她拖向了拐弯处，这里是巷子的尽头，不会有太多人经过。那女人用手使劲掰着捂在口鼻上的手臂，挣扎着想呼救。霍连宝用手按着女人的头向墙上撞去，发出沉闷的"咚咚"声。"你这样的女人才该打，我也让你尝尝挨打的滋味！"霍连宝恶狠狠地说道。

这时他听到巷子里传来口哨的声音，吹的是一首流行歌的曲调，哨声越来越近。他心里一阵紧张，加上女人的奋力挣扎，他就紧紧地勒着女人，捂住她口鼻的手也加了力道，生怕她发出声响让来人听到。这时一道闪电划亮了夜空，口哨声就这样停了，之后传来一声响亮的雷声。口哨声没有再响起，脚步声也远去了。

霍连宝紧张的心情稍稍得已缓解，再看被他勒着的女人时，她早已停止了挣扎，没有了任何声息。他一松手，女人的身体软软地顺着墙壁滑落下去。他发现这具身体已没有了呼吸，心里一惊，不由得倒退了几步。他本想打她一顿出出气，没想到居然杀了人。这时他的心里被恐惧填满，他呆呆地看着地上的女人，也不知道有多久，直到又一声响亮的炸雷，他才惊醒过来，他要快点离开这个是非之地，他便不再管倒在地上的女人，在巷子里拐了几个弯，向自己家的方向快步跑去。

这就是整个事件的经过，霍连宝说完，他把双手十指插进头发里，在脸上抹了一把，把双手举到自己眼前，口中喃喃地道："我没想杀她的，我只是想教训教训她。真的，我没想杀她。"

对此，周昊宇不作评价，杜若却问道："你为什么那么生气？"

霍连宝道："不知道为什么，我看到她就觉得讨厌，听到她骂那个孩子就更气，我实在忍受不了才打她的。"

周昊宇插嘴道："你说你忍受不了，可是你当时并没有发作，而是埋伏在她回家的路上等了一个小时，这一个小时都没能平复你心中的怒火吗？"

霍连宝喃喃地道:"我越想越气,就像她骂的人是我一样,我心里的气快要把身体撑裂了,我在巷子里走了好多个来回,可是都不能让自己消气,最后就等到了她。"

"那你杀了她,气就消了?"

"我说过了,我没想杀她,我只想打她一顿消消气,可是她挣扎得太厉害,加上巷子里有人经过,我怕她喊出声来,所以就下手重了。"

"你还没有回答我刚才的问题,你杀了她,气就消了吗?"周昊宇继续问道。

霍连宝似乎是想了想才道:"可能吧,打了她一顿之后,我就没有那种身体快被撑裂的感觉了。"

"你说你这次杀人是因为她责打那个男孩激起了你心中的愤怒,那庄小美呢?她只是从巷子里经过,你为什么要杀她?"

霍连宝听到庄小美的名字时,脸上有点迷茫。周昊宇说道:"庄小美就是你在秋枫巷的小院里杀死的那个女人。"

霍连宝抬头看着天花板:"我不知道,反正我看到她的时候就感觉一种情绪,我说不上来是什么,只是我控制不了自己,我跟在她后面,看到她走路的姿势,我心里就非常生气。"

杜若说道:"你说你不知道为什么那么生气,你是不是看到她的样子,就想起了某个类似的人或场景?"

霍连宝像是极力在脑海中搜寻一般,最后他双手抱头,痛苦地道:"我不知道,我不知道。我想不起来。"

杜若安慰道:"你别紧张,放松点,说出来你心里就痛快了。"

霍连宝的手在颤抖,纸杯被他的手捏得有点变了形,水从杯子里溢了出来。他举起杯子,将水倒进嘴里,水有一半洒了出来,顺着脖子流到了衣襟里。

周昊宇不再纠缠于这个细节,先让他交代了事件的经过,至于动机再分析也不迟,问道:"那你说说吧,事情的经过是怎样的?"

霍连宝把纸杯握在手中,那天的记忆又浮上了心头。

那天晚上,霍连宝送完最后一个单,又在超市里买了一些日用品,看到已经十点多了,便抄小路回家,巷子里迎面走来一个女人。霍连宝没有注意到那个女人的容貌,但她的身形却清晰地落在了霍连宝的眼中,她挺着大肚子,一手在身后撑着腰,一手揉着眼睛,不知道为什么,他一看到那个女人的样子,心里的火一下子就冲到了脑子里,浑身上下就像有一股热气在身体里流窜，特别难受，可是又没法发泄出来。他的眼睛一直盯着女人，当车子离她越来越近的时候还差点撞上她，她被吓了一跳，但是却没有对霍连宝口出恶言，而是稍一停顿便接着往前走去。

霍连宝没有停留，骑车与女人擦身而过，把车子拐进了一条更小的巷子。他停下车来，返身朝女人的方向走去。女人走得很慢，也许是累了，她停下了脚步，擦干了脸上的泪痕，长长叹了口气，这才又举步向前走去。

当她停下脚步的时候，霍连宝还以为她发现了自己，心里非常紧张，可是她并没有回头，停顿了片刻后继续向前走去。这时的霍连宝已经完全被心魔控制，他跟了上去，看到了一个门口挂着白花的大门，他以前为这家换过煤气，前两天经过这里知道院里的那个老头过世了，现在这是个空院子，没人住。

他像是被魔鬼附体了一般，在小院门前，他掏出了装在衣兜里的尼龙绑扎带，从后面勒住了女人的脖子，快速地拖进了小院。这一切就发生在很短的时间内，他的大脑一片空白，当他反应过来的时候，女人已停止了挣扎。他手一松，女人瘫软在地上，口鼻间已经没有了呼吸。

当他再仔细看向那个被他勒死的女人时，一幅画面出现在自己的脑海里，同样是一个大肚子的女人躺在自己面前，身子下面被鲜血浸透，痛苦的呻吟声和浓重的血腥味刺激着他的神经，他不知道那幅画面为什么会反复出现在自己的脑海里，就像是自己亲身的经历一般。

就这样不知道过了多久，他才清醒过来。他只觉得衣服黏黏地贴在身上，宣泄的快感让他有点虚脱，他站起身来有种脚下发飘的感觉。他抬头向外看去，大门半开着，门口还有一只女人的拖鞋，他忙去把拖鞋捡了回来，并关上了大门。

兴奋过后，他被恐惧包围着。第一次他只想教训那个女人一下，没有想杀死她。也许是他运气好，他在电视中看到了案件的相关报道，警察已经侦破了那起抢劫杀人案。当时他在心里暗自庆幸。但这次他看到自己手中的尼龙绑扎带时，他这才惊觉，杀人的念头早就存于自己的心底了。在那次误杀人后，他就在衣兜里准备了一根平时根本也用不上的绑扎带，在人群中他的目光会被身怀有孕的女人吸引，不是因为喜欢而被吸引，而是他在寻找潜在的攻击对象，自己就是一个被恶魔附身的傀儡。

这个发现让他既害怕又沮丧，但那种宣泄的快感又强烈到让他无法抗拒，他瘫坐在地上。这样下去，自己会彻底变成一个嗜血的魔鬼，不行，自己不能被魔鬼控制。他看到了地上那摊血渍。于是他又从衣兜里拿出一块平常用的棉质手绢,在鲜血里浸了一下,然后放到自己鼻子下面嗅了嗅,那种味道依然强烈地刺激着他。有了这个,就可以控制自己不再伤害无辜,又可以宣泄自己压抑的情绪。

他做完这一切,看着地上的女人,心里还是有愧疚的,毕竟她跟自己没有任何恩怨。他怀着愧疚的心情把女人身上的衣裙整理了一下,把盖在她脸上的头发梳理到脑后,用手合上了女人半睁着的双眼,把她的双手叠放在了已经变得平坦的小腹,然后又把拖鞋给女人穿上,最后他站在院门外听了听,外面没有动静,才出了院门,骑上停在另外一条巷子里的电动车回了家。

霍连宝交代的事件经过与他们所掌握的证据可以相互印证,与他们做出的心理分析也是吻合的,霍连宝的交代应该是可信的。

"你勒死人用的绑扎带呢?"

"烧了,我回去就烧了,我虽然没有多少文化,但从电视上也知道,你们会找凶器,所以回去我就把它烧了。"

"说说你在雁栖湖公园杀的那个女人吧。"周昊宇问道。

霍连宝把目光投向天花板,似是在回忆:"一个多月,从我那次在小院里杀了那个女人后,我对那件事情好像上了瘾一样,每天夜里都要拿出来看,一边闻着上面的血腥味,一边回味释放的快感。最初还行,可到后来,那种刺激越来越提不起我的兴趣,我就像是中了毒一样,只有鲜血和一拳一拳地打在女人的肚子上才能让我的神经放松。越到后来,我就越坐立不安、烦躁、失眠、不想吃东西。我知道,我已经戒不掉对鲜血和暴力发泄的渴望,索性把心一横,我已经杀了人,杀一个是杀,杀两个也是杀,被警察抓住也就是死,与其受这种万蚁噬心的煎熬还不如让警察抓着我来个痛快。于是我在晚上走出家门,在街上的游荡,看似漫无目的,其实我是在找可以下手的目标。"霍连宝说到这里,脸上的痛苦和无奈变成了一种决绝。

审讯室里没有人说话,这种死寂让杜若心里泛起了阵阵悲凉。霍连宝的心理畸形并非一天形成,但没有一个人关心他的心理需求和状况,导致他发现自己的需求异常时,并没有得到疏导和制止,他才在错误的道路上越走越远。

身体的疾病危害的可能只是个人的健康,而心理疾病不光让患者本身失去感知快乐和幸福的能力,更有可能伤害到身边的人。可是有多少人去关注了自己家人的心理健康呢?又有多少人遇到异常的心理问题时会求助于专业的心理人士呢?这让杜若既无奈又悲哀。

"说说那件事情的经过。"还是周昊宇打破了沉寂。

"那天大概是九月十号吧。我在街上游荡着,也不知道自己到了什么地方。我看到一个大肚子的女人走在我前面,我看到她,心跳立时加速了,血液冲上了大脑。她一个人在路上走着没有叫车。我就这样跟在她身后,她也没有察觉。很快她就拐进了一个公园的小道。那里虽然是一个开放式的公园,可绿化带离人群有一段距离,我也跟着她进了绿化带。在拐过一个弯后,我就快步追上去,从后面勒着她的脖子,把她拖进树丛,之后她就死了,我发泄了一通后就离开了。"

"你勒死人的带子呢?"

"烧了,烧了干净,烧了你们就再也找不到了。"霍连宝长长地叹了口气道。

"之后呢?你又做了什么?"

"这个女人死了之后,我靠着那些血腥味支撑了一段时间,我发现我又需要出去寻找目标时,整座城市里气氛变得非常紧张,到处都是闪着警灯的巡逻车,还有很多穿制服的警察也在街上巡逻。后来我才知道,在公园又有一个女人被杀了,听说还是个警察,我知道警察被杀了,你们会更卖力地抓人,这样我也不敢随便在街上游荡了。"

"接着说。"周昊宇道。

"没过多久,看新闻说,那个杀警察的人被你们打死了,前面我杀的那些人也是他杀的。我当时还庆幸,幸亏他杀了个女警察,正好让你们把案件算到他头上,我也就安全了。"霍连宝说着,脸上露出一丝笑意。

周昊宇心头升起一种既愤怒又无奈的情绪。愤怒的是自己被张显牵着鼻子走,以至于差点就结错了案子。无奈的是警队的形象在市民的眼中就是这么不堪,破不了的案子,只要抓到一个人就会统统算到他头上。这不能不说是一种悲哀。周昊宇道:"既然有人为你背了杀人的罪名,你为什么不收手,还要继续做下去。"

霍连宝道:"你以为我不想吗?如果我能控制,我会去一而再再而三地杀人吗?如果这是一种病,我想我已经无药可救了。"

杜若道:"如果你能早意识到这是一种病,你也并非无药可救。假如你早去求助于心理医生,你就不会走上现在这条不归路。"

霍连宝诧异地看着她:"为什么?我为什么会得这种病?我为什么跟别人不一样?"

"现在我无法告诉你,但你只要配合,我就能找出你的病因,解你心中的一切困惑。"杜若认真地道。

霍连宝点点头道："我知道我已经是死罪，我只想做个明白鬼，不想稀里糊涂地死。"

"我答应你，一定让你明白。"杜若承诺道。

周昊宇轻咳一声，示意杜若不要轻易给嫌疑人做出承诺。他接着他的审讯节奏问道："继续说吧。"

霍连宝又整理了一下自己的情绪才道："又过去了一段时间，我看风头过了，自己也实在忍不住了，就又到街上去找人，看看有没有合适的目标下手。天气变凉了，街上的女人少了，大肚子的女人就更少了，偶尔看到一个，身边还都有人跟着，我也无法下手。"说到这里，霍连宝似乎很无奈。

"那你是怎么选定下一个作案目标的？"

"街上的女人少了，能提起我兴趣的就更少了。我想起了前一段时间我给送过餐的一个女人。那天下午正好休息，我就去了那一片。"

"你第一次入室杀人，你是怎么确定家里只有她一个人的？"周昊宇问道。

"你知道，订外卖的大多数是一个人，最多两个人，嫌做饭麻烦才订餐的。前段时间她不止一次在我工作的店里订餐，每次都是一人份，有时是中午，有时是晚上。我想她很可能是一个人住，所以就去了。"霍连宝停顿了一下，似是回忆。

"为什么那天选在下午而不是在晚上？晚上不是更安全吗？"

"那栋楼里住的很多是租户，白天都在上班，晚上楼里人就多了，加上天黑了，人的警惕性变高，不容易敲开门。"霍连宝答道，"我那天穿了一件有快递标志的上衣，所以那个女人没有犹豫就打开了门，当时我还担心，我给她送过几次餐，她会认出我，可是她没有，我给了她一个空的快递信封，说是到付款。她没有怀疑，回身去拿钱，我趁机进屋关上了门，她听到关门声，还没回过头来，我已把绳子套在了她的脖子上。后面的事情，你们应该都知道了。"

"我们知道是一回事，要你再说一遍又是一回事。"周昊宇道。

"我勒死了她，我在她的肚子上使劲打、使劲打，一直打、一直打，直到鲜血流了一地。"霍连宝脸上变得潮红，眼睛里又现出了那种兴奋的神色，并深深地吸了一口气，仿佛空气中弥漫着浓浓的血腥味。杜若看他这种神情，不由尴尬地转过头去。周昊宇大声说道："霍连宝！霍连宝！"

连叫两声，霍连宝像是才从梦中被叫醒一样，他微微喘息着。周昊宇轻咳了两声后，问道："你从她那里带走什么东西没有？"

霍连宝摇摇头道："没有，当时我还处在恍惚中，就听到了敲门声，我一下子就被吓醒了，就听见门外有个男人的声音，'不在家，出去了？'然后就听见掏钥匙开门的声音，我吓坏了，就顺手摸起茶几上的一个烟灰缸躲在了门后面。"说到这里，霍连宝低下了头。

"接着说。"

"打开门进来的是一个老头，手里提着一个旅行包，他进来顺手就把门关上了，一抬头就看到了地上的女人，我怕他喊出声来，就用手里的烟灰缸打了他的头，我没想杀他，只想打昏他逃走，所以下手轻了。一下子没打昏他，他反而转过头看到了我，我害怕了，如果我不让他闭嘴，他看到了我就会报警，那样我就死定了，我就又连续打了他的头几下，看到他没动静了，这才急急忙忙跑了。"说到这里，霍连宝脸上现出懊恼的神情，"我真的没想杀那个老头，他不是我的目标，可是他看到了我，我不能不杀他。你们相信我。"

几起案子霍连宝都交代了，他叙述的情况和警方掌握的线索基本吻合。周昊宇又问道："那天你挟持人质时，提出要见一个叫赵玉芬的女人，说你变成今天这样都是她害的，她是谁？跟你什么关系？"

说到这里，霍连宝脸上现出愤恨的神情，嘴唇嚅动了几下才道："她是我的亲生母亲。"

周昊宇跟杜若已猜到赵玉芬与霍连宝关系非同一般，却也没有想到是霍连宝的生母。"你是怎么知道的？她现在在哪？"周昊宇问道。

"是姥爷临死之前告诉我，我也不知道她在哪。"霍连宝垂着头道。

"那你知道你的亲生父亲是谁吗？"周昊宇问道。

霍连宝摇摇头："我不知道，我也问过，姥爷只是摇头。"

至此，所有关于案件的事情，霍连宝已交代清楚。周昊宇合上了面前的卷宗。杜若突然问道："霍连宝，你是什么时候开始跟着外祖父一起生活的？"

对于她的问话，周昊宇一愣，他没想到杜若会开口询问，更没想到杜若会询问一些细枝末节。霍连宝听到她问话，便说道："可能是五六岁吧。"
"你为什么不跟你的父母，哦，是你的养父母一起生活，而跟着你的外祖父母呢？他们对你不好吗？"

"我不记得了。"霍连宝迷惘地摇摇头道，"小时候的事我不记得了。我的记忆是从跟着姥爷一起生活开始的。"

"你没问过你姥爷吗？为什么你跟着他们而不是跟着父母一起生活？"

"我问过姥爷，他跟我说我父母都上班，还要照顾比我小的妹妹，所以他就把我接过来了，我问他我为什么不记得以前的事了，他说我小时候生了一场病，发烧把脑子烧坏了，所以以前的事都忘了。"对于杜若的问话，霍连宝回答起来就轻松多了。

周昊宇看杜若问的都是霍连宝的生活琐事，他知道杜若是想从他的成长背景来分析他这个人，所以也就任由她问了。

"你说了半天，只提到你姥爷，你姥姥对你怎么样？"杜若认真地看着他问道。

霍连宝低下了头，道："她不喜欢我，姥爷在的时候她不理我，姥爷不在，她不是打我就是骂我。"

"她都骂你什么？"杜若又问道。

霍连宝似是难以回答，他低了头不说话。杜若说道："我不是警察，我的问话你可以不回答。"

霍连宝好一会儿才叹了口气，他抬起头来，一脸痛苦地说道："我小的时候她骂我是灾星，差点害死她的孙女，我长大了她就骂我是野种，还经常与姥爷吵架，一吵架就骂我。"

杜若想了想又问道："霍连宝，你是什么时候发现自己只能通过暴力和血液唤起兴奋的？"

她的问话让霍连宝愣住了，他迷茫地看着杜若。杜若又换了一种问法："你以前谈过女朋友吗？"

霍连宝摇摇头："没有。"

周昊宇凑过来，在杜若耳边低低地说了几句。杜若点点头，她又向霍连宝问道："那孙玉贞呢？"

对于杜若问到孙玉贞，他面露讶异，但还是答道："她，算是吧。我长得一般，又不会说话，所以一直也没有女人喜欢，是她主动跟我好，我也快三十岁了，就试着相处，谁知道，谁知道——"说到这里，霍连宝痛苦地低下头，把脸埋在双掌当中："我也不知道为什么会这样，这是为什么？为什么我不能像个正常男人一样？"

杜若站起身，又倒了一杯水，走到霍连宝面前，把水递给他道："喝点水，慢慢说。"

霍连宝把水杯捧在手里，他抬起头，用恳求的目光看着杜若道："昨天你跟我说，只要我配合你们的调查，你就解我心中的困惑，我为什么会这样，为什么对女人没有正常的反应，却对大肚子的女人和鲜血有这种可怕的需要？你能告诉我吗？"

"我能告诉你，但是，我需要了解你的成长经历。"杜若认真地说道。霍连宝连忙点头。

"你第一次发现自己这种不正常的需求是什么时候？"

霍连宝面色茫然，他仰起头似是回忆。周昊宇把一份笔录递到了杜若面前，杜若快速浏览了一遍，眉头微微地皱了起来。半晌，霍连宝才道："我第一次发现我不正常，可能是在今年的六月七日吧，那天孙玉贞来我家找我，她很主动，我也——可是，当我看到她的身体时，我、我感觉到的不是刚开始那种冲动，而是心里有一股无名火，看到她那种看不起的眼神，我就想打她一顿。"说到这里，霍连宝的脸上出现了愤怒的神情。

杜若听他的描述跟笔录上所记录的一致，沉思了一下又问道："你什么时候发现自己对血液有反应的？"

这个问题似乎更让霍连宝难以回答，他眼中的迷惘更甚，不知道如何回答她这个问题。杜若盯着他的眼睛道："你不要想得太复杂，想到什么就说什么，说什么都行。"

想了好一会儿，霍连宝才苦恼地说道："我这些年经常做同一个梦，梦里有一个女人躺在地上，身下有一大摊血，我很害怕，却又很开心，我不知道自己为什么会经常做同一个梦？为什么在梦里会有那种感觉？"

杜若拿起他的那些素描画问道："是这些吗？"

霍连宝忙不迭地点头道："是，我不知道为什么会做这个梦，所以就把它画下来了。"

霍连宝该说的都说了，但是零到五岁的记忆他不记得了。也许霍连宝的心结就埋在他那段失去的记忆中，要想找到这个结并解开这个结，就得深入到他那段被封存的潜意识里了。杜若心里已经有了底，她盯着霍连宝的眼睛，诚恳地说道："我一定能解开你心中的困惑，但是还有些事我们需要调查，你相信我吗？"

霍连宝不答，还是看着杜若。杜若认真地道："你相信我吗？"

霍连宝这才点点头。杜若道："我们今天就到这里，你好好休息，我过几天再来看你，到时候一定让你明白。"

从审讯室里出来，警员向周昊宇二人道："局长刚才去了咱们的会议室，说让你们过去呢。"

会议室里，周昊宇坐在康维生的对面，脸上露出自信的笑容："康局，嫌疑人对他所犯罪行供认不讳，交代的细节也与我们掌握的线索相印证，他就是我们一直在寻找的连环杀手，接下来我们就带他去指认作案现场。如果不出意外，我们便可以提交给检察院了。"

康维生面露欣慰地道："整个审讯的过程我都看到了，干得不错！小杜，你后来一直在问霍连宝的经历，是想兑现对他的承诺吗？"

杜若道："康局长，兑现对霍连宝的承诺只是一方面，我想这样异常的案子并不多见，既然遇到了，总要追根溯源，这样在向省厅写汇报材料时，凶手的作案动机才是有本之木、有源之水。"

周昊宇一反常态地与她唱起了反调："我承认，你说得有道理。可是，我们是警察，不是心理医生，我们只要能凭他的行为分析出他的作案动机以及将他缉捕归案，让他得到应有的惩罚就够了。"

"我不否认你说的话，诚然，你们只要案发、破案、抓到人、结了案就算成功了，这是你们警察的职责。分析成因是社会学家该做的事，预防犯罪比犯罪后再追责更有意义。"

周昊宇也无言，杜若说的他并非听不懂，只是每个行业都有各自的分工，警察的职责就是破案，追责是法院的工作，预防也能只是宣传，至于更深层次的研究，公安系统就更是心有余而力不足了。

看到杜若沉默不语，还是康维生说话了："杜若，你想怎么做？"

"既然你们警察有自己的职责，那有些事我想我可以做。我想探究他这种变态的需求是如何形成的，给周队长的汇报材料提供一个可靠的证据支持，以后遇到类似案件时，也可以有供参考的案例。"

康维生想了想道："的确，我们的工作只是案发后的破案，即使把凶手绳之以法，也避免不了类似案件的发生。而你做的工作，能灭罪恶于萌芽，意义重大，我支持！需要什么尽管向我提，小周做不到的就来找我。"

"谢谢您，康局长！"杜若眉宇间是满满的坚定。

"周队，这回你是不是该给我们讲一讲，你是怎样利用犯罪心理把他从人群中辨认出来的？他又为什么有这么变态的行为呢？"王晓妍兴致勃勃地道。

周昊宇笑而不语。康维生道："刑警队不能只依靠你一个人，你的队员需要成长，你需要有人帮你分担肩上的重任。"

王晓妍得到了局长的支持，更是满怀期待地看着周昊宇。周昊宇道："把他从人群中识别出来，我们做到了，但是他的心理成因还没弄清楚，给省厅的汇报材料还不完整。等我把整个事件的来龙去脉都调查清楚了，写一份详细的汇报材料，到时候我会详尽地回答你们的所有问题。"

大家听他这么说，也只得按下好奇心，静等周昊宇调查完毕后的汇报材料。

私下里，杜若白了周昊宇一眼，说："你用不着对我使用激将法。"

周昊宇并没有小阴谋被揭破的尴尬，笑道："你的知识只用来写文章真是暴殄天物，让你腹中才学发挥更大的作用不是更好吗？"

"那也用不着在康局长面前玩这种把戏，我愿做的自然会去做，不愿做的你激我也没用。"杜若嗔怪道，"我们的调查就从霍连宝的养父母开始吧。"

周昊宇笑道："我们明天去指认现场，之后便开始调查他的成长经历，我全程陪伴，怎么样？"

"这还差不多。"

第二十四章 母子姐弟

对于霍连宝的成长背景以及异常心理成因的调查，是基于犯罪心理学基础的，周昊宇便带杜若有重点地开展调查工作。墨语自告奋勇地要求陪同，周昊宇也就答应了。

第一个要找的自然是霍连宝的养父母，霍占兴和陈肖了。

周昊宇他们到的时候，陈肖正在楼下与几个老太太玩牌。听到警察找她，她一脸的莫名其妙，之后便引着三人到了自己家。

陈肖五短身材，与她的父亲陈泽源并无一处相像。一头染黄了的头发胡乱绑在脑后，发根处已长出了新的白发。对于刑警队的到访，她一头雾水。在周昊宇等人对面坐下，还没等周昊宇开口询问，她就先开口问道："你们是刑警队的？找我啥事？"

周昊宇开门见山地问道："陈女士，今天找你是为了你儿子霍连宝的事。"

周昊宇刚说到这里，陈肖便一脸不耐地打断了周昊宇的话："他的事你找他就行，找我干什么？我跟那个野种没有半点关系。"

她的反应让在座的几个人有点吃惊，虽然三人已知道霍连宝并非陈肖的亲生儿子，就算是母子关系不好，也不至于骂他是野种，那不是连自己都骂了吗？

"陈女士，两天前，在九夷区发生了一起挟持人质事件，挟持人质的正是霍连宝。"周昊宇话还未说完，又是陈肖打断了他："挟持人质？他犯什么事了？你们抓住他了吗？"

刚才她对霍连宝的事还不闻不问，可现在又这般着急，这让在座的几人都有些奇怪。陈肖见周昊宇不答，接着又说道："我问你话呢，他是被你们抓了，还是被你们打死了？"

从来都是他问别人话，被别人问话一时还有点不习惯。对于不寻常的事情，保持平常的态度，这是周昊宇的一贯作风。他不动声色地道："他被我们抓了。"

陈肖紧接着问道："人质死了没有？他能判多少年？"

"人质没事，要判多少年，那得看法院的量刑。"

"哦！"陈肖似是对结果颇为失望，"既然人都被抓了，你们还找我干什么？有话问他就行了，他做的事跟我没有半点关系。"

"他不光犯了挟持人质的罪,还涉嫌其他几宗谋杀案,但是他拒不交代,所以我们找你,是想了解他这个人,这有可能帮助我们找到突破口。"周昊宇看到她不同于其他犯罪嫌疑人母亲的举动,决定因势利导,让她配合自己的调查。

果然,陈肖一听到谋杀案,似乎就来了兴趣,追问道:"谋杀案?几宗?他还有这个胆子?"说完似乎觉得自己失言了,马上又补充道:"还真有可能,别看他平时闷声不响,蔫人出豹子,这种人最可怕,杀几个人也很有可能。你们有证据就快把他枪毙了呗,还调查什么!"

有这样的母亲,儿子怎么能正常得了。墨语实在听不下去了,插嘴道:"霍连宝可是你儿子,你就这么想他死?"

陈肖马上反驳道:"我再说一遍,他不是我儿子,我跟那个野种没有半毛钱的关系!我瞎了眼,才养了他那几年。"

周昊宇无奈地说道:"霍连宝挟持人质的案件是证据确凿的,他没有伤害人质,并主动终止了犯罪。如果就这件事而言,他最多也就判几年,很快就出来了。但他身上还涉嫌其他几宗谋杀案,我们现在是想通过对他的调查,了解他这个人,从而掌握他作案的动机,这样就能将他绳之以法了。但如果我们不了解这个人,就没办法掌握证据,也没法让他开口认罪,那他最多几年也就出来了。"出于对陈肖前面话语中的种种不同寻常,周昊宇隐瞒了霍连宝已交代罪行的事实。

陈肖听到这里,不假思索地道:"你们问吧,只要我知道的,我就会告诉你们。"

看到谈话向预期的方向发展,周昊宇便作对霍连宝的情况不太熟悉的样子,问道:"刚才你说,霍连宝不是你的儿子,你说的是气话,还是?"

"他真不是我儿子,他是我捡来的孩子。"

又是墨语插嘴问道:"户籍登记上显示,他是用出生证明登记户口的,怎么会不是你的儿子?"

陈肖冷笑一声,用一种少见多怪的语气道:"出生证明能证明什么?我爸爸和老公都是卫生局的,我自己也在医院工作,要开张出生证明是很难的事吗?"

杜若暗中扯了扯墨语的衣服,示意他不要插嘴,等周昊宇来问。墨语便也闭了嘴,只是倾听。

霍连宝不是陈肖的亲生孩子,这一点与周昊宇之前做出的犯罪人特征描述中,犯罪人生活在一个再婚的家庭中,家庭关系紧张,虽有一定的区别,但亦有相似之处。"你说一说事情的经过,越详细越好。"

陈肖似是不愿多说,她想了想,才下了决心,说道:"这么说来,应该是有二十九年了。我与我老公结婚四年,一直没有孩子,做过各种检查,都没有大问题,不是补充这个营养,就是调理那个方面,反正就是问题没有,孩子也没有。就这样,我老公开始冷落我,他虽然因为我爸爸的关系,不敢跟我提离婚,但对我也没了好脾气。"说到这里,陈肖眼神看向远处,沉浸在往事里。

几个人都不言语,只是静静地听着她述说那段尘封已久的往事。

那年陈肖二十九岁,眼看着年纪越来越大,老公的脸色越来越难看,她也着急。夫妻俩三天两头吵架,虽不明说,可是她知道,是因为没有孩子。

就在那一年的腊月,有一天早上,霍占兴没吃早饭就上班去了,陈肖也正准备出门去,她正把拖鞋换成皮鞋,忽然听到门外有婴儿的哭声。开始她并未在意,以为是谁抱着孩子经过自己家门前,但她突然发现不对,自己家住在顶层,虽然自己这个单元的楼梯可以通到楼顶,但在这个滴水成冰的腊月天里,谁会抱着孩子去楼顶呢?

她打开门,门外放着一个纸箱子,箱子里面有一个小孩。那个孩子身上裹着一条毛毯,因为天气冷,冻得小脸都紫了,哭声也很微弱。陈肖一时愣住了,不知道怎么办才好,门外那么冷,如果她不管,孩子可能会冻死,母性使她把箱子拿进了屋里。

她把孩子抱出来,是个男孩,看样子出生应该没几天,那男孩蜷缩着身子,无辜的眼里盈满了泪水。

在盛放孩子的箱子里还有一个奶瓶并一包婴儿奶粉,另外就是一封信。陈肖打开信封,里面有一张信纸,只见上面的字迹歪歪扭扭,如同刚学写字的孩童的笔迹。上面写道:

尊敬的好心人:

您好!

我们是进城打工的农民工,家庭十分困难,无力抚养这个孩子,这个孩子身体正常,没有毛病,请好心人代为抚养。

下面的出生日期显示,孩子出生于一周前。

陈肖一时不知所措,她几次按下了报警电话,又几次删除,最后她把电话打给了母亲。陈母还未到来,父亲陈泽源已经先到了,是陈肖的母亲打电话告诉了他。

陈泽源进门的时候,陈肖正用纸箱中发现的奶瓶和奶粉喂着孩子。那孩子躺在陈肖的怀里，正用力地吮吸着奶嘴，大口大口地吞咽着，看来他是饿坏了。

直到把一瓶奶都喝光了，小家伙才打着饱嗝，伸着小手在空中乱抓着，玩得正欢。

"怎么回事？我刚听你妈打电话说，你捡了个孩子，男孩女孩？"陈泽源一进门就问道。

"是个男孩。爸，你咋来得这么快？"

"我听你妈说了之后，马上就来了，怎么样？孩子没毛病吧？"陈泽源关切地问道。

"从外面看是没毛病，爸，我该怎么办？把他交给警察吗？"陈肖不安地问道。

刚说到这里，陈母人还未进门，大嗓门已经传来："肖肖，你电话里说捡了个孩子，咋回事？"

她这一嗓子，本来正在自己玩耍的孩子被她一吓，咧嘴就要哭泣。陈肖忙摇着他哄道："别哭，别哭！"孩子在她的安抚下安静了下来。

陈泽源道："你看，这孩子还挺听你的话，跟你有缘呀！"又转头向妻子不耐烦地道："能不能小声点，看你把孩子吓的。"他又转头向陈肖问道："你想怎么办？是收养他还是把他送到孤儿院？"

陈肖道："我不知道咋办，这不是才问你们吗？"

"你告诉占兴了吗？"陈泽源问道。

"我打电话告诉他了，他说一会就回来。"正说着话呢，霍占兴就回来了，他并未对出现在家里这个不速之客表现出过多的关注，只是向陈泽源夫妻恭敬地道："爸，妈，你们来了。"

陈肖把孩子抱到他的面前道："占兴，你看，这就是我刚捡到的那个孩子。"霍占兴"哦"了一声，并未表现出过多的热情。陈泽源道："你们打算怎么处置这个孩子？现在家里人都到齐了，说说你们的想法。"可能是领导当惯了，在家里，陈泽源的语气也如开会一般。

霍占兴垂头不语，陈肖不知所措。半晌，陈母才说道："肖肖，这个孩子没什么毛病吧？"

陈肖把那封信递给陈泽源道："外表看起来没毛病，就是不知道里面有没有毛病。"

"带孩子去做个检查吧！"

"妈，您的意思是要我们收养他？"陈肖皱着眉头道。

"如果没毛病,你们也正好没孩子,就收养他吧,这也许就是天意,还是个男孩。"陈母说道。

"可这毕竟不是我生的孩子啊!"陈肖嘟着嘴说道。

"从小带大的,跟亲生的是一样的。再说了,你俩都做了检查,都没毛病,老辈子人都说,这样的情况,抱个孩子,就会带来自己的孩子。你看,大腊月天的,这个孩子能来到你家,就是跟你们家有缘。说不定,他真能带来一个你们自己的孩子呢!"

陈肖也听人这么说过,但她毕竟不太相信这个说法,她看着一直不作声的霍占兴,便闭了嘴不说话。

陈泽源也知道这件事情不是陈肖一人就能做主的,便向霍占兴问道:"占兴,你的意见呢?"

霍占兴在这位领导兼岳父面前,一直没有多少话语权。他也是靠岳父才从一个医院不入流的小大夫,调到了现在这个岗位上的,前途全靠岳父的一句话而已。他像往常一样,答道:"爸,您看我们该怎么办呢?"

陈泽源道:"你妈说得对,这个孩子出现在你们家门前,就证明他与你们家有缘,如果他身上没有毛病,我觉得你们应该收养他。既然是上天赐给你们的,他会给你们带来福气,老话说得有理,也许你们收养了他,就会有自己的孩子了。"

几个人沉默了半天,陈肖说道:"爸,要是我们收养了他,他的父母再回来要回他怎么办?他能把孩子放到我家门口,就能找回来。"

"这个不用担心,我给你弄个出生证明,他就是你生的孩子,谁也要不走他,再说了,他的父母也不敢回来认他,因为遗弃孩子是犯罪,他们不怕你告他们,让他们坐牢吗?孩子跟谁长大跟谁亲,别人带不走他的。听我的,一定不会有问题的。"

就在陈泽源夫妻极力撮合下,陈肖夫妻收养了这个捡来的男婴,并给他取名叫霍连宝,希望他的出现能给这个家庭带来一个自己的亲生孩子。

"这就是事情的经过。"陈肖回忆这段往事的时候,脸上现出了从未有过的温柔神情,与她刚才对霍连宝的鄙夷神情大相径庭。

"那封信还有吗?能不能给我们看看?"杜若问道。

"没了,我早就把它撕了,不过我刚才说的内容,一个字都不会错,我看了很多遍,早就背过了。"

"那封信的纸是什么纸?用什么笔写的?字迹怎么样?"周昊宇问道。

"就是写信用的稿纸，蓝色方格子，笔嘛，钢笔，用的是碳素墨水，字很丑，歪歪扭扭的，就像是刚学写字的小学生写的。"陈肖回忆道，"我记得很清楚，不会记错。"

不能看到那封信，确实遗憾。但从陈肖把信撕了这件事来看，在后来的日子里一定发生了许多不为人知的事情，使她对霍连宝的态度发生了质的变化。"之后呢？"周昊宇问道。

"之后？我们没有自己的孩子，当然就把他当自己的孩子一样照顾。"

"他五岁的时候，为什么会跟着你父母生活，之后你们就没再管过他？"周昊宇不解地问道，"这之间发生了什么事情？"

听周昊宇问到这件事，陈肖愤怒道："管他？我们就是以前对他太好了，要不是他我也不会早产，他差点害死了我和我的孩子，这样的野种，我为什么还要管他？"

"你能详细地说一说吗？"杜若问道。

"我不想再说这件事，说起来只能让我恨不得掐死那个野种。"她不愿说，周昊宇等人也不能勉强。既然当时出现了这种情况，霍连宝在家里肯定是待不下去了。"他害得你们差点失去自己的孩子，你们不会就这样算了吧？"杜若继续问道。

陈肖一点也不掩饰对霍连宝的厌恶："当然，我老公狠狠地打了他一顿，还差点把他丢在外面，是我爸爸把他带走了，之后他就跟我父母一起生活。"

这时陈肖的表情是愤怒的，不同于之前提到霍连宝时的那种鄙夷。还有她话中不断出现的那个代指霍连宝的名词"野种"。这其中肯定还有不为人知的内情。

"你认不认识一个叫赵玉芬的女人？知不知道赵玉芬跟霍连宝是什么关系？"周昊宇装作不知情地问道。

听到这个名字，陈肖的脸色变得更加难看。"就是这贱人生了那个野种。"说到这里，陈肖似乎觉得自己说多了，忙闭上了嘴。

就算是捡来的孩子，就算是他们再怎么讨厌霍连宝，也不至于对霍连宝的生母如此愤恨。"你不是说捡到的信上说，霍连宝的亲生父母是进城打工的，上面没有姓名，你怎么知道霍连宝的生母叫赵玉芬的？"周昊宇紧接着问道。

"什么进城打工，都是鬼扯，我不想说了，怕脏了我的嘴。你们警察不是什么都能查到吗？有了名字还怕查不到。"陈肖说到这里站起身来，说，"关于这件事你们别再来问我了，要是他被枪毙了再来告诉我。"说完摆出了送客的架势。

三人出了陈肖的家门。"看来,里面隐情不少啊!"周昊宇边开车边叹道。

墨语道:"当她说到霍连宝生母的时候,一脸的厌恶,看着像是有深仇大恨似的。"

"霍连宝的生父母决不会像留下的信上说的,是进城的农民工,肯定另有内情。"杜若道。

"你怎么知道?"墨语问道。

"很简单,首先书写用纸,是方格子的稿纸,不是随手撕下来的其他用纸,碳素墨水、钢笔字,字迹却歪歪扭扭,这并不符合农民工的书写习惯,这分明是不想留下笔迹,很可能是用左手写的。再者,你们再想想他的用词,虽然他的语气极力模仿没有文化的人,但是从语法和措辞来看,书写者应该有一定的文化素养。"周昊宇解释道。

"周队,你可不要把农民工都当作没有文化的人,从农村走出来的大学生比比皆是。"墨语反驳道。

杜若笑道:"你说的是现在,二十九年前,那是上世纪八十年代。一个农民工,用着稿纸和碳素墨水钢笔却字迹拙劣,措词用'尊敬的好心人、您好、无力抚养、代为抚养'等用语,很不符合当时进城务工人员的语言习惯。分析任何行为都要结合当时的社会环境和背景,这样才更准确。"

墨语默默地点了点头,突然他眼前一亮,道:"陈肖说到霍连宝和他的生母时,一脸的厌恶,这不符合常理,加上你们刚才对霍连宝亲生父母文化背景的分析,你说要是陈肖一直没有生育,霍连宝会不会是霍占兴在外面与情人生的孩子,抱回来想让他名正言顺地认祖归宗呢?"

周昊宇和杜若听完他的话,不由相视一笑。墨语看他们的笑容中没有对自己的猜测支持的成分,不由得又想了想道:"应该不是,如果是的话,他后来就不至于狠狠地打了他一顿,还一定要赶走霍连宝了,反而陈泽源对这个外孙更加关心和爱护,不会是陈泽源的孩子吧?"说到这里,连墨语都被自己这个猜测雷到了:"如果真是这样,自己的私生子送给女儿当养子,儿子变成了外孙,姐弟变成了母子,这也太狗血了吧,电视剧也没这么复杂的家庭关系。"

杜若默不作声,周昊宇则笑道:"文学作品来源于生活,却高于生活,有些时候生活比电视剧还精彩。别在这里瞎猜了,既然有名字,我们还愁查不到吗?杜若,今天的谈话中,陈肖提到了那次霍连宝害得她差点流产,我看,这件事与霍连宝异常心理需求的形成脱不了关系。"

"嗯,从今天与陈肖的谈话可以大致看出她的性格,喜怒无常,粗鲁强势。我想，在她有自己的孩子前，也并不像她自己说的对霍连宝那样好，孩子在零到六岁之间，是形成性格的关键时期，前后不一致的养育态度、变换的成长环境以及情绪不稳定的抚养者，对孩子发展依恋关系、获得安全感、学会爱与被爱及形成健全的人格都至关重要。显然，霍连宝没有发展出这些特征，反过来也可以推断出他当时的成长环境。"

周昊宇与墨语都点头称是。杜若道："我要知道陈肖女儿出生时的情况。"

"没问题。我让人查。"

"还有一件事我觉得很奇怪。"杜若说道，"在刚才的谈话中，陈肖听到霍连宝挟持人质的时候没多大反应，但是听到他涉嫌几宗命案时却反应强烈，好像巴不得霍连宝马上就被枪毙。但当她后面提到霍连宝的生母时，又好像是自己不该说似的，这很奇怪。"

周昊宇道："你观察得很仔细，据我们掌握的情况来看，霍连宝宝现在居住的小区正在开发，好像是要拆迁，这就涉及拆迁补偿的问题。现在有两种可能，一、假设陈泽源在死前没有留下遗嘱，那么陈肖就是唯一合法的继承人。以她对霍连宝的感情，她决不会让霍连宝住在那里。所以这一种可能性不大；二、假设陈泽源在去世前把房子留给了霍连宝，那么就没有陈肖的份了，所以她恨不得霍连宝被枪毙，那样房子就是她的了。但是后来她顺嘴说出了赵玉芬是霍连宝的生母，如果真是这样，即使霍连宝被证实有罪，被判死刑，那么这份房产的继承人也就成了赵玉芬，而不是她陈肖。所以，当她意识到这一点时，她忙闭上了嘴，然后采取了不合作的态度，把我们赶了出来。不过，这只是我的猜测，现在在我们就去证实这个猜测。"

"我们去哪？房产登记中心吗？"墨语问道。周昊宇不答，墨语抬头看时，车已停在了住建局办事大厅的门前。

果然与周昊宇猜测的一样，霍连宝拿着经过公证了的遗嘱，将现在居住的房产过户到了自己的名下。那么拆迁办的人会跟房产登记的房主谈补偿，房主也正是霍连宝。

这可能就是令陈肖愤怒的原因吧，那她的鄙夷又是为什么呢？难道真像墨语猜测得那么狗血吗？刑警队当然不会凭空猜测，他们需要证据的支持。信息组的作用便是收集、查找和分析有用的信息。

赵玉芬这个名字太普通了，重名的有成千上万，要锁定其中一个并不容易。她既然是霍连宝的生母，那么她的年纪应该在五十岁左右。从陈泽源对霍连宝表现出来的超乎正常的关爱来看，墨语的推断并非空穴来风，那么在众多的赵玉芬里，一定有一个在三十年前，出现在陈泽源生活中的，而这个赵玉芬很可能是他们要找的对象。

有了这些查找条件、信息库加上对陈泽源生前同事朋友的走访，真的就锁定了一个叫赵玉芬的女人。这个女人现年五十二岁，原籍海曲市，三十一年前曾是海曲医院的护士，二十八年前嫁到了泰平市。现在的丈夫是一名医生，两人生有一子，儿子已结婚。赵玉芬夫妻俩正在带孙子，日子过得平淡而温馨。

周昊宇他们并不想打破这种平凡的幸福，在不惊动赵玉芬家人的情况下，他们在赵玉芬家附近的一个茶馆里约见了赵玉芬。

赵玉芬虽然五十多岁了，但是保养得不错，可以看出年轻时的风韵。见到周昊宇一行三人，赵玉芬显得有点不知所措，道："海曲市刑警队？我已经好几年都没回过海曲了，你们找我什么事？"

周昊宇把一张霍连宝的照片递给她，道："赵女士，你认识这个人吗？"赵玉芬扫了一眼照片上的人，摇了摇头，道："不认识，从来没见过。"

"他叫霍连宝，今年二十九岁，是腊月初二的生日，脖子后面的发迹线处有一颗痣，他一直被陈泽源的女儿收养，您再仔细看看，也许能想起什么？"杜若道。

赵玉芬听了，心头不由得一颤，忙拿起照片来仔细端详，手指轻轻从照片上抚过，像是抚摸着照片中人的脸颊一样，随即眼神又黯淡了下来。她垂着眼帘，稍作喘息后，把照片递给周昊宇道："我没见过这个人，不认识。"

她的反应已经说明了一切，在场的人都看得明白。周昊宇道："可能你不认识他，可他在挟持人质的时候，要求我们带你去见他，说想在死之前见你一面。"

赵玉芬听得脸变了颜色，急道："什么挟持人质？什么死之前？你们说清楚，是怎么回事，他人怎么样了？死了吗？"赵玉芬猛地站起身来，一连串的问话，不由自主地握紧了拳头，同时微微颤抖着，并极力控制着心中的不安。

"他没死，现在海曲市刑警队。"

听到这里，赵玉芬长长地出了口气，道："人没事就好，他为什么挟持人质？他犯了什么事？"

"既然你们不认识，你为什么要这么关心他？"周昊宇反问道。

他这一句话把赵玉芬问得哑口无言，一时答不上话来。"赵女士，我们今天来就是想听真话，并且我们会对今天的谈话保密，这一点您可以放心。但是如果您不合作，我们公开调查的话，知道的人可能会很多，再想保密可就是问题了。"周昊宇软硬兼施地道。

赵玉芬有点坐立不安了，杜若适时地柔声安慰道："您的心情我们能够了解，我们只是调查情况，不想把影响扩大，那样对您也不好。如果您配合我们的调查呢，我保证，知道的人仅限于跟案件相关的人员，不会涉及与案件无关的人，当然也包括您的家人。"

赵玉芬看看她，又看看周昊宇，周昊宇也向她点了点头算是承诺。赵玉芬在斟酌了半天后，话还没出口，眼泪已滚滚而下，杜若忙递了纸巾给她，赵玉芬边哭边艰难地吐出几个字："他是我的儿子，苦命的孩子，是我对不起他，他刚出生我就离开了他。"

"那他的父亲是谁？"墨语问道。

赵玉芬抽泣了半响才道："是陈泽源，是我跟陈泽源的孩子。"几人心里早有猜测，所以并不吃惊。反而是陈泽源，到死之前只告诉了霍连宝他的母亲，而没有告诉他自己就是他的父亲，也许是实在难以启齿吧。

杜若倒了杯热茶给她，说："把那段往事讲给我们听吧，这对我们很重要。"赵玉芬喝了一口杯中的热茶，定了定神才缓缓地讲述当年那段她不愿再回首的往事。

三十一年前，赵玉芬从医校毕业，进海曲医院当了一名护士。那年她刚满二十岁，在医院工作没多久，她就遇到了当时任海曲市卫生局副局长的陈泽源。

那一天，护士长告诉她，病房里那位相貌英俊、待人和气的男人是卫生局的某位领导，要她小心照顾。卫生局是医院的行政主管部门，刚上班的小护士自是不敢怠慢，对领导照顾得尽心尽力。

陈泽源在医院住了一个月，与照顾他的护士赵玉芬也就熟悉起来。陈泽源对她没有领导架子，他的幽默风趣让初入工作岗位的赵玉芬感到十分亲切。而赵玉芬的青春活力、美丽温柔也深深地吸引着陈泽源的眼球，相比之下，家中那个强势彪悍的妻子就更加难以引起他的兴趣。他的心在不知不觉间已经偏向了赵玉芬。

赵玉芬是一个涉世未深的女孩，怎么经得住这么一个阅尽世事的男人的攻势，很快二人就坠入了情网不可自拔。

婚外情，这种游戏的规则就是逢场作戏，各取所需，这是一种见不得光的两性关系，如果有一方认了真，想要将恋情暴露在阳光下，那关系也就走到了尽头。

跟很多俗套的故事一样，赵玉芬不再满足于那种偷偷摸摸的关系。她要陈泽源给她应有的名分，她要做他名正言顺的妻子。她以怀孕为要挟，要求陈泽源离婚，并跟她结婚，陈泽源自是不肯。

作为公职人员的陈泽源，自然考虑得更多，他有希望在退休前坐上局长的位置。如果在这个时候传出婚外情的事，前程也就到此为止了。他自然不希望这种事情发生，可赵玉芬也不肯让步，坚决不肯把孩子打掉，事件就这样僵持着。

那段时间陈泽源是度日如年，他知道老婆的脾气。如果被她知道，她一定会拿着刀跟自己拼个鱼死网破，他更怕赵玉芬到单位去闹，断送了自己的前程。

就这样，他想到了一个两全的办法。他哄赵玉芬说，让她先把孩子生下来，并承诺过了竞选局长这一关就离婚娶她，让她做个名正言顺的局长夫人。而赵玉芬也明白，如果真要闹大了，陈泽源的职位就保不住了，到那时他便会无所顾忌，更不会跟自己在一起。于是，赵玉芬选择了相信他，并在外地生下了一个男孩。

而陈泽源并没有兑现他的承诺，当赵玉芬把孩子生下来后，他就把孩子抱走了，然后以孩子的安危来威胁赵玉芬，并且拿出了赵玉芬的一些不雅照，威胁赵玉芬如果再纠缠他，他就把照片寄给赵玉芬的家人、朋友，再不然就撒到大街上，让赵玉芬身败名裂、千夫所指。如果她听话，他可以用手中的职权给她安排个好岗位，也算是对他们这段感情的一个交代。

年轻单纯的赵玉芬哪是在官场上混迹多年的陈泽源的对手，她也只得在极度的伤心和绝望下，离开了海曲这个伤心地，去了泰平市，然后在那里认识了现在的丈夫，并结婚生子。

这段往事，她没有向任何人提起过，包括现在的丈夫。那件事情已过去了这么多年，虽然在梦里她也会记起她那个再也没见过面的儿子，但现在的丈夫对她很好，并且她又有了一个儿子，她也就逐渐淡忘了那件事。

谁想到二十九年后的今天，却有刑警队的警察找上门来，尘封已久的记忆又涌上心头，那结了痂的伤口仍是鲜血淋漓，让她痛不欲生。

"周队长，你能不能告诉我，那孩子他犯了什么事？严重吗？"孩子是天下每一位母亲心头最大的事，赵玉芬关切的眼神骗不了人。

周昊宇跟杜若对望了一眼，不知该怎么回答这位母亲。从陈泽源能把自己的儿子送给女儿当养子这件事，就可以看出陈泽源是一个心机颇深、为了自己不顾他人的人，欺骗女儿收养自己弟弟当儿子养。临死前都不告诉儿子真相，对自己的亲生儿女尚且如此，陈泽源的为人可见一斑，赵玉芬所说的一切应该更符合事实的真相。

从霍连宝在现场表现出的对生母赵玉芬的愤恨来看，陈泽源一定隐瞒了事实的真相，一定是说赵玉芬狠心抛弃了霍连宝，才致使霍连宝口出怨声，觉得自己从小所受的苦以及走到今天犯罪的这个地步，都是赵玉芬没有尽到做母亲的责任所致。

最后还是杜若说道："霍连宝犯的罪，我们现在不方便过多地向您透露，但是，请您相信，法律是公正的，会给他应有的惩罚，不会多，也不会少。"

对于这种模棱两可的回答，赵玉芬的心里更是忐忑，她哽咽道："都是我当年不懂事，坚持要把他生下来，生下来了也没尽到一个妈妈的责任和义务。这个孩子所受的苦都是我造成的，要是我不抛弃他，他也不会沦落到今天去犯罪，我才是个罪人，该被抓起来的人是我。"越说越难过，最后她伏在桌子上泣不成声。

这是一个母亲的泣血之声，周昊宇跟墨语二人沉默了，不知道如何去安慰她。在任何情况下都淡然处之的杜若，此时眼睛里竟然也隐隐有泪光，最后她还是忍住了，片刻后恢复了平静。她拍拍赵玉芬的肩膀，安慰道："个人的力量是微小的，你为了他能来到这个世界已经尽力了，我理解你当年的处境，在那种情况下，你做了你能做的所有事，现在，你无需再为这件事自责。"

赵玉芬抬起头，注意力被杜若的目光吸引，口中喃喃地问道："你说的是真的？"

杜若用无比清晰且坚定的声音，一字一顿地说道："没错，错不在你，你无需自责。"

赵玉芬长长地吐出一口气，似是解开了心结，连呼吸都变得轻松了。

"我什么时候可以去见见那个可怜的孩子？"赵玉芬问道。

"能见的时候我们会通知您。"周昊宇说道。

已经得到了自己想要的信息，周昊宇还是在征得了赵玉芬的同意后，取了她的 DNA 样本，回去进行比对，以确认她与霍连宝的母子关系。

回来的路上，杜若一言不发，闭着眼睛上疲惫地靠在椅背上。周昊宇看得出杜若满腹的心事，杜若不说，当着墨语他也不好问。

杜若并没有跟他们一起回局里，而是一个人去了长青园拜祭亡母。周昊宇买了一束花想与她同往，被杜若婉拒了。周昊宇看她神情有异也不便多问。

第二十五章　沉睡的记忆

周昊宇和杜若、墨语走访了霍连宝上学时候的老师、同学和以前的同事，他们对霍连宝的评价大多是性格内向、脾气不错，但不合群也没有朋友，记忆力超人却成绩平平，喜欢一个人躲在角落里画画。

有个与他从小学一直到中学都同班的同学，当提到霍连宝时，他犹豫了半天才说："他虽然平时脾气挺好，但我感觉他的心理不太正常。"

"他什么地方不正常？"杜若对他这一句话颇感兴趣。

"他平时看起来脾气很好，可是背着人的时候可能就不一样了。"同学低声说道。

"你是不是发现了什么？"杜若追问道，"把你看到的告诉我，我们是想帮他。"

"有一次我去他家找他玩，当时是冬天，他出来开门时满头大汗，我以为他病了，他却说他没事，我们在他的房间里聊了会儿天，他的桌子上放着一缸金鱼，里面的鱼都挺漂亮，但却与我前些天看到的鱼不太一样。我问他，他说那些鱼死了，他又买了几条放进去。"说到这里，同学停住不再往下说。

杜若并不追问，侧头看着他，那男生禁不住杜若的目光，便又开口说道："可事实并不像他说的那样，在他出去给我倒水的时候，我听到桌边的垃圾筒里有动静，出于好奇，我拨开上面盖着的废纸，在筒里看到了三条金鱼，每条鱼的肚子上都插着两根钢针，其中一条还没有死透，嘴一张一合，尾巴还不时摆动一下，看来是刚扔进去很短的时间。霍连宝倒水进来，见我看到了垃圾筒里的东西，脸立时变得煞白，刚倒的水也洒了出来。"

"之后呢？"周昊宇问道。

"后来，我们之间就尴尬了，我看着他，心里有点毛毛的，就推说有事走了，之后就再也没去过他家。"同学说到这里，似乎仍是心里惴惴，"这种表面看起来很老实的人，有什么事都放在心里，不良的情绪在心里压抑久了，心理不出问题才怪，他也有可能通过虐待小动物来发泄心中的郁闷。"

没想到这个表面看起来一般的男人能说出这样的话，杜若不禁对他另眼相看："你说得不错，适当的心理发泄是必要的，对保持心理健康相当重要。谢谢你给我们提供这么重要的情报！"

三人告辞以后，周昊宇自言自语地道："纵火、尿床、虐待小动物，麦克唐纳症状三要素。"

墨语问道："你的意思是具备这三条的人就能变成连环杀手？"

杜若道："纵火、不合年龄的尿床、虐待小动物，具备这三个要素的人不一定变成连环杀手，但连环杀手一般都具备三个要素中的至少一到两个要素。冰冻三尺并非一日之寒，什么样的心理都有一个渐变的过程，没有多少人是一上来就杀人的，他可能是从纵火或是虐待小动物开始，逐渐演变到杀人的。可恨之人也必有其可怜之处，霍连宝很不幸，他的身世、成长环境以及自身的经历成就了今天的霍连宝，一个变态心理恶魔。"

通过对几个关键人物的走访，对霍连宝的身世以及幼年的成长环境已经有了了解，他变态心理的成因杜若也了然于胸。"是时候去解开霍连宝的心结了。"杜若如是说。

再次见到霍连宝并不是在审讯室。因为霍连宝是重刑犯，在征得了局长康维生的同意后，按杜若的要求，把他带到了经过重新布置的刑警队接待室中。

接待室中蔽光的窗帘已被放下，温度被调到了适宜的温度，周昊宇也吩咐了外面的人不可大声喧哗，以保持室内的安静。

霍连宝被带了进来，按照杜若的要求，霍连宝身上的刑具已被取掉，屋中除了杜若外，连周昊宇也被请出了室外，他因为不放心，提前让申童在屋里隐蔽的角落装了一个微型摄像头，以便躲在旁边的屋内监控。霍连宝毕竟是多起命案的凶手，以防接待室里面的杜若有危险而自己却不得知。

杜若向霍连宝说道："昨夜睡得还好吗？"

霍连宝点点头，然后又摇摇头。杜若道："你把一切说出来，放下了心里的包袱，轻松了许多，所以你点了点头，但是你心里仍有解不开的心结，所以你又摇了摇头，我说得对吗？"

霍连宝盯着她的眼睛，使劲点了点头。杜若又道："我答应过你，要帮你解开心中的心结，今天我来兑现我的承诺。"

霍连宝眼中一亮，问："你，你，你知道我——"

杜若道："不错，我知道了，它就藏在那段被你遗忘的记忆中，那个经常出现在你梦中的场景，就是你记忆中的碎片，我需要给你做催眠，但是要得到你的同意。"

霍连宝听她的话，而露讶异之色，杜若又问道："如果你同意，你会记起很多事情，你会明白自己为什么对大肚子的女人会有一种莫名的恨意，为什么记忆里会有鲜血的味道。但是那些记忆中有不美好的东西，会让你感到痛苦，究竟要不要记起来，你可以自己选择。"

"我不想糊里糊涂过完剩下的时间，就算是不美好，我也想知道真相。"霍连宝最后还是下定了决心，"不管要我做什么，我都愿意。"

"好，那你坐到躺椅上，我来给你做催眠。"霍连宝依言坐在了躺椅上。杜若在香炉里点上了一粒熏香，一缕轻烟随熏香的点燃袅袅升起，淡淡的香味弥散在屋子里，一丝馨香袭上霍连宝的心头。

杜若让他躺在躺椅上，自己坐在旁边的椅子上。"闭上眼睛，深呼吸，吸气——呼气——吸气——呼气，慢慢放松你的身体，想象有风吹过你的面颊，非常清爽非常舒服，你的耳中只能听到我的声音。"杜若的声音空灵，宛如来自外太空的天籁。霍连宝在她的引导下，逐渐放松了下来。

杜若继续引导道："现在你站在一排楼梯前，这道楼梯是一道时光长廊，你能非常清晰地感觉到这道时光楼梯，这个楼梯非常安全，你在这道时光楼梯每走下一个台阶，你就会回到前一年，直到回到任何你想回到的年纪。"杜若稍作停顿，然后又缓缓地说道："你现在开始走下楼梯，每走下一个台阶，你就回到更早的时候。现在你开始往下走，你现在二十九岁，你抬起左脚，迈下第一个台阶，告诉我，你现在几岁？"一番催眠暗示后，霍连宝口中喃喃地道："二十八岁。"看来杜若催眠达到了想要的效果。

杜若又说道："这次你抬起右脚，迈到下一台阶，这次你回到了二十七岁。"

霍连宝喃喃地答了一声："是！"

杜若稍作停顿，看了看躺椅上的霍连宝，继续说道："你继续抬起左脚，轻轻走到下一个台阶，告诉我你现在几岁？"

霍连宝闭着眼睛喃喃地道："二十六岁。"

……

直到杜若再一次问道："告诉我，你现在回到了几岁？"

"五岁。"霍连宝用一个童声答道，他的声音已在杜若的引导下，慢慢从一个青年变成了少年，从少年又到了童年。

杜若道："时间回到了你五岁的时候，你的面前是一扇门，你上前轻轻推开，然后走进去，这是你五岁时住的家，里面有一个女人坐在餐桌边的椅子上，她的旁边坐着一个男孩，这个男孩五岁。你看到了吗？"

"看到了。"霍连宝用一种童声回答道。

"告诉我那个女人是谁？"

第二十五章　沉睡的记忆

"是我妈妈。"

"那个男孩是谁?"

"是我。"

二人就这样一问一答,杜若接着说道:"告诉我,之后发生了什么?"

霍连宝用一种童音讲述了那段潜藏在他记忆深处、却一直被他遗忘的记忆。

那是一个秋日的中午,凉爽的风从窗外吹进来,阳光明媚,二人坐在餐桌边吃午饭,因为怀胎的月份大了,陈肖觉得身体非常倦怠,只想躺着,而坐在旁边的霍连宝哼哼叽叽不肯吃饭,只想去外面玩。这样陈肖更加心烦意乱。

霍连宝听着楼下小孩子的笑声,也很想出去玩,便不肯吃饭,嚷着要出门。而陈肖因为身体不适,只想躺着,听着他的哭闹更是心烦,便生气地说道:"不想吃就别吃了,最好晚饭也别吃,还省了我做饭。"

霍连宝看母亲不带他出去,便使性子把一碗稀饭撒了一地。看到这样陈肖更是火大,她一巴掌打在霍连宝的脸上,怒骂道:"你个死孩子,还敢跟我耍脾气,滚回屋里睡觉去!"

她狰狞的样子让霍连宝害怕,愣愣地捂着脸不敢哭出声来,而陈肖则觉得心烦,站起身来想回屋躺着,却不承想踩在地上的粥中,脚下一滑,重重地摔在了地上。她本就已有八个月的身孕,这一摔使她胎气震荡,腹痛难忍,羊水一破,孩子便早产了。

家里只有母子二人,霍连宝看着躺在地上的母亲,鲜血正从母亲的身体下面涌出,陈肖捂着肚子,又怕又痛苦地呻吟着:"我的孩子,我的孩子。"他听着母亲痛苦的呻吟声、看着那摊殷红的鲜血、闻着那腥甜的血腥味,他就那么呆呆地站着,他的心里竟然不是害怕,而是一种兴奋和痛快。他就那么站着,看着母亲身下的鲜血越聚越多。

霍连宝沉浸在回忆中,他的眼睛闭着,脸上却显出潮红,呼吸变得急促而沉重,双手也微微颤抖。杜若看到这种情景,忙说道:"霍连宝,我现在倒数三个数,当你听到我叫你的名字时就会醒过来。三、放松;二、调整呼吸;一、霍连宝,你可以醒过来了。"

在杜若的引导下,霍连宝睁开了眼睛。他疲惫地坐起身来,用手抹了一把脸上的汗水,神情悲伤。杜若递了一杯水给他,他接过来把水杯捧在手中,手微微地颤抖着。

"你都想起来了?"杜若柔声问道。

霍连宝点点头，看着他眼中含泪，杜若说道："如果想哭就哭出来吧，哭出来就好受了。"

听杜若如此说，霍连宝再也止不住心中的悲伤，他从哽咽变成放声大哭，边哭边用手捶着头问道："为什么？为什么要这样对我？我到底做错了什么？"他哭得力竭声咽，也许是释放出了心中的悲伤，霍连宝慢慢地放低了悲声。杜若在他的肩头轻轻地拍了几下以示安慰。

稍停了片刻，霍连宝缓缓抬起头来看向杜若，道："我都记起来了，因为这件事，我被爸爸狠狠地打了一顿，头撞到桌子上，等我醒过来，以前的事情都不记得了，后来我就一直跟着姥爷生活，再也没回过那个家。"

"在你母亲发生意外的时候，我想你有一种很兴奋和痛快的表情，你是不是心里很高兴？"

"那时我还小，不清楚当时心里想的是什么，当她摔倒在地上，开始流血的时候，她吓坏了，一边痛苦地呻吟，一边用手护着肚子，嘴里哭着一遍一遍说着，'我的孩子，我的孩子'。当我听到她这样说时，我心里既愤恨又痛快。"

"你为什么那么痛恨你还没出生的妹妹？是恨她分走了你的宠爱吗？"杜若问道。

"一开始我那么小，根本不知道发生了什么，后来她带我出门的时候，就有邻居家的奶奶或阿姨对我开玩笑，指着她的肚子说，'宝宝，你妈妈肚子里有个小弟弟，有了小弟弟，你妈妈就不要你了，你怕不怕？'开始我只是不开心，可后来不止一个人这么说，我也能感觉到她确实不像以前对我那样好了，她对我越来越不耐烦，还时不时地会打我，我讨厌死她肚子里的那个还没见面的小孩了，他还在肚子里就夺走了妈妈对我的爱，我讨厌死他了。"霍连宝说到这里，脸上的表情充满了厌恶的恨意。

通过这段时间的调查，杜若大致了解了霍连宝一家人的性格。外祖母没多少文化，是陈泽源下乡当知青时嫁给他的，后来陈泽源回城，她也就跟着进城了。二人文化水平相差甚远，性格也不同，陈母性情粗野，遇事便撒泼使赖，一哭二闹三上吊，陈泽源为求家里安宁便也只能忍气吞声，处处忍让。陈肖是独生女儿，家庭条件优越，从小在母亲言传身教下，自然也就没有养成温良和善的性格，而是与她的母亲一般无二。

霍连宝刚来陈肖家，初为人母的心情让她对这个孩子也喜欢了一阵子，但由于自己要上班，陈肖的母亲便帮着带孩子，这让陈肖省心不少。陈母与陈肖都不是有耐心的人，对孩子的态度取决于自己的心情，心情好了，自是有求必应，宠溺有加，心情不好了便疾言厉色，甚至打骂。孩子小时候没有自己的是非对错观念，他对是非的判断全来自养育者的态度。有时做什么都对，有时做什么都错，这种养育方式也造成了霍连宝是非观不明，情绪不稳定的性格。

自从陈肖怀上了自己的孩子后，便怎么看霍连宝都不顺眼。霍连宝小小的人儿自然不知道是怎么回事，他只能通过哭闹来表达自己的不满。

陈肖的肚子一天天大起来，对于五岁的孩子来说，起初他并没有感觉到母亲的身体变化与对自己态度变化的关系。但是当他再跟着母亲出门的时候，时常会遇到这种看似玩笑的戏谑。

这是一种成人很喜欢开的玩笑，大人可能不觉得怎么样，还拿着孩子因嫉妒而不高兴的样子当笑话，殊不知这样的玩笑恰恰极大地伤害了孩子幼小的心灵。小孩子并不知道这是玩笑，一个人这样说他可能没在意，但说的人多了，孩子就当了真，对母亲渐渐大起来的肚子，对这个还未出世就夺走自己宠爱的弟弟或妹妹已经充满了敌意，幼小的心灵在大人看似不经意的玩笑间已埋下了仇恨的种子。

他不知道自己怎样才能得到像以前那样的宠爱，只能以哭闹引起大人的注意，以期重获宠爱。但他越是哭闹，母亲就越是对他不耐烦，开始动辄打骂。越是得不到想要的关爱，孩子便越是哭闹不休，越是仇恨母亲肚子里的孩子。这是一种恶性循环，一旦深陷其中，仇恨便像滚雪球一样越滚越大。

而霍连宝这种情绪郁积在心里，他亲眼看到了由他造成的母亲早产的场景，之后经历的毒打和失忆，这段痛苦的记忆就成了他的心结。因没有得到排解和释放，被压抑到了潜意识里。他虽然暂时失去了那段记忆，但那个最深刻的场景和当时的心境却深深地印在了脑海里，并且时常出现在睡梦中。

在潜意识里他憎恨大肚子的女人，他把鲜血和女性痛苦的呻吟声与释放的感觉错误地联系在了一起，条件反射似的对大肚子的女人有一种攻击的欲望，而鲜血的气味和女性痛苦的呻吟声能唤起他心底最深最原始的快感。以至于后来，他只能通过这种疯狂的途径来满足自己变态的渴望。

直到霍连宝找回了这段记忆，杜若才从心理学的角度确认了霍连宝的心结所在。杜若问道："既然你都记起来了，心中的困惑可以解了？"

霍连宝点点头，稍顿他突然仰起头，眼含希冀地问道："杜大夫，我的病能治吗？"

杜若叹了一口气道："能治，如果你当初发现自己的心理不对劲时，就求助于心理医生的话，你的病症是可以通过心理治疗进行矫正的。只是现在——"杜若说到这里停住了。

本来她说能治的时候,霍连宝的眼中瞬间有了希望的光彩,当杜若说到后来,他眼中的希冀一闪而逝。"我知道,我是个杀人犯,死罪难逃,就算能治又有什么用呢?一切都太晚了,太晚了——"说到后来他又面如死灰。

这是事实,杜若也无可安慰。她向霍连宝道:"朝闻道,夕死可矣!就算你死罪难逃,但你不至于带着这个困惑离世,你也可以释怀了。"杜若想了想又道:"霍连宝,我还要告诉你一件事,你的亲生母亲赵玉芬我们已经找到了,当年她抛下你也是被逼无奈。"

霍连宝听到"赵玉芬"这个名字,面上一震,问:"到底是怎么回事?请你告诉我是怎么回事?"

杜若便把赵玉芬与陈泽源之间的纠葛向他述说了一遍,听完后,霍连宝竟然面露笑容,那笑容从最初的苍凉到笑出声,最后越来越大声,那笑声却异常悲怆,如杜鹃啼血、古猿悲鸣,让人不忍闻听。

霍连宝笑到最后不禁又是泪流满面,不禁仰天叩问:"他们做的错事,为什么要我用一生来承担这个后果?就因为我是他们的儿子,我才要承担这样的恶果吗?"

杜若淡淡地道:"天地多少有情事,世间满眼无奈人!每个人都有自己的不得已,都活在自己的无奈里。人的一生如白驹过隙、转瞬即逝,我们都无法选择自己的出身,但我们可以选择如何度过自己的一生,不论这一生是长还是短。"

霍连宝深深地叹了口气,眼神中竟显出一丝淡然:"我可以见她一面吗?在我死之前。"

杜若知道这不是自己能决定的,她不想骗他,便说道:"我努力帮你争取,但不能向你承诺什么。"

霍连宝默然良久。"谢谢你,杜大夫!"霍连宝说完,举起双手,等待再次给他戴上手铐。杜若站起身来,把接待室的门打开,等在门外的两名警员进来,把霍连宝带走了。

第二十六章　尾声

公安局为这个案件参战的人员庆功，庆功酒会自是免不了的。公安局包下了一个酒店的大厅，局里的领导悉数到场。而作为这个案件的外援，杜若也应邀到场。

局长康维生率先举起酒杯说道："这杯酒我敬参与这个案件调查的所有警员，你们在这个案件中付出的辛苦与努力，为保一方百姓平安所做出的贡献，百姓不会忘记你们，你们都是好样的，我谢谢你们！"说完，局长将杯中的酒一饮而尽。自己的付出能得到认可，这让每一个在场的警员心里都暖暖的，便将杯中的酒饮尽。

"第二杯酒，我敬刑警队的所有人，从案发到侦破，这半年的时间，我知道你们都没有放过假，都没有好好休息过，很多人有时半个月都没有回过家，没有尽一个作为儿女、丈夫、妻子、父母的责任和义务。你们为了海曲的平安付出了太多，我作为局长，这一杯酒代表我对大家的亏欠，来，大家干了这杯酒。"这番话说得很多人眼里眨起了泪花。

"这第三杯酒，我要敬在座所有警员的家属，是他们承担起了所有家务，让你们无后顾之忧而专心于工作。他们是最可敬可爱的人。在这里我还要特别感谢一个人，她就是杜若，她现在就坐在我们宴会的现场，她在人质劫持现场，用瞬间催眠使犯罪嫌疑人放下武器，救助了人质母子，使警方的解救任务在不费一枪一弹的情况下顺利完成。并且在她的开导下，嫌疑人顺利开口交代了作案事实，在我们需要的时候为我们提供了心理学专业知识的帮助，杜若，今天我代表海曲市公安局谢谢你。"

杜若没想到康维生会提到她，更没想到他会这样郑重地介绍自己，忙站起身来，谦逊地说道："康局长，您言重了，我所做的事情微不足道，不值一提。"

康维生呵呵一笑道："小杜，你别谦虚，来，干了杯中的酒，我还有一事相求呢？"

杜若已然猜到了康维生接下来要说的话，饮了杯中酒，静听康维生的下文。康维生坐下来说道："小杜，从这个案子中我们也得到了教训，知道一个人的心理健康有多重要。你也知道我们这个行业是高危行业，从警人员的工作压力大，接触的又多是人性最阴暗的一面，时间久了，心理上难免会出现不适和障碍。我想聘请你做我们海曲市公安局的心理顾问，在遇到案件需要时,请你为我们提供心理学的帮助,定期为我们的警员做心理评估,及时疏导他们的情绪,保障警务人员的心理健康。不知道你愿不愿意接受我这个邀请?"

杜若没有马上回答,康维生看了周昊宇一眼,周昊宇知道康维生的意思,但他也只是笑而不语。康维生笑道:"我知道你是个作家,时间由自己安排惯了,你这个心理顾问不需要朝九晚五地按点坐班,只要我们需要的时候你在就行了。平时不用耽误你的正常工作。"听他这样说,杜若一口答应下来:"为咱们这些最可爱可敬的人服务,我义不容辞。"

王晓妍端着一杯酒过来,向康维生笑道:"局长,刑警队的集体功是应该请,但周队长个人就没有功吗?应该给他个人也记一大功。大家只是跑跑腿,而他才是大脑,没有他的大脑,四肢岂不是就瘫痪了!"

康维生道:"我没有忘记他对这个案子做出的贡献,他个人的记功我已报省厅,还有你,晓妍,你在工作中一丝不苟、公正无私,在发现错漏后及时弥补,也当记一功。你们周队长没有忘记你的贡献,他早早地就向我提了这件事,我也没忘,已经一同呈报省厅了。"

王晓妍没想到还有自己,诧异过后,脸上掩饰不住露出笑容。她侧头看向周昊宇,周昊宇也正以同样的微笑看着她。王晓妍心头涌上从未有过的满足感。

康维生道:"我知道你们很久没休息过了,从明天起,给你们放假,你们轮班休整。但是有一点,明天虽然放假,但是今天晚上只可尽兴,不能贪杯,更不能开车,听到了吗?"

一说到放假,大家都齐声响应。在这样的欢乐时刻,虽有局长等人在座,在场的年轻人却并不拘束。

对于杜若跟周昊宇的关系,在刑警队已是公开的秘密了,有杜若在场,大家怎能放过周昊宇,轮番灌酒,早把局长的嘱咐忘到了脑后。

"周队,今天晚上我们喝的是庆功酒,我们什么时候喝你跟杜若的喜酒?"肖楠看到这个欢庆的场面,有局长在场,便想趁此机会,促成周昊宇与杜若的好事。

今天周昊宇也高兴,便就势看着杜若说道:"得看她什么时候答应嫁给我,我是早就想请你们喝喜酒了。"

杜若红着脸白了他一眼,向肖楠道:"你别瞎起哄,我还要问你呢,你跟苗靖什么时候办喜事?"

球这样被踢了回来,只见苗靖也红了脸。肖楠挠挠头道:"杜若,你别转

第二十六章 尾声

移话题,你什么时候答应做我们的队长夫人?"

杜若红了脸不理他,康维生笑眯眯地看着周昊宇说道:"傻小子,你还不赶紧求婚,等什么呢?"

沈博闻行动迅速,把每一桌上花瓶里插着的那一枝玫瑰都收了起来,一共九朵。叶鸿摘下自己手指上的戒指递给周昊宇:"愣什么呢,快啊,趁这个机会先求婚,别的以后加倍补上。"

周昊宇手中拿着沈博闻收集来的玫瑰,举着叶鸿借给他的戒指,在众人面前单膝跪地,向杜若深情地道:"杜若,嫁给我吧,给我一个机会,让我给你幸福。"

在这样的气氛下,杜若接过了他手中的花,把左手伸向周昊宇,轻声说道:"我愿意!"

周昊宇把戒指套在了她的手指上,杜若把他从地上拉起来。周昊宇一把将杜若拥入怀中,掌声、欢呼声、口哨声经久未息。康维生看到周昊宇的婚事有了着落,心里也是高兴,笑着对周昊宇道:"要是你父亲能看到你成家立业、娶妻生子那该多好啊!"

听他提到自己的父亲,周昊宇不由觉得遗憾,看着杜若道:"我们俩都没有家人了,以后我们就是彼此最亲的人了。"

杜若向康维生道:"康叔叔,等我们定下婚期,我想请您为我们主婚,可好?"

"这个自然,我当仁不让。"

刑警队那帮唯恐天下不乱的年轻人哄然叫好,一时气氛便热闹起来,大家都看在周昊宇的面子上,轮番对二人劝酒,这让不常喝酒的杜若有点招架不住了。周昊宇忙拦着道:"她身子弱,经不起你们折腾,别使坏灌酒。"

有的队员便在一边起哄道:"周队,你要是心疼了就替嫂子喝呗。"

"好,我替她喝。"周昊宇知道自己躲不过去,索性认了,将杜若手中的酒杯接过,一饮而尽。大家看他这样痛快,越发不肯轻易放过他俩,劝酒的人周而复始,循环往复。当然,酒大部分还是进了周昊宇的胃里,直把他喝得醉眼朦胧,趴在桌子上,直嚷吃不消。

一顿饭下来,已是后半夜,大家都喝得七荤八素。一群人站在路边,分别打车回家,周昊宇还不忘安排顺路的人送几名女队员回家。众人看他喝得不少,便替他叫车,他拒绝了,执意走着送杜若回家,幸好酒店离杜若家并不远,二人便一边散步一边醒酒。

杜若挽着走路都有点不稳的周昊宇,关切地问:"今天你喝那么多还要送我回家，我回家后你怎么办？总不能让你一个人这样回去，我可不放心。"

周昊宇回头看了下已经走远的同事，站直了腰身，脚步也变得沉稳了许多，他牵起杜若的手笑道："知道今天这场酒是逃不过的，我早有准备，我们这种人时刻都要保清醒，你以为我真喝多了？不用担心我。"

杜若笑道："你连我都骗过了，没喝多就好，饮酒过量会伤身的，以后别再喝这么多了。"

周昊宇马上站直了身体，抬手向杜若敬了个标准的警礼，口中答道："Yes Madame！"他又说道："杜若，今天你答应嫁给我，我真高兴。你高兴吗？"

"不高兴！"杜若嘟着嘴说道。

"为什么不高兴，你不愿意嫁给我吗？还是怪我借别人的戒指向你求婚？明天我就去买个更好的给你。"周昊宇停住了脚步，看着她认真地说道。

"当然不是因为这个，就是感觉今天不是我自愿的，倒像是被逼婚的。"杜若叹了口气道。

听她这样说，周昊宇心里释然了："你就别介意了，这是他们关心我们的缘故。我们感情也到这个份上了，是该筹备婚事了。"

"我们感情到什么份上了？谁说就该筹备婚事了？我还没有嫁给你，随时可以反悔。"杜若狡黠地笑道。

周昊宇一把将她抱在怀里，在她耳边说道："反悔？想都别想！今天晚上我就做件让你再也没法反悔的事，你这一辈子就只能属于我。"

杜若被他说得面红心跳，她想推开他，可她的力气却又如何抵得过这个强劲有力的男人呢。她不禁又羞又恼地道："你敢！"

"你看我敢不敢！"周昊宇坏笑道，之后便不理她的挣扎，将她打横抱起，迈步向她家走去。

爱情的甜蜜和酒精的麻醉作用，让周昊宇也失去了该有的警觉，二人完全没有发觉悄悄跟在身后的一个黑影。二人依偎的身影和幸福的笑声刺激着黑影的神经，他一直跟到杜若家楼下。黑影看二人上了楼，看着杜若家里的灯亮起又熄灭，把双拳攥得"咯咯"直响，目光从开始的惊诧、嫉妒变成了愤怒和仇恨，他一字一顿地说道："你加在我身上的痛苦，我一定会加倍奉还！"

黑影恨恨地转身离去，就像从未出现过一样了无痕迹。